后浪

经济学的思维方式
现实应用篇

APPLIED
ECONOMICS

THINKING BEYOND
STAGE ONE

THOMAS SOWELL

[美] 托马斯·索维尔 —— 著

张莹 —— 译

江西人民出版社

献给阿瑟·史密斯教授，是他教我想得更长远。

前　言

　　本书对之前的版本进行了修订和扩充。新版本加入了一章移民经济学的内容，原有的各章也加入了很多新的材料，例如医疗经济学那章中加入了器官移植经济学，住房经济学那章加入了对次贷危机背后的"创新融资"的解释。

　　虽以"应用经济学"为题，但本书并不是要教经济学人如何学以致用。写作这本书是为了让所有人，无需预先掌握任何经济学知识，都能理解我们这个时代的一些关键经济议题——例如医疗、住房、歧视和移民等。因为这些议题既是政治问题，也是经济问题，所以我们除了需要考虑政治决策所面临的激励和约束因素，还需要考虑经济决策所面临的激励和约束因素。

　　经济学不仅考虑决策的短期影响，还会考虑其长期影响。政客很少会考虑下次竞选之后的事情，所以为免于后悔，选民在投票选择候选人或政策前对其长期影响——超越第一个阶段的影响——的思考就显得尤为重要。这本书特别强调各种决策和政策的长期影响。

带着些许幽默感去分析经济政策会有很大的帮助，因为政策研究往往令人痛苦——一些政策灾难性的、意想不到的后果会令你甚为沮丧或愤怒。请将你的愤怒留到选举日吧。希望阅读本书能使你更加了解影响个人生活和国家命运的重要议题及其背后的机制，并在此过程中获得乐趣。

本书是为普通大众而写，所以在文中省略了脚注和尾注。若想知道这些内容源自何处或想了解更多相关信息，请参考全书最后的资料来源部分。这些资料中有很多（即使不是大部分）都是由我的两位极为出色的研究助理刘娜（Na Liu，音译）和伊莉莎白·科斯塔（Elizabeth Costa）帮助整理的。前者还帮助制作了本书的电子版并直接打印出来，而后者帮助我对本书的原稿进行了编辑。

托马斯·索维尔

斯坦福大学胡佛研究所

目 录

前 言 1

第1章 政治学与经济学 1

    政治决策与经济决策 3

    短视思维 8

第2章 自由与非自由劳动力 23

    自由劳动力 27

    非自由劳动力 43

第3章 医疗经济学 59

    医疗的价格管制 62

    第三方支付 73

    医疗事故责任保险 78

    医疗用药 81

    器官移植 95

总结与启示	102
第4章　住房经济学	**105**
房价	107
住房"改革"	136
总结与启示	143
第5章　高风险活动	**147**
降低风险的机构	155
风险经济学	174
"社会保险"	186
第6章　移民经济学	**191**
移民的历史	195
移民经济学	210
总结与启示	226
第7章　歧视经济学	**231**
成见、偏见和歧视	234
成本的差异	242
经验证据	251
反歧视法	257
总结与启示	262
第8章　国家经济发展	**265**
发展水平的差异	270
地理条件	276

人口　　288

　　外商投资　　291

　　总结与启示　　295

资料来源　　**303**

　　第 1 章：政治和经济学的比较　　305

　　第 2 章：自由与非自由劳动力　　307

　　第 3 章：医疗经济学　　312

　　第 4 章：住房经济学　　320

　　第 5 章：高风险活动　　329

　　第 6 章：移民经济学　　333

　　第 7 章：歧视经济学　　340

　　第 8 章：国家经济发展　　345

第1章

政治学与经济学
Politics versus Economics

让米尔顿·弗里德曼（Milton Friedman）讲的那些都见鬼吧！需要竞选总统连任的又不是他。

——美国总统理查德·尼克松对其白宫助手所言

经济学原理固然重要，但所有经济行动都是在以政治原则为基础构建起来的法律和政府政策框架体系中进行的，可能符合也可能不符合经济学原理。因此，政治和经济激励之间的相互影响使得研究经济政策比单独研究经济原理或政治原理更具挑战性——当然也更具启发性。

政治决策与经济决策

无论是在经济环境还是在政治环境中，人们都会根据所面临的激励和约束条件做出反应。然而，这些激励和约束条件在不同的环境中差别非常大。因此，选民的行为与消费者的行为自然不同，政治家的行为与出售商品、服务的商家的行为也会有异。

选民

做经济决策与做政治决策完全不同，即便是同一个人——例如既是消费者又是选民——在做这两种决策时也会采取不同的方式。实际上，选民在考虑选择哪个候选人时所花费的时间和精力根本比不上消费者在购房（甚至买车）过程中所耗费的心神。选民的政治决策对未来政策的影响较小，而且所影响的是其他很多人的生活；但消费者的经济决策则对自己的福利水平有着重要影响。这就不难理解，为何人们在做出这两种决策时所投入的思考在数量和质量上都大相径庭。对于很多法律和政策，都有这样的说法："魔鬼藏在细节里。"但如果大部分选民都不去审视这些细节，很多邪恶的后果就会在华丽修辞的包装下，从初看无瑕的光鲜背后暴露出来。

政治和市场都能使人们对他人的需求做出回应。但职业政客和商人所面临的激励和约束条件极为不同。人们通常都将消费者选购商品的行为同选民选择由谁担任公职的行为进行类比。然而，这两种选择存在极大差异：不仅因为个人在政治和经济决策上所投入的时间和精力不同，更重要的是这两类决策在本质上就完全不同。选民只需要选择是否将选票投给某个候选人，而消费者还需要决定食物、衣物以及庇身之所的类别及数量。

简言之，政治决策通常都是类别（categorical）选择，而经济决策则一般是增量（incremental）选择。政治投票是"一揽子"式的：你可以不同意候选人 A 的经济政策，候选人 B 的外交政策，候选人 C 的环境政策；但是，一旦你进入投票站，你就要根据每个候选人的整体施政纲领（包括所有的经济、外交和环境政策）来投票，在下一次选举之前无法改变主意。这可不像你去买面包，今天选择这个品牌，明天又可以去购买另一个品牌。

增量决策要比判断哪个候选人的整体政策最满足自己的政治需求要复杂得多。对于增量决策，即便是非常需要的东西，你也不见得愿意不断地增加购买量，因为在获得一定量的该物品后，你会想拿钱购买其他物品。例如尽管花费不菲的资金买一套不错的房子住是很值得的，但与其他消费决策——例如供孩子读大学或者为退休后的生活购买年金——相比，是否值得在郊区购买第二套住房就很难获得明确的答案了。

增量决策的一个推论是，很多具有吸引力的东西人们不想购买更多，是因为它们不值得（或不很值得）牺牲其他东西来获得。而从政治的角度看，政府官员总会承诺让选民免费得到或以政府补贴后的低价来购买想要的东西，但实际上选民对这些东西的渴望并没有大到愿意花自己的钱来购买。最终，公众必须为这些东西缴税，而作为消费者，他们根本就不会购买它们。在这个过程中，真正的赢家只有那些在竞选阶段因为表现出慷慨和同情心而获得政治支持的政客们。

政治有时也被称为"可能的艺术"（the art of possible）。但这也表明，在民主政治中，有些约束条件并不存在。正如一位著名的经济学家所言："没有任何选举制度能够满足加利福尼亚的选民既要保证低电价，又不能建新电厂，同时还要不断提高供电水平的要求。"但这种不可能实现的承诺却正是赢得选举的方式之一。在政治游戏中，信念可以战胜实际。纵观历史，这种例子俯拾即是。"煽动击败了数据！"美国前国会议员迪克·阿梅伊（Dick Armey）如是说。但制造并传播这些错误信念的，并不只有具有煽动才能的职业政客。有些政治信念不需要证据的支持就能被民众接受，甚至还有信念与证据相龃龉。

从全世界范围看，无论是民主国家还是非民主国家，无论何种民族、何种文化，没有任何一个政治口号能比下面这个更能获得人们的支持：这不是你的错，错的都是别人——所以需要改变的是那群人，而不是你。如若不愿做出改变，付出代价的就该是他们，而不是你。在这种口号的羽翼下，不只政客能在选举中获得成功，革命运动也能获得力量。

政客

尽管人们都觉得政治家会比普通选民更关心政治决策，但政客们的关注点与普通选民不尽相同。在职官员的头号要务通常是赢得连任，所以他们的视野很少会超越下次选举的时间。因此，官员更喜欢那些能在下次选举前产生有益影响的法律和政策，而那些只能在下次选举之后才产生有利影响的政策，哪怕有利影响更显著，也不如前者那样受欢迎。事实上，只要这种政策的有益影响能在选举前出现，那么即便在选举之后会产生恶果，官员们也愿意选择。

无论是选民还是政客都没有太大动力去考虑一项法律或政策的长期后果。大部分选民不思考长远影响，很多被推选出的在职官员又没有动力权衡政策的远期后果——由于害怕竞争对手通过满足公众的短期诉求，将自己同选民割裂开来，这些政客反而会有强烈的动机避免让自己的纲领超出选民的理解范围。

政治学和经济学思考问题的方式截然不同。政治思维考虑的是实施政策、制度或项目的"预期效果"（hoped-for results）——例如"毒品预防"计划、"枪支管制"法律、"环境保护"政策、"公益"律师事务所、"营利性"企业等。但是在经济分析中，重要的不是目标，而是目标在实现过程中所面临的各种激励和约束条件。

例如，我们知道很多（即便不是大多数）"营利性"企业实际上无法盈利。在新成立的公司中，几年后因经营不善而被迫停业的占比很高。与之类似，对于诸如"毒品预防计划是否真能预防或哪怕只是减少毒品使用""公益律师事务所是否真能对社会有益""枪支管制是否真能管住枪支使用"这样的问题，我们无法给出肯定的答案。《房租管制法》无法有效限制租金，结果颁布和实施该法律的城市（如纽约和旧金山）往往比没有相关规定的地区房租要高得多①——对此经济学家并不感到惊讶。但是对于那些总被政治性煽动牵着鼻子走的人——也就是那些目光比较短浅的人——来说，这样的结果却可能在其意料之外。

我们并不是想说各种政策可能无法实现其目标。真正的问题在于，我们需要了解这些政策实施过程的实际特点，以及植根于这些特点中的激励和约束因素，而不是仅凭其设定的目标来做出评价。如果一开始就能分析这些政策和计划在实施过程中所面临的激励和约束条件，而不是把目光局限在其宣称的目标上，许多所谓的"意外结果"就能被我们预知。一旦开始考虑特定政策实施后的一连串后续事件、考虑这些政策所产生的深远影响，我们就会发现整个世界看起来都不一样了。

为了理解政治对经济的影响，我们不仅需要考虑政府官员们在不同渠道承受的各种压力，还应思考媒体和选民对经济问题的看法。媒体和选民都可以被归为易受短视思维影响的群体。

---

① 请参见拙作《经济学的思维方式》（*Basic Economics*）的第 3 章"价格管制"。

短视思维

我本科时在哈佛大学接受阿瑟·史密瑟斯（Arthur Smithies）教授的指导学习经济学时，他在课堂就某个具体问题问我最支持的政策是什么。对该问题颇有心得的我满怀自信地回答了他的问题，并详细解释了对于这项政策，我期望能产生怎样的有益结果。

"那么接下来又会发生什么呢？"他接着发问。

这个问题让我措手不及。不过稍做思考，我就发现自己刚才描述的情况很明显还有着其他的经济后果。我继续思考并给出解释。

"那么接下来又会怎样呢？"史密瑟斯教授的问题仍在继续。

继续分析政策开展后的经济影响，我开始意识到伴随着这些影响，最后政策的效果远不如我只考虑短期影响时预想得理想，于是，我对这项政策有点犹豫了。

"那么，还会发生什么呢？"史密瑟斯教授还在继续问我。

此时，我已经开始明白我所支持的政策很可能会诱发灾难性的后果——事实上，这种结果可能比该政策想要改善的局面还要糟糕。

这个小小的练习看似简单，但相较于大多数针对政策的经济讨论，它所考虑的其实更为长远。因为大部分政策的经济分析都受限于短视思维，止步于分析实施某项政策在短期内所能达到的效果，而忽略更长远的影响。在最近这些年里，一些美国总统（无论来自民主党还是共和党）的前经济顾问公开表示，很多最高层面的政策措施，其实并未获得足够的思考和分析，这些政策可能造成的经济影响[①]也未得到严肃的对待。但这并不意味着国家领导人并未预先考虑过这些政

[①] 赫伯特·斯坦（Herbert Stein）以及约瑟夫·斯蒂格利茨（Joseph Stiglitz）。

策的长期政治后果。这两位经济顾问所辅佐的总统——分别为理查德·尼克松和比尔·克林顿——在政治上都非常成功，而且都在竞选连任时获得了比首次当选总统时更为明显的优势。

短视思维并不只是政客的专利，大众身上通常也存在着相同的问题。而且这种现象也不是美国或西方社会所独有的。据《纽约时报》(*New York Times*) 报道，当津巴布韦政府在 2007 年 6 月为了应对失控的通货膨胀而颁布法令大幅压低物价时，该国人民"以狂热（但却短暂）的扫货行为来迎接这种降价政策"。但仅过了一个月，津巴布韦的经济就陷入了停滞状态。新闻是这样描述的：

> 面包、糖、燕麦片，每个津巴布韦人的生活主食都被一扫而空……肉类产品实际上已消失得无影无踪，就算是仍具购买能力的中产阶层在黑市上都无法买到它们……医院里的很多病人因缺乏药物供给而奄奄一息。

如果商品价格很低，生产商就不会像高价时那样向市场提供大量的产品，从经济学原理的角度来理解并不难。然而，我们还需要停下来继续思考，尤其要思考之后的影响。在津巴布韦这个案例中，政府人为营造的低价会造成一种人人都能负担得起的物质丰裕的假象，而这种情况实际上并不存在。与政治或其他谎言一样，真相要浮出水面还需要一段时间。可到了那时，现实可能已经积重难返了。

"采取行动"（Do Something）型政策

在市场经济中，人们根据不断变化的环境调整自己的角色——作为消费者、雇员、雇主、投资者、农民活跃着。环境的改变可能源于技术，也可能源于决策失误，它们会引起价格、工资水平、股票与债券收益率的变化。有些时候这种变化是有益的，例如随着电脑运算能力的持续快速发展，其价格也显著降低。也有些变化是不利的，例如金融市场为应对2007年的风险抵押贷款大规模违约事件所进行的调整迫使很多与"有毒贷款"相关的借款人和贷款人陷入破产的境地，有新贷款需求的人们也不得不面临陡然收紧的信贷要求。

诚然，能够自动达到均衡状态的系统，如市场经济，确实能够带来一些益处。它通过改变价格、销售和就业水平来进行调整，这一调整的过程可能会给特定的个人和企业造成困难。而这些困难又会给政治当局创造干预的机会，尤其是在社会需要他们"采取行动"解决经济问题时。无论行动会产生怎样的后果，是使经济状况改善还是恶化，从政治角度来看，对采取行动的需求不容抗拒。1971年，为了应对国内出现的通货膨胀压力，总统理查德·尼克松推出了新的经济政策，这是美国历史上第一次对和平时期的工资和物价进行管制。尽管当时经济学家们的主流意见，以及尼克松本人对工资和物价管制的可能负面影响的了解，都倾向于避免采取此类措施。尼克松的总统经济顾问委员会主席赫伯特·斯坦这样描述这些不良后果："市场上买不到牲畜，小鸡都被淹死，食品商店的柜台空空如也。"然而，这些后果却是在尼克松再次当选总统后才显现出来的。

而这些政策的直接政治后果却为他赢得了压倒性的支持，媒体对总统果断采取行动来处理通货膨胀大加褒奖。最终，尼克松在1972年竞选总统时以绝对优势取得了胜利。现在回头来看，大家普遍认为尼克松的工资和物价管制政策造成了消极的后果，但在选举时，选民却只是根据当时的情况来投票，并不会根据事后对政策后果的评估来做出选择。简言之，"采取行动"型政策通常只是短视思维的产物——即便政客自己心里清楚。正如赫伯特·斯坦指出的那样，工资和物价管制政策"并没有明显地对通货膨胀的形成产生影响，而白宫其实也没有期待这项政策能起作用"。

尼克松在其回忆录中坦言："管制工资和物价水平在政治上是必要的，而且会在短期内深得人心。但从长期来看，我认为是错误的。欠的账总有一天要还，挑战正统的经济机制毫无疑问要付出高昂的代价。"而米尔顿·弗里德曼在回顾该事件时也曾表示："在1972年尼克松谋求连任获得压倒性胜利之后，灾难性的经济后果终于显现，这是管制政策造成的。"同人类几千年的历史中世界各国采取价格管制的经验相似，尼克松的价格管制政策导致商品供给水平降低，而较低的价格又使得商品需求水平提高，从而造成了市场短缺。但是当时很少有人将这种市场短缺归咎于尼克松，很多政治评论和媒体纷纷指责石油公司，认为是它们造成了石油短缺，使加油站外出现等待加油的长队。

政治上的成功使得石油公司被妖魔化，并导致尼克松之后的两位继任总统杰拉尔德·福特（Gerald Ford）和吉米·卡特（Jimmy Carter）都不敢取消对石油的价格管制，哪怕尼克松已经取消了对其他产品的价格管制。经济学家赫伯特·斯坦在福特执政期间仍任白宫顾问，他说："主要的问题可能还是政治——担心被指责以牺牲房屋所有者和通勤者的利益为代价来换取石油公司的利润。"随后，卡特总统开始放松对石油价格的管制，但是直到1979年，石油短缺和加油站外排长队的现象仍经常出现，有时汽车到达加油站时车中的油刚好耗尽，司机在车上苦等一小时才能加到油。但在那时，几乎没有人会认为石油短缺是由几年前尼克松实施的价格管制造成的，也没有人继续妖魔化石油公司，因为对其他商品的价格管制都已经废除了几年，只有对石油的价格管制还一直维持着。

直到 1981 年——距离尼克松开始推出价格管制政策已有 10 年——里根政府才废除了最后一项价格管制，也就是对石油价格的管制。批评者预测该政策执行后石油价格就会飞涨。然而，真正发生的却是加油站外排着的长队消失了，石油供给水平提高，石油价格下降，最后实现的价格比存在管制时的价格还要低。

有些时候，吸引政客们"采取行动"的不仅是政治利益。通常，一般人都相信政府有必要对经济进行干预，即使政府只能通过反复试验才能确定正确的干预手段和具体措施。美国总统富兰克林·D. 罗斯福（Franklin D. Roosevelt）曾在 20 世纪 30 年代大萧条时期阐明了该思路：

> 如果我没有理解错的话，国家需要——也要求——进行大胆的、坚持不懈的试验。常识告诉我们应该选择一种方法先进行尝试，如果试验失败了，那就坦然承认，然后再去尝试其他的。不过最重要的是去尝试。

富兰克林·D. 罗斯福总统对这个国家的理解并没有错。他是美国历史上最为成功的政治家，史无前例的四次当选总统。在其任期以及去世后数十年里，很多人都将他实施的各项政策视作帮助美国摆脱大萧条的重要手段。然而，随着时光流逝，越来越多的经济学家和历史学家认为这些政策反而使萧条不必要地延长了——由于不确定政府接下来会怎么做，消费者和投资者都不愿把钱掏出来消费或投资。而这反过来又会抑制社会对商品以及生产这些商品的劳动力的需求。

富兰克林·D.罗斯福似乎从来就没有考虑过不断试验本身会给经济带来的高昂成本。政府的试验不同于私人的试验，后者不论结果好坏都只会对参与者产生影响，一旦发现明显无效可以马上叫停。而政府主导的试验则要求数百万人民必须参与，而且如果民众认为最基本的经济规则会一直改变，前景的不确定性就不可能鼓励企业进行长期投资，甚至无法鼓励普通消费者进行短期消费。如果人们不知道未来会发生什么，就倾向于捂紧荷包。

在20世纪30年代的大萧条发生之前，美国并没有通过联邦政府的干预来帮助经济摆脱萧条的传统。罗斯福的前任，赫伯特·胡佛（Herbert Hoover）是首开先河并承担这种责任的美国总统。他采取的一些干预手段随后被富兰克林·D.罗斯福所发扬，尽管胡佛一直被认为是个"无为"的总统。多年以后，连罗斯福政府中很多声名显著的前顾问都承认"罗斯福新政"其实只是胡佛政策的进一步发展。赫伯特·胡佛实际上才是首位决心从国家层面"采取行动"帮助国家摆脱经济萧条的美国总统，尽管没有证据显示他所采取的措施使情况好转了，并且确有理由认为它们反而使状况恶化了。

在更早的20世纪20年代，经济水平的急剧下降被卡尔文·柯立芝（Calvin Coolidge）总统忽视。经济在较短的时间内就走出了低谷，就像此前它总能在衰退期自我调整走出低谷一样。一次股市暴跌就要经历长达十年的经济萧条期，这不是不可避免的。而且，正如麻省理工学院的教授彼得·特明（Peter Temin）所言，1929年的股市大崩盘并没有什么特殊性：

在那之后，股票市场又经历了几次大的起伏，而收入水平却没有出现类似的波动。最明显的类似情况就是美国1987年秋天的股灾。这两次股灾惊人地相似：在几乎相同的日期，股票市场惨遭几乎相同的暴跌。

另一项研究将1987年10月19日发生的股市暴跌称为"美国证券史迄今最黑暗的一天"。然而，时任美国总统的罗纳德·里根（Ronald Reagan）并没有像胡佛总统和罗斯福总统在1929年股灾时那样反应，而是像他所崇拜的柯立芝总统样顺由经济自我复苏。而这并没有引发新的大萧条，反而开启了美国历史上时间最长的高就业、低通货膨胀以及普遍繁荣的时期①。但在当时，里根总统却受到《华盛顿邮报》的强烈批评，称其"无所作为，任由问题积累下去，可谓80年代的卡尔文·柯立芝"。《纽约时报》也指责他"浪费了（采取行动）的机会"。

总之，各种压力迫使美国总统"采取行动"。有些总统（譬如尼克松）只能屈服于这些压力，而其他人（像是里根）则绝不妥协。需要注意的是，里根1987年已经没有继续连任的资格了。而且，不仅只有信奉自由主义的市场经济学家才认为经济萧条时的政府干预会对经济有害。30年代大萧条之前很久，正是卡尔·马克思而不是别人就曾提出"政府疯狂的干预"可能"加剧现有的危机"。罗纳德·里根和卡尔·马克思并没有太多共同点，其中的一点就是两人都认真研习

---

① "在过去20年甚至更长时间里，美国的经济令人羡慕地实现了稳定增长和低通货膨胀相结合的健康发展"，引自《经济学人》（Economists）2007年9月22日第35页上登载的文章"转折点"（The Turning Point）。

了经济学。

迫于压力而"采取行动"的民选官员并非只有总统。也不是所有压力下的行动都仅出于政治考虑而将已知的经济后果抛诸脑后,就像尼克松总统那样。对经济学了解不够以及不愿意听经济学家的意见也可能导致决策失误。著名的金融家、慈善家以及政府官员威廉·爱德华·西蒙(William E. Simon)曾在多个场合表达意见,认为美国国会听证会毫无用处:

大部分的听证会完全是在浪费时间。然而,我还是非常耐心地接受了国会的邀请。我从不放过任何一个机会将这些绅士们做过的各种不负责任行为的详细记录作为证据呈现给他们。

而针对2007年美国所面临的各种经济问题,前总统经济顾问委员会主席,哈佛大学教授N.格里高利·曼昆(N. Gregory Mankiw)写道:

国会和白宫中很多人头脑中的问题是:他们现在应该做些什么以将经济纳入正轨?正确的答案就是:什么都别做。

这种认为政府应该"做点什么"的感觉并非基于对政府采取行动和什么都不做的实际结果之间的比较。对于那些缺乏远虑的人而言,采取行动似乎称得上是个不错的主意,因为他们既不需要回顾历史也不需要运用经济学进行分析。而"采取行动"的替代方法并不是让政府一直什么都不做,而是要认识到政府只能去做一些特定的事——必须对这些行动的短期和长期后果以及一般性影响进行评估。尽管曼昆教授力劝国会和白宫中的政治家什么都不要做，但他也认为美国的联邦储备系统及其专业经济学家会合理应对，从而避免美国经济出现严重的问题。

很多"采取行动"型政策确实使某些产业、群体、地区或国民经济中的某些部门获得了收益。但是，这并不意味着我们就能认为这些政策给经济整体带来了净收益。例如，在乔治·W. 布什担任美国总统期间，保护美国钢铁产业的政策意欲使该行业免于因同低价进口钢铁展开竞争而受损，这些政策确实保住了很多美国钢铁工人的饭碗，也增强了美国钢铁公司的盈利能力。但美国的钢铁价格因此上涨，钢铁制品的价格也一并提高，其竞争力在国内外市场上都有所减弱。因此，该政策给以钢铁为原料的产业中带来的就业损失远远超过其在钢铁制造业中挽救的就业机会，而以钢铁为原料的产业的利润减少规模也远远大于钢铁制造业所增加的利润。只有那些只关注短期收益而无远见的人才会认为这种干预算得上成功。

不考虑长远影响，其后果不仅是有些人会以其他人受损为代价而受益。有时，那些政策想要帮助的人群反而会因这些政策而受损。例如，当《美国残疾人法案》(*Americans with Disabilities Act*) 在1992年被通过时，其根本目标是为那些身体或精神上有残疾的人群带来实惠。法案要求商业公司和其他机构应对这些残疾人群提供"合理的便利"，例如公司应让乘坐轮椅者容易进入，或是采取其他措施让残疾员工更加容易地投入工作。但一项由两位经济学家开展的研究发现，在这些法令开始实施之后，残疾人的就业水平反而下降了。由于政府给雇主强加了这些额外的成本，他们反而不再愿意像当初那样去雇用残疾员工。

长期影响

要考虑政策在实施几年后才逐渐显现出的影响和后果，摆脱短视思维就显得尤为重要。如果政策一开始效果很好，而不利后果随后——尤其是在下次选举之后——才会显现，那么对政客而言，这些政策就非常具有吸引力。

例如，如果某市或某州中有几个发展势头好的公司，政客要为地方政府的项目筹集资金并借此获得选民的选票，最容易的方法莫过于提高这些公司的税率。这些公司又会怎么做呢？将他们的厂房、酒店、铁路或者办公楼搬到别的地方去吗？这些公司当然不会马上这么做。即便他们能够出售在当地的资产，并在其他地方购买替代品，这么做也需要时间，而且不是所有富有经验的员工都愿意随公司突然搬入其他城市或其他州。

然而，即使搬迁有着这么多约束，高税率也会引发一些即时的影响。如果公司在不同地点设有分公司，此时因需求下降不得不选择关闭一些分公司，那么位于税率较高的城市和州的分公司最有可能被关停。此外，在税率较高的城市和州，企业破产的比例可能也会相应地提高。一些挣扎求生的企业能维持得更久，也许还能渡过难关，但税率的重负使情况雪上加霜，成为压倒骆驼的最后一根稻草。

同时，一些新成立的公司在选择工厂或办公地点时也会相应地做出反应——他们很可能会避开那些税率较高的城市和州。因此，即使现有这些蒸蒸日上的大公司全都无法在短期内针对税率提高的政策进行调整，这些政策还是会减少一些商业发展的机会，负面影响甚至在政策施行后的第一个阶段就已经产生了。但这种损失从规模上看，也许并没有大到足以在下一次竞选前就引起广泛关注。

然后就是第二阶段。通常在一个公司中，高层所在的行政总部可以先于运营部门实现搬迁转移，因为后者雇用的员工和使用的设备总量都超过前者。如果在其他城市或州——或许在海外——设有运营部门，该公司就可以将部分生产转移到税率不高的地区，即便它没有马上放弃高税率地区已有的工厂和办公点。高税率地区商业活动的减少会使这些公司及当地雇员所缴纳的税收总额降低，从而使该地区的税收收入下降。

第三阶段：随着时间的推移，公司仍在发展，他们会选择将新的业务开设在税率不是很高的地区，逐步将那些愿意搬迁的员工调到新的地区去；对于那些不愿搬迁的员工，就在新的分公司雇用新人来代替。

第四阶段：随着来越多的公司离开高税收城市或州，剩下的公司所缴纳的税收总额反而少于原来低税率水平下的税收总收入，因为那时缴税的公司更多。然而此时加税政策已实行多年，而当时负责实施该政策的政客也许都已经升迁到州内或联邦政府的更高职位去了。

更重要的是，即便是那些仍在当地供职的政客，也不太可能因如下理由受到指责：地区税收收入降低、就业减少，政府服务和基础设施建设因税基不足而被削减。总之，那些应该为这种经济滑坡负责的人很可能逃脱政治指责，除非选民或媒体能够跳出政策实施后的第一阶段来思考问题，明辨随后几年发生的连锁反应背后的主因——但他们很少这样做①。

---

① 另外还有一个原因可以解释为何必须考虑将政策的多阶段影响都考虑在内，举个类似的例子。想象一下，如果要在山谷中建起一座大坝，计算表明这会使山谷蓄积起深达 20 英尺的水。如果你的住房位于高出谷底 30 英尺处，水慢慢被放出时，你的房子应该是安全的。但是如果大坝的防洪闸一下被冲开，一波高达 40 英尺的巨浪可能会呼啸着冲垮你的房子，淹死里面的每个人。洪水消退后，山谷的水深仍为 20 英尺，尽管房子和人距离水面仍有 10 英尺，可是房屋已经被毁，而人也因此丧生，这种安全变得毫无意义。一位诺贝尔经济学奖获得者指出，国际货币基金（IMF）对第三世界国家强加的一些政策忽略了它们在这些国家发挥影响的时机以及引起反应的顺序，有的政策可能会对国家的社会结构产生无可挽回的破坏，例如使民众对经济前景感到绝望，从而引发大规模骚乱甚至政权颠覆，外国投资者也因此不愿投资于这样不稳定的国家。

纽约市就是该过程的一个经典案例。美国很多大公司的总部曾一度在纽约聚集，但到了 21 世纪初，美国 100 个发展最快的公司中只有 1 个把总部设在了纽约。有着全美最高税率的纽约市，一直在丧失新的商业机会和数十万的就业机会。然而，这座城市人均花费的市政资金差不多是洛杉矶的 2 倍，芝加哥的 3 倍。总地来说，纽约市这种"量出为入"（spend-and-tax）的政策从政治上来看是成功的，但经济后果却是消极的。

政客也许会将一只能下金蛋的鹅杀死，只要这只鹅别在下一次选举前死掉，而且没人能在杀死鹅的武器上找到政客留下的指纹，这样的谋杀就可以被视作可行的政治策略。在复杂的经济中，当地或地区经济滑坡可以归咎于许多替代性的原因，这样一来，公众对真正原因的关注就能被转移出去。

一个常见的替罪羊就是抱怨就业机会都跑到国外去了。但是无论造成现有就业减少的原因是什么——除了就业机会转移到海外之外，可能还包括技术进步、消费者偏好的改变等——即便是在国家处于完全就业的时期，全国范围内已有就业岗位也会减少几百万。1990 年到 1995 年，有超过 1 700 万美国工人失去了工作，但在此期间全国的失业率非常低，因为新的工作机会不断涌现。不过，"铁锈地带"（rust belt）就业减少的原因和纽约市非常相像。尽管在美国经济中，新创造的就业和失去的就业几乎相同——丰田公司雇用几千美国工人来制造汽车，而通用汽车公司则同时解雇了几千人——这些新岗位通常也不会出现在政治或工会环境不利于商业发展的地区。因此"铁锈地带"的核心问题并不是简单的就业减少，而是它在创造替代就业机会的过程中所遇到的阻碍。

政治动机

如果你将事务交给代理人打点，委托他们保证你的利益，那么你生活的任何方面——无论是政治还是其他——总会面临一种危险，即代理人会首先确保他自己的利益，而他的利益不一定总与你的利益相一致。公司的管理层不一定总把股东的利益摆在第一位；而演员、运动员或作家的经纪人也可能因为私利而牺牲客户的利益。因此，不要幻想当选的官员会有什么本质上的不同。但我们有理由去了解政客决策背后的特别动因，以及他们为了实现自己的政治诉求，可能会忽略哪些现实的经济问题。

2007年，明尼阿波利斯市发生了一起大桥坍塌事件，当时很多正好在桥上的司机因此丧生。这起事故不仅震惊全国，也引发了人们对美国存在同样风险的桥梁的广泛关注。桥梁并非唯一因当选官员的忽视而维护不善的基础设施。道路和高速公路上出现坑洞却不维修的情况非常普遍，而很多地方都将资金用于建设社区活动中心、高尔夫球场和其他设施。如果我们从短视思维的角度考虑当选官员所面临的各种政治激励和约束因素，会发现政客为了自己的利益而做出这种选择是完全合理的。

对于政客而言，维修大桥、道路、大坝或政府大楼无法立即给他们带来有利的公众支持。而修建新的游憩设施、广场或其他让人印象深刻的建筑，往往会举行剪彩仪式，政客的名字和良好形象会呈现在媒体的镁光灯下，从而增加未来连任的机会。然而填补路上的坑洞以及维修桥梁或学校却常常没有剪彩仪式。除非这些问题明显到会被公众发现且能对选举支持率产生重大影响，维修公路或其他公共设施的政治回报就非常小，甚至为零。而且，在下一次选举之前，大部分延迟维修的情况不太会造成严重的问题，就算疏于维护可能在长期造成灾难，那也是未来几届政府之后的事情了。

这种政治动机和反应并不是美国或现代所特有的。早在18世纪亚当·斯密就曾提到，法国的一位"骄傲的宫廷大臣"是如何舍弃大量"小建筑"而开建一些"壮丽辉煌的建筑"的，即使前者"极为实用"。他形容，当时在法国，"伟大的道路和交通设施很可能成为宫廷和首都交流的主题，因此受到关注，所有其他建筑项目则都不被重视。"

忽视长远影响的不只有政客，他们所创造的法律和政策也将他人视作毫无远见之人。为私营企业养老金提供保障的政府部门会将面临破产的航空公司所应承担的养老金支付义务转移给普通的纳税人。这些航空公司（以及其他公司）为何要承担其财力根本无法兑现的养老金义务呢？因为在工会合同中加入养老金福利可以使航空公司免受罢工威胁，而且航空公司清楚地知道，未来如有需要，可将这些养老金负担转移给政府。这些公司所考虑的已经超出眼前阶段，而支持这种政府计划的人却并没有如此长远的眼光。

分析市场为何没有阻止各种非市场行为的出现，或是预先判断这些非市场行为的效率，就像是分析为何对汽车技术的研究并没有阻止其他交通方式的发展，或是预先判断这些交通方式的效率一样。对市场的经济学分析，就是根据几个世纪以来发展和累积得到的一些知识、分析和经验来系统研究各种经济行动和政策的后果。理解经济学之所以重要，是因为这些政策的后果能够决定某个国家数以百万计的国民——以及全世界几十亿人民——是贫困还是富裕。

经济学所面临的真正问题并不是哪种政策或体制能够发挥出最理想的效果，而是在人类远非完美的条件下，究竟哪一种政策或体制能够产生更好的效果。即便面对的是更加简单的任务，即在给定的体制下对不同的政策做出评估，真正的问题也并不是找出哪个政策看起来更为合理，或是如果人们都能按照理想状态行事，哪个政策能发挥最好的效果，而应该是如果现实中的人们都按照真实状态行事，哪种政策实际上能产生更好的效果。在后面的各章中，我们将针对不同情况，回答和解决这个问题。

第2章

自由与非自由劳动力
Free and Unfree Labor

有个学生向他的历史教授请教:"奴隶制度从何处发源?""你这个问题问得不对,"教授回答道,"正确的问题应该是:自由从何处发源?"

奴隶制是人类社会最为古老、最为普遍的制度之一。根据有记载的人类历史,世界各地都曾出现过奴隶制度——一些考古学研究则表明,在人类学会书写之前,奴隶制就已经存在了。没有人知道奴隶制度产生的确切时间。与奴隶制思想相比,人皆自由的观点出现得更晚,甚至现在也并未在全世界普及。19世纪时,世界大部分地区都已经废止了奴隶制度,但直至21世纪,仍有一些地方允许奴隶制度存在。除了奴隶制,还存在一些其他形式的非自由劳动力,有些到现在仍继续存在。

在我们今天习以为常的诸多自由中,其中一种就是有权选择愿意或不愿意从事什么工作。然而几个世纪以来,大部分国家的大部分人都无法自己选择工作。如果你是一个鞋匠的儿子,可能就只能以制鞋为生;而如果你是一个农民的女儿,长大之后就要开始承担全部的家务活，而且一旦结婚，还会有更多的家庭责任等着你。在这样的年代，"自由"和"非自由"的劳动，区别在于你是否能够凭借自己的工作获得报酬，还是被迫做这些事却得不到任何收入。

被迫从事的工作可能是暂时的，这类工作包括在贵族的属地做苦工或在他们的军队中服役。工作结束后，这些被迫工作的人可能获准返回自己的农场或从事其他工作。比这些暂时性的强制劳动更加悲惨的就是终身农奴或奴隶，奴隶身份甚至还代代相传。

现在，自由劳动已成为大部分地区的信条。不过，强制劳动仍然存在，甚至在一些自由民主国家，具体的形式包括义务兵役以及强制陪审义务等。少数国家还存在完全的奴隶制，例如毛里塔尼亚、苏丹和尼日利亚等。在印度的偏远地区，有些被奴役的家庭的奴役身份在几代人之后仍在延续，因为他们的祖先在他们出生之前就与别人签订了债务协议——这种情况有时被称为劳务偿债，属于奴隶制的变体形式之一。

尽管按理说自由劳动力和非自由劳动力之间是二元对立的，但实际上，自由劳动力也可能会面临法律和政策强加的约束和限制。例如，某人想要从事某项职业，常常需要获得职业许可证或者加入相关的劳工组织，但实际上不管是工会成员资格还是职业许可证，数量可能都是有限的。雇主和雇员之间可以基于完全自愿建立一种合约关系，但实际情况并不总是如此。童工法、反歧视法和其他法规及政策，包括工会合约等都会对雇主自由聘请工人产生限制。

另一方面，有些奴隶（尤其是城市奴隶）也拥有一定的选择权，他们中很多人可以自己选择雇主，然后与让其行使这种选择权的奴隶主分享劳动果实。这种例子可以追溯到古代希腊，当时有的奴隶并不与自己的主人一起生活和工作，只是将工作收入的一部分上交给奴隶主。

自由劳动力

自由劳动力市场不仅能让工人获益，还有助于经济发展。因为在自由劳动力市场中，雇主会根据工人的劳动生产率支付工资，而工人们会自动寻找收入更高的工作，这套机制能将人们配置到为其他人所需的商品和服务做出最大贡献的岗位。专断地限制谁能在哪里工作，不仅会牺牲那些求职被拒的人的利益，也会使消费者的利益受损——这些限制可能导致消费者无法大量或以尽可能低的价格获得所需的商品和服务。不过，大部分人都不愿意看到儿童在煤矿（这种情况曾一度存在）或在配置了大型高危机械的工厂里工作。也没有人愿意看到随便一个想当外科医生的人，不管是否接受过专业的医疗训练，都被批准给病人做手术。而有些职业（例如小偷）本来就应该被彻底禁止。

自由劳动力以及那些雇用自由劳动力的人，总要面临林林总总根据各种理由设定的限制条件。这些限制条件包括职业许可法、职业安全法以及最低工资法等。此外还应注意，很多所谓的"劳动力"其实本质是资本。

人力资本

在现代工业社会中，大部分人都被称为工人或劳动力。然而，人不仅代表着劳动力，也代表着资本的投入。学校教育、工作经验、阅读、摆弄汽车或电脑所获得的经验，以及从父母和同事身上学到的知识和经验都有助于培养一个人的技能、洞察力以及工作能力，而这些被经济学家们统称为"人力资本"。"人类劳动"和"人力资本"之间的区别并不仅体现为一些没有结果的抽象概念。

人类通常都在成年初期拥有最好的劳动能力，这时人们正处于身体机能的最佳状态。回到大部分工作都只需要体力劳动的年代，面对同一份工作，一个中年手工劳动者通常不及一个二十来岁充满活力的青年更受雇主欢迎。然而到了现在，大部分的谋生者随着年纪的渐长收入会越来越高。这种情况更加符合关于人力资本的经济学原理，因为人力资本会随着年龄和经验的积累不断提高，因此人力资本的投资回报也应该相应提高。人力资本的概念还能更好地解释现实中男女收入差距为何会不断缩小：因为在现代经济中动力主要来自机械力量而非人类自身的体力，经济中身体力量所发挥的作用越来越小，知识和高科技的作用反而越来越大。

人力资本的重要性与日俱增，不同性别的收入因而更加平等，同时人力资本也会加大那些刻苦学习知识、掌握技能的人与不学无术的人之间的收入差距。要想从工作中获得更多回报，有一个基本原则就是多劳多得，不劳不得，而人力资本的差异还会使这种回报的不平等性进一步扩大。美国家庭收入最低的20%，其一年的收入只相当于前20%的家庭工作几小时的收入。劳动者的收入会随着经验的积累而不断增长，以及自由市场中收入差距的不断扩大，都显示出人力资本的重大作用。

现在几乎所有的工作机会都能为劳动者提供收入和经验，但在过去，没有经验或未受教育的劳动者无偿工作的情况曾一度非常普遍，这很明显是为了积累人力资本。在世界很多地方，学徒制（有或没有收入）是一种延续了几个世纪的职业制度。在美国，直至20世纪30年代的"大萧条"时期，无偿劳动力都不罕见。当时人们极其渴望找到工作，会先无偿工作以获得工作经验。这会增加他们日后得到有偿工作的机会，不管是从现在的雇主这里，还是从其他只愿意雇用有经验者的雇主那里。

第一次世界大战期间，一个名叫保罗·威廉姆斯（Paul Williams）的美国年轻黑人决心要成为建筑师——当时有些黑人甚至从未听说过这种职业——当时只有一家建筑公司为他提供了带薪的工作机会，但是为了获得更多宝贵的知识和经验，他拒绝了这份工作，去一家更著名的建筑公司做没有薪水的办公室勤杂员①。很明显，他考虑的不仅仅是职业的初期发展，而是更长远的未来。

随着职业生涯的逐步发展，保罗·威廉姆斯终于成了一位杰出的建筑师，他后来设计了很多知名建筑，从电影明星的家宅到银行、酒店和教堂等，还参与设计了洛杉矶国际机场主体建筑。就像人们投资于股票和债券，他也将时间和劳动力投资到人力资本中，在长期的职业生涯中获得回报。

我们再来看一个例子。这次的主人公是19世纪一位一贫如洗的年轻人，他衣着褴褛，但想在纽约北部的一家商店里做售货员。他名叫弗兰克·温菲尔德·伍尔沃斯（Frank Winfield Woolworth），后来他建立了以自己名字命名的大型连锁商店并成为总负责人。但1873年他还只是个看上去没什么前途的落魄小伙。当时的情景是这样的：

商店的老板用手指拨弄着自己的大胡子陷入沉思。站在他面前的

---

① 开始工作之后，他的老板还是决定为他提供一点微薄的工资。

这个男孩明显是个生手，但看起来是诚心诚意想要这份工作的。那时，世道仍然非常艰难，这份工作至少会有20个有经验的人抢着做。

总体来看，这个男孩并不是售货员的合适人选。

但商店老板却在他身上发现了什么。

"好吧，"他厉声说道，"这份工作归你了，星期一就开始上班！"

这个年轻人试图抑制住自己的兴奋之情，问道："您打算给我多高的薪水呢，先生？"

"给你薪水！？"老板喝道，"难道你还指望我付给你薪水吗？为什么！我教你做生意，你应该向我支付薪水才对。"

最后达成的条件似乎非常苛刻——前三个月必须无偿工作——这近乎剥削了。但从这笔交易中获益最大的是谁呢？[1]

伍尔沃斯是一个非常负责的工人，但是他只是个乡下佬，笨拙且不通世故，所以他的工作只是扫扫地、清洁货架以及其他对一个不善察言观色的小伙子来说不太具有挑战性的工作。店里的其他店员总是取笑他，很长一段时间内，确实没有人愿意冒险让他去为前来购物的顾客服务。总之，他当时的工作表现也只值那点薪水。

经历了3个月的无偿工作期——每天都要从早上7点干到晚上9点——伍尔沃斯的这份投资所获得的回报甚至比买彩票还要丰厚。终于成为一个带薪雇员，他在这家商店中积累的知识和经验帮助他走向

---

[1] 当时商店老板可以期待更多有经验的候选人来申请这份工作。而伍尔沃斯如果不做这份工作，就只能继续留在父亲的农场里面帮忙了。他弟弟曾这样形容他们在农场的日常工作程序：早上5点半起床，即使是在寒冷的早上也只能赤脚前往农场去挤牛奶。"我们尽量站在奶牛躺过的地方，这样我们已经冻僵的双脚才能获得一点温暖。毫无疑问，我们渴望结束这种无休止的苦役生活。"引自凯伦·普伦基特-鲍威尔（Karen Plunkett-Powell）所著的《记住伍尔沃斯》(*Remembering Woolworth's*)，第26页。

广阔的世界，创立了属于自己的商店。在未来几十年里，他在全美建立了一系列的连锁商店，随后将业务范围拓展到了全世界，最终成为他那个时代拥有最惊人财富的商人[①]。后来，他满怀感激地与当初雇用他的老板商量，让他成为自己创办的 F. W. 伍尔沃斯零售连锁店的合伙人。这位老板确实因为教伍尔沃斯做生意而获得了回报。

再往后，随着"最低工资法"的出台和公众对无薪工作的反对，这种通过无偿工作积累人力资本的特殊方式基本已经不复存在了。然而，有很多人还是会继续从事一些工资水平低于其他途径所能获得的报酬的工作，因为他们认为这些收入较低的工作给他们带来的经验更加珍贵，他们也期望自己未来的职业生涯能由此获得回报。他们都是不囿于眼前得失、能够深谋远虑的人。

有些人从政府监管部门起步从事行政工作。作为一名收入一般的公务员，他们期望未来能到这些部门所监管的行业谋求一份高薪工作，因为政府部门的工作经验和所积累的知识能够帮助一些公司处理和应对政府制定的各种规则和管制措施，这对他们来说很有价值。有些获得自然科学博士学位的人会选择到名牌大学去做博士后，而不是接受差一点的机构或学校为他们提供的教职，即使这些教职的收入水平要比做博士后所能获得的工资高得多。原因在于这些人在名牌大学里可以和世界级的化学家和物理学家一起工作，而在和相关领域的世界级顶尖专家合作的过程中学到的东西和积累的经验有助于增强自己的声望，从而在未来的就业市场上有机会从更高水平的机构那里获得收入更高的工作。

[①] 位于纽约的伍尔沃斯大厦，曾一度是全世界最高的建筑物，很可能也是世界上唯一一座完全凭借一己之力，由一个人掏出全额现金修建起来的摩天大楼，而这个人就是富商 F. W. 伍尔沃斯。

那些瞧不起低收入工作机会，认为这些工作很"低贱"的人，或者拒绝在入门工作中接受低报酬的人，通常都没有远虑。像保罗·威廉姆斯和 F. W. 伍尔沃斯这样开始职业生涯的人并不是孤例，有很多人和他们一样通过这种方式积累了人力资本，并在随后获得了丰厚的回报。那些从麦当劳快餐厅开始工作的年轻人很少在麦当劳公司终其一生。而麦当劳公司一年员工流动率甚至可以超过 100%。在离开后，这段工作经历带给他们的收获不仅是基本的工作经验，例如循规工作和准时上班、与其他人合作以及了解如何在商业环境中行事等，这份记录还会在未来伴随他们职业生涯的升迁，一直被带到完全不同的职业中去。在麦当劳工作过的人所获得的经验和工作记录从长期来看要远比卖汉堡包所获得的普通薪水有价值。

换句话说，如果让这些缺乏工作经验的人失去通过工作积累经验的机会，会给这些人以及整个社会带来不利影响，这种影响不仅局限于使他们失去了这些被认为"低贱"或"收入微薄"的工作。对于并无切身利益的第三方来说，没有什么事情比占据着道德制高点去做一些所谓对社会有益的事情更加容易的了。例如，一些政客和记者努力推进最低工资法，但这个法案却导致低收入工作机会的减少，而法案的推动者却认为这种损失不值得惋惜。根据第三方对工人"基本需求"的理解而设定的最低工资，可能与劳动市场供需关系所确定的工资水平相去甚远——而且，根本就没有明确的证据证明这些规定如何使资源配置或劳动者自身的利益得到了改善。这些工人可能觉得他们"基本的需求"就是获得一份工作，而较高的工资水平，使可获得的工作机会减少，让那些没有工作经验的年轻工人无法进入劳动力市场，这根本就无法解决工人的实际问题。推动这些举措所能带来的唯一益处只是让一部分人获得武断地决定同胞命运的权力，并因此自我感觉良好——而事实上，这些政策只会给劳动力市场造成灾难性的影响。

收入

大部分人工作当然是为了赚钱——尽管获得收入看起来似乎很简单且易于理解，但是关于收入的统计数据却充满了各种陷阱和错误，包括：

1. 将收入与财富混淆
2. 将统计分类与真实的人群混淆
3. 将个人当前收入来源的暂时性头寸与持久收入混淆

要辨析这些区别并不困难。但是最好在一开始就明晰这些区别从而避免在讨论中因不确定的概念和易于误解的不可靠数字而感到困惑。

收入和财富的区别在于，收入是在某一年里获得的流动资金，而财富则是在几年内累积起来的资金或具有资金价值的资产总和。在几年内，一个收入水平一般的人可以通过储蓄及利息、原始投资的红利和增值等方式积累下可观的财富。例如，70多岁的老人的一般财富水平是那些20多岁青年人的几倍。相反，有些收入水平很高的人最后积累下的财富却很少——这些人的消费水平很高，当他们出于各种原因无法获得高薪时，就只剩下很少的钱，甚至没有任何积蓄。政客和记者总是简单地从表面情况出发，将当前收入很高的这部分人称为"富人"，而将那些当前收入水平较低的人称为"穷人"。而且，在关于个人所得税（income taxes）的各种讨论中，长久不变的主题之一就是应该对"富人"征收多高的税率。某些人之所以成为富人并不仅仅是因为现在的收入水平很高，更重要的是他们积累了很多财富，但是现在的个人所得税都是对当前收入进行征税，而不是对个人累积的财富总额征税。

同样，将抽象的统计分类数据与有血有肉的真人实际情况区分开来，实际上并不难，但很多人因为怕麻烦就不去区分。不辨明这种区别，就会产生很多困惑和错误。例如我们经常听到这种说法，收入分组中最高组别的人群与最低组别的人群之间的收入差距在扩大。因为最高收入组平均收入水平的增长速度要比最低收入组快。但是由这种统计类别所抽象描绘出的经济命运可能会，而且经常会与背后那个有血有肉的人的命运恰好相反。

例如，1996年到2005年间，美国所得税的数据显示收入水平排在全国前1%的人群作为纳税者为税收贡献的份额提高了。但与此同时，1996年收入水平排在全国前1%的人群，其平均收入在2005年下降了。尽管乍看起来这两个结果应该不能同时成立，但在下面这种情况下这两种结果并不矛盾，那就是很多人的收入水平在这段时间里发生了很大变化，从一个收入组别调整变到另外一个收入组别。1996年时纳税人收入排在全国最后20%的人群的平均收入水平到2005年时已经提高了91%，而在同样的时间段内，纳税收入排在全国前1%的人群的平均收入水平却下降了26%。很明显，这种规模的收入变化会使得很多人从一个收入组别调整到另外一个收入组别，因此不同的收入组别间不断加大的收入差距并不能真正反映个人之间收入差距的变化情况。

按照通常的做法去描述那些"富人"或"穷人"的收入变化情况可能会得出很多错误的结论，这不仅源自对"收入"和"财富"概念的混淆，更重要的是因为有些人在生命的不同阶段可能出现在不同的统计类别中——某些阶段可被视为"富人"，而有的时候又可以被归为"穷人"。美国密歇根大学的一项研究显示，1975 年收入排名位于最后 20% 的那些积极工作的人，有四分之三以上在随后的 16 年内都曾在某个时点位于收入排名的前 40%。而在收入最高的人群中，这种收入组别的变化尤为显著和频繁。根据美国国税局（Internal Revenue Service）1992 年到 2000 年每年记录的全国 400 个最高纳税人的统计数据显示，只有四分之一的人能够在名单中维持超过 1 年，只有 13% 的人可以维持超过 2 年。换句话说，曾经一度进入全国前 400 的收入最高的富人，大部分都只能在该组别中存在一年。1992 年到 2000 年间，一共有几千个人进入过收入前 400，可见在这段时期内进入该榜人员的流动性非常高。

犯罪作为一种职业

也许在所有的职业中，最自由的一种是犯罪，因为这种职业完全无视法律的约束。很少有人终其一生都没有违反任何法律规定，很多犯罪行为可能都是一时冲动，或是因诱惑而冲破道德和理智，而真正依靠犯罪为生则是一个非常特殊的现象。这些年来各种研究显示，在人口中占比极小的人群实施了占比相当大的犯罪行为。正如研究犯罪的资深学者詹姆斯·Q. 威尔逊（James Q Wilson）所言：

国内外的研究都已证实，在某一特定年龄的男孩中，6% 的人所实施的犯罪行为占到该年纪男孩的所有严重犯罪行为总数的一半甚至更多。将各种测量误差考虑在内，各类研究的结果是比较一致的——6%的人实施了50%的犯罪行为——这个现象很值得注意。这种规律在很多地方都基本成立，包括费城、伦敦、拉辛以及加利福尼亚州的橘郡等。

成年人犯罪也存在与之类似的规律。

若仔细观察罪犯的共同特点就会发现这些人并不是从总人口随机抽样的群体：犯罪分子通常比总人口的平均年龄小，男性所占比重更大，而且至少从那些被抓获以及被定罪的罪犯来看，这些人的智商（IQs）比总人口的平均水平更低。但我们也不能假设罪犯整体的智商水平肯定比那些被抓获的罪犯更高，因为大部分严重罪行差不多都会通过司法程序定罪，剩下未破案的严重罪行数量较为有限，无法证明有大量罪犯未被抓获。然而，我们并不能简单地认为职业罪犯都不理性，因为来自各国的很多证据都显示有的职业罪犯实际上是相当理性的。人们当然很容易得出"不值得犯罪"的结论，但是真正的问题应该是：对谁而言不值得——以及和什么比较起来不值得？如果比尔·盖茨（Bill Gates）成为窃贼或是犯罪团伙中的职业杀手，他是否能像现在这样有钱当然很令人怀疑，但那些以犯罪为业的人由于天赋及发展环境所限，几乎不太可能像比尔·盖茨这样有更好的职业备选方案。

很多职业罪犯的教育背景和智商水平都比较差，对他们而言，以犯罪为生可能就是能带来最佳回报的选择了。很多以犯罪为业的人——尤其是那些年轻人和社会阶层较低的人——职业生涯很短。这些人最初能靠贩卖毒品之类的勾当赚到钱，在第二阶段很可能就会面临牢狱之灾，甚至丢掉性命。如果真把犯罪看成一个职业，那么它和体育或娱乐行业很像，在职业链顶端的极少数人能获得非常高的收入，而大部分初涉此行的新手收入其实很低。比如说，很多在街头贩卖毒品的普通年轻人都还和母亲生活在一起，通常住在政府为低收入者修建的住房里——这明显并非生活富足的标志。而毒枭奢靡的生活却吸引了很多年轻人入行，他们梦想能达到这种级别。

如前所述，职业选择是否理性取决于备选机会还有什么。如果一个人在学校的学习成绩很差，也许还有拘役记录，就很难在正规的就业市场上找到工作。而一些并无不良记录的人可能也会因"童工法"和"最低工资法"无法挣到救命钱，因为雇主认为其能力不配获得最低工资。但犯罪这种职业永远向所有人敞开大门。

职业罪犯的理性可以反映在很多方面，例如，不同犯罪行为的不同违法成本会导致犯罪量的明显差异。这些成本不仅包括法律处罚，还包括受害人给犯罪分子造成的威胁。例如，持枪业主的占比高低会对入室盗窃率产生影响。英国的入室盗窃率远比美国高——差不多是美国的两倍，而且英国的窃贼在入室之前一般不太会像美国窃贼那样先打个前哨，确保家里没人再下手——这是因为英国的枪支管理比美国要严格得多，即使家中有人，备有枪支护家并用这些武器对付窃贼的情况并不多。此外，英国的入室盗窃犯一般量刑较轻，很少有罪犯会因此坐牢。

英国和美国的窃贼都是理性的，因为他们根据各自面临的危险选择了不同的犯罪方式。在美国，只有13%的入室盗窃发生在家中有人的情况下，但是在英国、荷兰和加拿大，这一比例则高达40%以上。美国亚特兰大市郊肯尼索地区通过法令，要求每个家庭的户主都必须在家里配备一把枪，此后，该地区的入室盗窃案件数量马上下降了89%。

另外一项主要成本就是法律制裁的风险，通常就是牢狱之灾。犯罪活动的多少一般会与监禁（包括查获、定罪以及判刑）风险的大小反向相关。美国20世纪60年代以来推行的诸多法律改革，导致犯罪分子遭到监禁惩罚的可能性降低，犯罪率因而快速上升。例如，1974年的谋杀率是1961年的两倍。1960年到1976年，一个普通公民因不幸遭遇暴力犯罪的可能性翻了3倍。

其他国家的数据也呈现出类似的趋势。有张图表将澳大利亚1964年到1999年的犯罪率与同期每1 000件罪行中最终裁定的入狱率进行了对比，结果显示这两条数据线变化趋势正好相反：当犯罪率上升的时候，入狱率呈现下降趋势，反之亦然。英格兰、威尔士和新西兰的统计数据也与之类似。美国的犯罪率在20世纪80年代达到最高，而那时入狱率差不多也是最低。随后，随着入狱率不断提高，犯罪率也开始显著降低。新西兰20世纪90年代早期的犯案数量较多，而其入狱率在1985年前后较低并在此后开始逐步提高，于是几年之后的犯罪率也开始下降。

美国的职业保释代理人制度在世界范围内并不常见，除了美国，只有美国以前的殖民地菲律宾采用该制度，而罪犯对于该制度的反应也充分表明罪犯是理性的。在美国，被指控的罪犯可以向一位职业保释代理人支付一定的金额，请这位保释人担保罪犯能够在审判时到庭，这样罪犯在候审期就不用待在狱中。保释代理人通常收取保释金总额的10%左右，然后替被告人缴纳足额保释金，如果被告人能按时出庭，所有保释金都会退还给保释代理人。

然而，如果被告人没能在开庭时出现，保释代理人就会损失代缴的保释金，除非他能找到当事人并在较短的时限内将其带回法庭受审。保释代理人——有时也被称为"赏金猎人"——可被授权抓回未到庭的被告人。而罪犯的理性表现在，保释代理人制度实施之后，被告的出庭率明显要高于他通过其他方式在待审期内被释放的情况。因为保释代理人在被告人身上存在一种既得利益，因此他比警察更有动机抓回当事人，并且不会限制自己的抓捕方式。意识到了这点，罪犯会非常理性地乖乖出庭。

其他国家的罪犯也通过别的方式表现出了类似的理性。比如，第二次世界大战以前的英国，罪犯和警察都很少配枪，当时哪怕只是枪支谋杀案的共犯都会被判处绞刑。因此，如果一些罪犯打算实施抢劫，肯定会互相搜身以确保没有人带枪，从而避免所有人都因枪支杀人而被判绞刑。在那种背景下，互相防范就是非常理性的选择。

被处罚的概率不同，犯罪的数量和性质也会有所差异，但这并不是说各个国家的犯罪率不受文化或国家间的其他差异影响。尽管各国都明显存在上述这种类似的趋势，显著的文化差异也会通过各国的绝对犯罪水平得以体现。下面的例子就说明了虽然趋势相同，国家之间的其他区别也会导致犯罪绝对数量出现显著差异：19世纪时，伦敦和纽约都允许自由持有枪支，但是纽约的谋杀率仍然是伦敦的几倍。

在20世纪初，纽约州通过了严格的枪支管制法案，比英国实施这些法案要早数年。然而，纽约市的谋杀率水平仍然比伦敦高上几倍，这种情况一直持续了两个世纪。很明显这个例子说明两个城市犯罪水平之间的差异显然不是由这些法律决定的。诚然，英国的枪支管制法案要比美国严格得多，尤其是在第二次世界大战之后。但仅看到纽约的谋杀率比伦敦高得多，美国的谋杀率也比英国高得多，就将这种显著差异归因于两国枪支管制法之间的区别，是很不科学的。因为在两个国家都没有实施枪支管制之前很长时间里，谋杀率之差一直存在，而且在美国早于英国管制了枪支之后这种差别仍然存在。

毫无疑问，不管在哪个国家，犯罪率绝对数量的背后还有很多复杂的因素，而犯罪率的变化趋势则强有力地揭示出犯罪分子对于犯罪成本——既包括执法系统对其施加的刑罚，也包括潜在受害者对其造成伤害的风险——的变化会做出理性的反应。枪支控制法会对罪犯和守法公民产生不对称的影响，一个事实佐证就是随着20世纪末期英国枪支管制法的不断收紧，该国的谋杀案和持枪抢劫案发生率逐步提高。这也印证了另一个事实，即如果潜在受害者没有武器保护的确定性越高，犯罪行为就越安全。

犯罪经济活动和合法经济活动一样，在自由竞争和存在垄断控制两种不同的情况下会呈现不同的特点。无论经济活动是合法还是不合法，竞争时的产量一般都会超过垄断环境下的水平。比较由彼此独立的个体实施和由有组织的犯罪团伙实施的犯罪行为，就会发现，两者面临的动因和约束条件决定了前者的数量一般会多于后者。例如，一个小打小闹的罪犯为了偷商店收银机里的一点钱，可能为防止商店老板指认他就杀掉这个老板，而犯罪团伙则会认为此举毫无必要。

民众对这种无端谋杀的公愤可能会导致该地区的执法力度加强，从而降低犯罪团伙非法贩卖毒品、组织卖淫及其他犯罪活动的利得。因为犯罪团伙活动地区的警力增加，犯罪经济活动的消费者会因此不愿与犯罪团伙打交道，这给有组织的犯罪团伙带来的损失远比商店收银机里的那点钱多①。但是独立个体犯案时一般都不会考虑这些影响，因为同集团犯罪相比，执法力度加强对个体杀人犯的影响要小得多。不过，如果某个地区的犯罪行为更多地是由某个团伙实施的，其头目就会限制这些行为，因为他必须要考虑更广泛的影响。

换句话说，垄断公司有动机比同业的竞争性公司生产更少的产品，犯罪经济活动在这一点上和合法经济活动是一样的。在本例中就意味着更少的犯罪数量。如果一个地区犯罪团伙的势力很大，那么独立于组织之外的个体在该地区犯罪时就要考虑自己违法行为是否会激怒犯罪团伙的头目从而受到制裁②。有时，独立的犯罪分子也需要将违法所得分一部分给犯罪团伙以获得许可继续犯案，这样一来成为独立职业罪犯所能得到的收益会降低，这些人独立犯案的动力也会下降。

关于犯罪团伙的这种影响，一个更加生动的例子发生在20世纪30年代的纽约市。当时坚忍不拔的联邦检察官托马斯·E. 杜威（Thomas E. Dewey）重拳打击有组织的犯罪，犯罪团伙损失惨重，很多团伙成员锒铛入狱。纽约著名的黑帮头目达基·舒尔兹（Dutch Schultz）认为应该干掉杜威，但是其他团伙首领则认为这样会激起公愤，最终会使执法力度加大——而这又会导致他们的老主顾不愿光顾他们卖淫、赌博和其他非法活动，从而使他们的收入下降。当达基·舒尔兹宣布无论如何都要杀死杜威后，其他黑帮反而提前将舒尔兹暗杀。因为他们意识到杀掉一个黑帮暴徒所激起的公众反应远不如暗杀一个著名的

---

① 就如同一个传统的合法公司一样，如果增量成本超过了犯罪活动的增量收益，犯罪团伙就不会再继续犯罪。在这个例子里面，增量成本包括因为杀害一位无辜的市民导致执法力度加强给犯罪团伙造成的收入损失，而公众对犯罪团伙内部火拼导致的伤亡事件关注程度要小得多，因此不会影响执法力度及犯罪团伙的收入。
② 很多年前，我住在纽约，这里还住着一个犯罪团伙的头目。这个地区附近非常安全，有时我还在睡觉，我太太在半夜醒来甚至敢一个人出门，走几个街区到一个通宵营业的报摊买一份晨报。而报摊敢在半夜营业表明附近很多人都觉得夜晚买报很安全。

法官来得激烈。

几十年后,有一份报告揭露在20世纪80年代时,一些犯罪团伙头目想要暗杀当时的联邦检察官鲁道夫·朱利安尼(Rudolph Giuliani),因为他起诉了很多黑帮成员并将他们送入监狱。但并没有人重蹈达基·舒尔兹的覆辙。正如《纽约时报》报道:

> 首先,暗杀检察官会违反几十年来的传统。美国的黑手党头目一般将他们的非法勾当视作生意,因此最关注的是如何赚钱。从这个角度看,谋杀执法法官只会引来他们所不愿面对的严格监视。

如果产品为人所需,大家会更加偏好竞争性生产者。那么根据同样的逻辑,如果生产的是大部分人都不想要的东西(例如犯罪),大家就应该更加偏好垄断性生产者——在这里就是有组织的犯罪团伙。理想状况下,我们当然更愿意看到零犯罪行为;但是,因为理想状态很难达到,更加现实的目标就是使犯罪数量保持在最优水平上,而执法机关和有组织的犯罪团伙都会降低犯罪数量。尽管从理论上来说,为执法机关提供巨量资源有可能使犯罪数量降至0,但是这不一定是经济上最优的选择。尽管大部分公民很可能会欢迎政府将更多资金用于控制犯罪——如果此举真的可以降低重罪的发生率,但基本没有人愿意将全国收入的一半投入于预防偶尔出现的商场盗窃行为,因为这意味着自己的生活水平也会随之减半。

非自由劳动力

非自愿劳动力包括陪审团、军队、强制劳动集中营中的囚犯和彻底的奴隶（这些奴隶就像牲口一样被人买卖）。

美国法院可以强迫公民服务于陪审团，如果开庭在即而陪审员数量不够，法院甚至可以派出执法人员在购物中心随机抓些消费者充当陪审员。当然这只是极端的案例，但它足以证明政府有权强迫公民进行非自愿劳动。《华尔街日报》（*Wall Street Journal*）曾报道：

迈克尔·凯兹（Michael Kanz）正在沃尔玛超级购物中心推着一辆购物车走向收银通道，突然一位配枪妇女走向他并告诉他要听从她的命令，否则就要承担相应的后果。

这并不是行凶抢劫，而是在为一小时后开庭的案件传召陪审员。近几年，很多法官都将此当作最后时刻找到陪审员的好办法。

不同类型的非自愿劳动，不仅持续时间长短不一，其严格程度也存在很大的差异：担任陪审员花费的时间通常比服兵役短得多，被关在强制劳动集中营中的囚犯可能需要工作数年，但不一定会像奴隶那样被迫工作一辈子。此外，严苛程度也各不相同：兵役的严格程度要远胜于陪审员，而集中营囚徒受到的对待通常比归私人所有的奴隶要更加严苛。这是因为严苛对待奴隶将会危害他们的长期生产力，但集中营中的囚徒并不为任何人所有，所以负责管理这些囚徒的人并不特别重视他们的长期生产力。

非自愿劳动力的生产率

在一些强制劳动集中营中（尤其是在第二次世界大战期间由纳粹和日本军队管理的那些集中营），囚犯通常都被迫工作至死。19世纪大部分签订劳动契约后被送往古巴的中国劳工同样受到非常残酷的对待。这两个例子表明，由于劳改集中营对劳工具有绝对的控制权而又无法占有他们，因此管理者完全不在乎这些工人的长期生产力，因为他们没有动力去考虑长期影响。同样的故事发生在16和17世纪的北非，当时至少有100万欧洲人被巴巴里海岸（Barbary Coast）沿岸的海盗所奴役、贩卖。其中待遇最差的就是归当地政府所有的划船奴隶：他们被迫为战船划桨，如果不幸死在船上或者因繁重的工作和非人的待遇而身体崩溃，就会被扔下海去以减轻船的负重。战船负责人不会关心这些劳动力未来还能干几年活，因为他们没有动力做长远考虑。

只有那些非常廉价且易于替代的私有奴隶，才可能在恶劣的工作环境中被迫工作致死。但是如果买卖奴隶的成本很高，比如在美国内战前的南方地区，由于奴隶主需要奴隶为其工作，他们还会雇用爱尔兰移民代替奴隶去做一些比较危险的工作。在弗雷德里克·劳·奥姆斯特德（Frederick Law Olmsted）著名的美国南方之旅中，当看到黑人奴隶站在斜坡上将装满棉花、重达500磅的包裹扔给坡下的爱尔兰工人接住并装上船时，他感到困惑不解。当询问当地人为什么会有这种令人惊讶的种族劳动分工，他得到的回答是奴隶"在这里很值钱，奴隶主不想他们在工作中冒险；但如果是爱尔兰佬（Paddies）落水或背部压伤，没有人会损失什么！"

在美国南部，使用爱尔兰工人从事可能对奴隶造成危险的工作也同样很普遍，例如为遍布毒气的沼泽排水、冒着决堤的风险修筑防洪堤、修建铁路或是维修那些可能爆炸的蒸汽锅炉等。

这些非自愿劳动力如何影响本可另作他用的稀缺资源的配置，因此又对国家的整体福利状况产生怎样的影响？因为非自愿劳动力从定义上看就意味着他们所获得的报酬无法反映其时间和能力另作他用时可能产生的价值，这些劳动力所做的工作常常比另作他用时价值更低。一个化学家可能被强制征召入伍在军需部门担任管理衣物供给的办事员。但如果部队招募的士兵都是自愿参军的，军队管理部门就可以以更低的成本雇用一个普通人做这些行政管理工作，而不用让化学家或其他具有较高技能的人来做这些日常工作。

在一支自愿参军的军队中，如果有军人被安排去做这种工作，那么他们的技能水平很可能很低，所以军队用较低的报酬就能吸引他们，而要吸引化学家那样的高技能者则需要花更多钱。军队领导的财政考虑反映出一些更基本的经济现实：强迫非自愿的劳动力来进行生产其实是一种效率很低的资源配置方式，如果作为稀缺资源的劳动力可被用作他途，效率会比强迫工作的方式要高。

被传召去履行陪审员义务的人可能会浪费大量时间。他们需要等通知，看是否需要在某一天作为陪审员出席，或是在陪审义务到期之前都要定期去法院报到。而且，他们担任陪审员的报酬要远低于他们正式职业的收入。更根本的问题在于，这些人通过参与审理案件对整个社会所发挥的作用远不及他们在正常工作中的贡献重要。正因如此，高收入者会找各种理由或借口逃避陪审义务，而那些退休人士或低收入者可能并不把陪审义务视作沉重的负担，也许还比做别的事情更为有趣。

而对于强制征兵，制定政策的政府部门可能在估算非自愿劳动力的成本时，低估了这种制度给经济整体带来的成本，最终导致劳动力配置不合理。在陪审的例子中，高收入人群真正履行陪审义务的可能性较小，导致陪审团决策的质量下降，最终损害司法的公正性。同犯罪的成本一样，强制陪审给政府带来成本常常与其社会成本混为一谈。对于这两个问题，政府官员都只顾尽量让政府的成本最小化，却低估了社会整体的成本。

奴隶制度

几千年以来，无论什么种族，只要是人类居住过的大陆，就一定出现过奴隶制。不光是英语，一些其他的欧洲语言和阿拉伯语奴隶（slave）一词都源自单词"斯拉夫人"（Slav）。这是因为在第一批非洲人以奴隶身份被带到西半球之前的几个世纪，被奴役的劳动力大都是斯拉夫人。1500年到1800年间，就有超过100万来自不同国家的欧洲人被带到北非的巴巴里海岸，其数量甚至超过了被带到美国13个英属殖民地（也是美国建国的13州）的非洲奴隶的总和。巴巴里海岸并不是唯一存在大量欧洲奴隶的地方，他们在奥斯曼帝国和几个世纪以前的欧洲本土同样非常普遍。奴隶制在亚洲也很普遍：亚洲人奴役亚洲人，正如波利尼西亚人奴役波利尼西亚人，西半球的原住民奴役西半球的原住民。

奴隶可以在很多领域发挥作用。美洲中部的阿兹特克人，印度尼西亚、非洲某些地区都会将奴隶用作祭品。在古罗马帝国，有的奴隶被培养为角斗士，为取悦竞技场内的观众而被迫互相残杀。欧洲人占领了西半球后，大部分非洲奴隶被带去承担日常的体力劳动，如在热带国家种植甘蔗或在美国内战前的南部地区种植棉花等。然而，在某些地区、某些历史时期，奴隶可能发挥着更重要的作用，比如在奥斯曼帝国中，奴隶甚至可以担任帝国大总督及军队统帅。

一般来说，奴隶的技术水平越高、所承担的工作对智力的要求越高、身负的责任越重要，奴隶主残忍地对待他们或强迫他们做苦力的情况就越少。总之，尽管自由和奴隶制度从根本上来看是完全相反的两种制度，但实际上，奴役也有程度轻重之分。在一些国家，被当作家庭佣人使唤的奴隶的待遇要明显优于那些干农活和体力劳动的奴隶以及几个世纪之前的划船奴隶。职业等级较高的奴隶越来越不被当作奴隶对待，而那些身居高位的奴隶，其奴隶身份就只是名义上的了。

例如，在卡罗来纳沼泽中当司机的奴隶要有技能和决断力，因此待遇明显与种植园里的奴隶不同——他们在工作中和工作外都会获得经济激励以及更大的人身自由。与之相似，那些伐木工奴隶和种植烟草的奴隶，也因需要技能和决断力而获得更好的待遇。值得一提的例子发生在美国内战前的南部地区，有一个奴隶最后成为内河船长，一群黑人和白人船员都必须听命于他。能承担更大责任的奴隶，逃脱的机会更大，这就意味着，严苛地对待他们可能会对生产能力造成负面影响，而这与那些在种植园干着日常体力劳动的奴隶不同。

出于相同的原因，城市奴隶也很少被严苛对待，因而弗雷德里克·道格拉斯（Frederick Douglass）将内战前美国南方典型的城市奴隶形容为"几乎就是自由的公民"。但几乎自由和完全自由还是两码事。于是，有人（就像道格拉斯自己）决心通过逃跑来实现完全的自由。种植园中的奴隶想要彻底逃离并不太容易——在试图逃跑的奴隶中，大约只有2%的人能够免于抓获——城市奴隶想要永久性地成功逃脱，机会要大得多。有远虑的奴隶主必须将这种更大的逃脱可能性纳入考量。显然，城市奴隶所创造的价值必须足够大，以弥补这些额外的成本和风险。

这些对奴隶制度的调整暗示了单纯靠暴力控制奴隶效率低下。对于一些比较容易监控的日常工作——比如在西半球种植甘蔗或棉花，以及在更早以前为战船划桨等——在鞭打虐待的威胁下，奴隶可能会更努力地投入工作。但是对于一些对判断力、创造性和天赋有要求的工作，就必须提供一些额外激励，因为人们很难知道某个人的判断力、创造性和天赋究竟有多强。经济和其他方面的奖励能够激励个人展现自己的素质；而作为回报，他们可以少受奴役并获得其他方面的奖励。这些暗示超越了奴隶制本身：无论是在奴隶制、独裁制还是其他制度下，对奴隶的让步都清楚地昭示了仅靠武力的局限性[①]。

如果奴隶的人口已经多到会造成严重的社会动乱并危及自由者的生命，就需要通过限制奴隶接受教育来将危险程度降至最低。因为教育会帮助他们组织反抗、实施个人逃跑计划，以及在被奴役的人群中发起反抗。因此，在后哥伦布年代（post–Columbian times），西半球的法律一直严令禁止教育奴隶。从经济的角度看，这意味着除了无效率地使用有特定能力的奴隶之外，奴隶制还限制有潜能的人发展自己的能力。换言之，自由不仅仅会给个人和政治带来益处，也会给经济带来益处。

---

① 现代独裁者也拥有类似的独断权力，包括予人生死的权力，而数以百万计的人民有时并不了解，这种依靠权力实现目标的方式有其局限性，会对自己的国家有害，有时甚至会损害自己的权益。

非自愿劳动力市场

如果非自愿劳动力的所有权没有归属，它就会被滥用；而与之相比，如果强制劳动力的所有权明确而且可以买卖，这些劳动力就会被更为小心地配置使用。因为在自由市场经济中，经济激励因素会促使买卖双方核算并比较投入到不同用途中的劳动力的生产能力。此外，非自愿劳动力对自由的渴望也会给维持其奴隶身份带来额外的成本，这些成本应从这些非自愿劳动力为其主人所赚取的收益中扣除。

奴隶并非是唯一一种可以买卖的非自愿劳动力。美国独立战争时期，英国人为了镇压美国人的起义，从德国各公国领主那里购买或租用德国雇佣兵来作战，而领主们完全把这些士兵视作个人财产。欧洲中世纪的地主把农奴作为土地交易的一部分进行买卖。直到20世纪，美国政府和私人都还可以通过买卖获得狱中劳役的使用权。

在17世纪殖民地时期的美国，很多白人——在新英格兰区以南的殖民地有超过一半的白人——都是以契约佣工的身份来到这个新大陆的。有些人与能够帮他们横渡大西洋的人签订劳动契约，承诺为其工作若干年；但是更普遍的情况是直接与船主签订契约然后乘船去往美国，船长登陆后再将这些签订了劳动契约的人以拍卖的形式卖给他人，很多都是以奴隶的形式被买走。去往美国的另一种方式是乘船人尽力自己支付船票，实在付不起的部分会在到达美国后，靠其家人或朋友补上，如果仍旧无法付清船票，他们就会和其他契约佣工一起被拍卖，以此偿清船票费用。

契约佣工在加勒比地区和美洲的一些殖民地都很普遍。直至19世纪，来自印度和中国的契约佣工都一直是世界很多地区的主要劳动力来源。从1849年开始，在差不多25年时间里，就有大约

90 000个契约华工乘船从中国前往秘鲁。1847年到1874年间，又有约12 500个契约华工被送往古巴。大部分送往这些国家的契约华工再也没有回过中国，而且在古巴的非人待遇之下，大部分华工都在8年劳动契约到期之前就死去了。

秘鲁华工的情况也好不到哪里去：来自中国的劳工要在令人窒息的高温和恶臭中，将鸟粪铲入袋子作为肥料出口到其他国家，而身边还有很多监工监视他们，以防他们自杀。从澳门登船开始，中国劳工自杀的情况就非常普遍；由于经常被施以酷刑，有些囚犯总是"鲜血淋漓"。在太平洋上航行的数月间，自杀一直不断。很多中国劳工会被欺骗、被迫染上毒瘾或被迫成为契约佣工——这种情况和17世纪时以非自愿形式被带到西半球的英国人（甚至包括孩子）基本相同。

契约佣工或其他形式的合同雇工通常都是从自由选择开始的；随后，他们无法自由选择被卖给谁、做什么工作，而只能听凭出钱购买他们的人的使唤。幸运的是，葡萄牙从中国购买的契约劳工是个例外。在19世纪时，分布于世界各地的数以百万计的印度移民中，很多（如果不是大多数）都是签了合同的契约劳工。他们不仅完成了头份契约，通常还在期满后马上续约，或者回印度逗留一段时间后再回来续约。这种情况表明，即便印度劳工的待遇也远谈不上理想，但起码没有沦落到大规模自杀的绝望境地。

对于大部分契约佣工而言，在奴隶市场上，他们能自由选择的机会不多，几乎所有的选择都完全掌握在买卖双方的手中。但这并不意味着交易方和奴隶主可以恣意妄为，因为决定劳动力市场供需情况的各种经济因素会对他们的行为产生制约。

奴役的成本

奴隶主在选择奴隶时需要认真考虑成本问题。很明显,把拥有陆军或海军庇护的国民变为奴隶,成本很高——不仅包括俘获这些奴隶所需的资金和人力,还包括这些强国发动军事报复的风险。一般说来,这些成本决定了奴役哪些人是可行的,俘获哪些奴隶的成本是高昂的。从需求的角度考虑,成本适中的奴隶也必须有效使用才能覆盖成本。

在某些时期或某些地区,奴隶只是出于其他目的而发起的军事行动的副产品。尤其是在古代,很多被俘获的敌军战士可以杀掉、卖回他们的祖国、在其他地方的奴隶市场售出,或者留下作为奴隶供胜利方使用。我们很难单独计算俘获奴隶的成本,因为这些军事行动还有其他的原因、目的和后果。然而,有些专为抓捕奴隶而发动的战役就会很明显受到成本因素的制约和限制。而且这些成本还会随时间的推移发生变化。随着规模较小、散布于各处的部落社会逐步发展成为规模较大、更强大的城邦,将其人民作为奴役的目标的可能性也会降低,因为成本提高了。

有的社会以这种路径逐步强大起来,而另外一些则没有按此路径发展,又或者出于这样或那样的原因发展缓慢,因此几个世纪以来,身处其中的人都难以逃脱沦为奴隶的宿命。在古代,当不列颠还只是一个被几个部落划分的原始岛国时,尤利乌斯·恺撒就对其发动了战争,并将很多英国奴隶带回罗马。但在几个世纪后,随着不列颠建立起政府、陆军和海军,要想通过攻击来俘获不列颠人做奴隶无疑成本高昂。然而,世界上很多地区都很难合并建立起一个强大的国家,有时是受地理因素所限——山区和广阔海域上散布的海岛都会造成地域阻隔和孤立。不管是在欧洲、亚洲、非洲、玻利尼西亚群岛还是西半球，这些更脆弱的地区一直是主要的奴隶输出地。

巴尔干半岛就是其中的一个。在非洲人被带到西半球之前，大量居住于此的斯拉夫人就沦为了奴隶，而"奴隶"一词本身就源自以前的斯拉夫奴隶。人们会选择强占那些奴役成本较低的人为奴，因此几个世纪以来欧洲人通常都以欧洲人为奴，亚洲人通常都以亚洲人为奴，非洲人通常都以非洲人为奴，而西半球的原住民也会以其他西半球的原住民为奴。直到最近几个世纪，随着一些国家的建立和巩固，本地的奴隶资源已经枯竭。随着这些国家的财富和国力不断增强，它们可以去往更加遥远的地方获取奴隶，于是非洲成了欧洲各国的主要奴隶来源地——他们穿越大西洋，将奴隶运往殖民地。

奴隶的价格

即便是仅做体力劳动的奴隶也不只是简单的劳动力，他们还代表着人力资本。因此在美国内战之前的南部地区，奴隶价格是非洲海岸奴隶价格的三十倍。这种差异不仅源于交通成本，还源于运输过程中的奴隶死亡。美国的奴隶最起码要能听懂英语，还需要理解新工作的例行程序和执行方式，并适应与非洲完全不同的生活方式。通过调整来积累并获取人力资本的过程被称为"适应过程"（seasoning），通常在奴隶被送到美国售出之前，这一过程在加勒比地区就已经开始了。而这些奴隶的后代成长于新的环境中，其价格自然也会比那些来自非洲的新奴隶高。

除了这种一般性的人力资本，有的奴隶还掌握一些特别的技能，例如木工活或饲养动物。这种奴隶的价格通常比普通奴隶更高。在奥斯曼帝国，皇室和贵族需要大量的宦官为其后宫服务，但由于大部分被选中或自愿当宦官的奴隶会因阉割而送命，因此幸存者的价格必须能弥补俘获以及运输那些死去奴隶的成本，所以宦官的价格是所有奴隶中最高的。奴隶的价格还会随来源地的远近而变化。美国的奴隶就比巴西奴隶价格高，因为美国是距离非洲最遥远的西半球国家，而巴西则距离非洲最近。

奴隶价格的地区差异性导致巴西的奴隶人口几乎不会自我繁殖，而总是从非洲运输新的奴隶来补充；美国的奴隶则早在殖民地时期就开始繁衍后代并实现规模扩张。这是因为巴西的奴隶主会觉得从非洲买入新的奴隶要比让已有奴隶繁衍更加划算。因此巴西的绝大多数奴隶都是男性，而且奴隶主还会将奴隶按照性别隔离起来，怀孕的女奴既不能休息太多，也不会被派以较轻松的工作。但在奴隶价格较高的美国南部，如果允许奴隶组建家庭，减轻怀孕女奴的工作负担，并帮助她们养育后代，奴隶主是可以得到回报的，因为这些增加的奴隶人口都属于奴隶主的资本资产。正因如此，美国南部成为西半球少数几个奴隶人口自我繁衍、用新生人口代替原有奴隶的社会之一。

我们可以通过下面这个事实来理解不同地区奴隶价格和待遇的巨大差异：被送往巴西的奴隶数量是去往美国奴隶的几倍之多，但是美国的奴隶居民规模却大于巴西；拉丁美洲的西印度群岛买入的奴隶数量也比美国多，然而美国的奴隶人口却是西半球最多的。经济激励发挥作用的另一个例子就是在奴隶主直接管理的种植园和奴隶主委托监工管理的种植园中，奴隶的待遇有所不同。

激励和约束

监工的报酬一般与产出（例如热带地区的糖产量或美国南部的棉花产量）直接挂钩，因此监工几乎没动力考虑长远影响。监工并没有动力为怀孕女奴提供特别的照顾，或花费种植园的资源抚养没有工作能力的奴隶儿童，因为这些投入都不会在最后的产出中得到体现。而对于那些健壮的男性奴隶，监工也会竭尽所能地压榨他们以获得最大产出，而全然不顾这可能导致奴隶早逝或者早早丧失工作能力。种植园的维护修理、照料动物和土地等其他工作，监工同样也不会关心。

奴隶主亲自打理种植园，对种植园的长期经营显然更加有效——对人、动物以及土地的处理方式都会更有可持续性，设备也会得到更好的维护，即便要以牺牲当前产出为代价。美国南部的大部分种植园主都是驻地经营，因为他们意识到监工不会为了种植园主的长期利益而牺牲自己的短期利益。监工一般都会尽量争取最大产出，这样就可以因"经营有方"而获得良好的声誉，从而为以后找工作增添砝码。然而，在西印度群岛，种植园的主人一般都是住在英国，将经营工作交给驻地监工，监工的决定权也就更大。其恶果就是西印度群岛女奴所生的婴儿死亡率是美国南部的几倍之多。

奴隶和财富

在世界上很多地区，奴隶主会以合适的价格购买能为其创造财富的奴隶。但在其他地区，尤其是在中东的部分地区，拥有大量奴隶只是奴隶主财富的象征。这些奴隶一般是仆人、姬妾、表演艺人以及其他能给奴隶主逗乐子的人——他们只是财富的消费者而非创造者。在其他社会，例如在西半球，奴隶一般被用于创造财富。不过很多学者对奴隶制这种经济体系究竟能够创造出多少财富一直持有不同的意见。

西半球的奴隶主获得了财富是不言自明的；但从长期看社会是否获得了财富却并不那么明确。巴西和美国是西半球奴隶人口最多的两个国家。而在这两个国家，奴隶制集中的地区——包括巴西北部和美国南部——在奴隶制时期以及之后的数代一直比其他地区贫穷。我们不应该忽视奴隶制的副作用，尤其是在美国，南北战争造成的经济停滞和巨大的人力成本，似乎都印证了亚伯拉罕·林肯对美国南北战争的预言——"两百五十年来以奴隶的血汗堆积起来的财富化为乌有，鞭打出的血最终会由刀刺出的血来偿还"。

自由的经济学

一个自由工人的价值会高于他身为奴隶时的价值，因为奴役本身存在着诸多约束。西半球有很多工种通常都禁止奴隶去做，例如需要大量独自出差的工作、需要使用枪支的工作或有一笔金钱往来的工作等，而所有这些工作的共同点就是有可能帮助奴隶逃离奴隶主的控制。教育对于自由而言，既是一种工具，也是一种煽动力量，因此在西半球是禁止奴隶接受教育的。然而，这种禁令也进一步限制了奴隶的工作种类和质量，即便他们完全胜任那些自由工人所能承担的工作。

经济学中，一个普遍现象就是资产会自发地找到或转移到能够实现其最大价值的用途中去，因为市场会通过竞价来发现最高价值。因此奴隶的经济价值——即使不包括自由的价值——对他们自己来说是最大的。尽管其他人可以拥有奴隶的经济价值，但只有在当这些奴隶成为自由工人时，才能够产生更高的经济价值。一个理想的自由市场最后会引导奴隶去购买自己的自由。仅出于经济层面的考虑他们就有动力出更高的价钱来购买自由，更不用说他们对自由的渴求了。

纵观历史，有很多奴隶赎回了自己的自由，无论是在古罗马还是西半球都有先例。即使没有钱或钱不够，也有各种方式帮助他们利用信用来实现自赎，例如在获得自由后通过分期付款的方式偿还债务。在一些社会中，法律承认奴隶所拥有的财产——在古罗马时代被称为"私产"（peculium），奴隶可以通过多年工作赚取和积攒足以赎身的现金。

某些地区还一度允许个人或组织通过预付来为奴隶购买自由。在北非和中东的伊斯兰国家大规模奴役欧洲人的那几个世纪，天主教会建立了一些机构，用个人和教会募捐得来的钱赎回基督教俘虏，并向这些奴隶集中地派遣专门的使者，以便处理和完成此类交易。而经常袭击地中海沿岸欧洲国家的北非海盗，在俘获奴隶后有时也会在一段时间内将其释放，或者将他们卖回给他们的家人。在北非，奴隶也可能以一个很高的价格被赎回。在西半球，一些恢复自由的奴隶会顾及兄弟之情，先预付资金帮一些奴隶赎回自由，再由他们逐步还清借款。

赎回自由存在各种制度性困难，而这些困难并不是该模式未被广泛应用的唯一原因，因为赎回模式会侵蚀整个奴隶制度。如果当权者不希望大量已获自由的奴隶与自由人（通常奴隶和自由人并不是同一个种族）混居在一起，就会制定各种限制性法令来阻碍奴隶通过赎买等方式获取自由。在南北战争爆发前的几十年里，南部的这种限制和约束愈演愈烈，并最终引发了内战。因此，那些获得自由的黑人，常常通过购买或其他方式，让其家庭成员在法律上属于自己，盖因要获得官方认可的自由文书成本很高而又困难重重。有些不支持奴隶制度的南方白人群体，例如贵格会（Quakers），也会在法律意义上拥有一些黑奴，但这些奴隶实际上是完全自由的，这是一个公开的秘密。

总之，要出台法律才能阻止奴隶制度自我瓦解，正是这种制度具有经济缺陷的明证，况且奴隶制度本来就违背道德和人道主义的基本原则。

第3章

医疗经济学
The Economics of Medical Care

医疗成本问题一直是世界各国反复讨论的热点议题之一。

每年美国的医疗支出约占经济总产出的 1/6。与其他一些商品和服务一样，医疗服务的提供方式多种多样。在过去，比较普遍的方式是个人直接付钱给医生并购买药品；而如今一般是由第三方机构为病人支付医药和医疗费用。这种第三方机构既可以是政府机构也可以是市场机构——换句话说，现在医疗服务和药品的费用大部分由保险公司或政府部门或两者共同承担，患者不用支付或只需支付部分费用。美国的医疗护理成本中仅有 13% 直接由患者支付，35% 由私人健康保险承担，17% 则是由政府承办的联邦医疗保险（Medicare）承担，剩下部分则由其他方式支付。

在有的国家，医药和医疗护理服务均由政府提供，病者不用承担任何费用，例如在加拿大和一些其他国家。毛泽东领导下的中国和斯大林领导下的苏联也曾一度采取这种方式。其他国家曾采取或仍采取政府和私人支付相结合的方式，患者和医生可以自行选择不同的治疗方案。

政府用于支付医疗成本的资金主要源自税收，因此，尽管医疗成本是由政治机构和政府部门承担而不是由病人直接支付给医生，个人为健康保障和疾患治疗支出的费用从实质上讲并没有真正减少。然而，政府提供资金的医疗护理体系在全世界范围内广为流行，说明很多人都认为这种方式有利。

原因之一在于，政府通常不会按照由供需关系决定的医疗成本价格为医院和制药公司提供足额偿付。政府会对医疗成本实行价格管制，以此控制政府预算不会将过多资金用于医疗，从而严重限制政府其他职能的正常运转。由于政府承担医疗护理成本的方式通常都伴随着价格管制，由此引发的问题与几个世纪以来其他受到价格管制的商品和服务所面临的问题是一样的。

医疗的价格管制

政府很喜欢价格管制，原因之一就是这种方式可以隐藏部分成本——至少在相关法案被通过时一部分成本不为人所知。对于那些习惯短视思维的人——往往在选民中占绝大多数——而言，价格管制也同样具有吸引力。通过政府命令而非市场供需关系控制的低价将会刺激这类商品或服务的需求，同时又会导致生产数量减少。消费水平的上升和生产水平的降低会引致短缺，其影响既有数量上的，也有质量上的。

质量影响

由价格管制导致的短缺还只是冰山一角。伴随着价格管制导致的数量减少，质量通常也会下降，无论被管制的是食物、住房还是其商品或服务。质量下降是因为价格管制降低了保证质量的动力。一般来说，厂商为防止消费者流失会一直巩固和维系产品或服务的质量。但是在价格管制情况下，需求将超过供给，市场出现短缺——生产者不再担心消费者流失，也就没有动力继续保证质量了。例如，若政府对房屋租金进行管制，就会有大量租户排队租住合适的公寓，对公寓的需求远比市场上可供租住的公寓数量要多，于是房主不用担心房屋空置，自然就会减少对房屋的粉刷和修葺。

医疗质量的下降远比其他商品或服务明显得多，也危险得多。医疗服务质量下降的表现之一就是医生为每个病人服务的时间减少，这一点已经在苏联得到有力的验证，因为该国当时采取的就是政府完全管制的医疗体系：

> 诊所需要接待社区内80%的病患，而通常每个内科医生每个小时需要接诊8位病人，也就是说，每个病人的门诊时间仅为7.5分钟。其他针对苏联的研究指出，因为当时可供填写或打印的病历表长期供不应求，也没有计算机使用，医生为每个病人填写病历就需要5分钟。

> "高强度的工作使我们头昏脑涨"，莫斯科一家诊所创伤科满头银发的主管帕维尔说。（和其他接受本文采访的俄罗斯医生一样，他不愿透露自己的真实姓名。）十多个打着夹板或绑着绷带的病人坐在阴暗的医院走廊里，静静地等待叫号，然后让一台50年代旧式的荧光投射仪对自己进行检查。"同一个病人要几次（才能完成治疗），"这位医生继续说道，"如果我们有足够的时间，一次检查其实就能解决问题。"

尽管苏联的情况比较极端，但类似的医疗制度在其他国家也产生了相似的结果。在政府承担医疗费用的日本，每位病人的平均接诊时间明显比美国更短，病人去医院的次数更多。韩国照搬了日本的医疗制度，针对该国的一项研究发现"连药物注射都要被分为两次，病人需要去两次医院（才能完成治疗）"，而原因竟然是"医生可以收取两次就诊费和两次注射费"。加拿大的魁北克省在20世纪70年代开始实施新的政府健康计划之后，电话咨询量显著下降，诊室就医量则明显增加，每个病人的就诊时间也减少了。换句话说，在医疗制度调整之后，以前医生和病人认为没必要去诊所的小问题，现在占用了更多的病人时间（路上）和医生时间（接诊），那些病情更严重的病人获得的诊疗时间也相应地减少了。

一般来说，如果医生按照每个病人的就诊次数来计酬，那么原来只需5次就诊就能治好的病，现在会变成10次甚至更多次时间更短的诊疗。政府领导人宣称价格管制手段获得了成功，因为每次就诊的成本都低于自由市场上的价格，但治疗总成本并没有降低，而是提高了。医疗管制使得不断攀升的医疗总成本远超预期，法国、英国、加拿大和其他国家概莫能外。由此导致的医疗成本失控会进一步压缩医生接诊时间以及病人留院时间。

英国由政府主导的医疗体系，其总成本无论是绝对数值还是在国内生产总值中所占的比重都大幅提高。1960年，英国的国民保健制度（National Health Service）的费用总额不到GDP的4%，2000年时已提高至GDP的7%。但英国的人均医生拥有量仅为德国的一半左右。而在德国，一半的医院床位都由私人经营，尽管政府也投入了大量的资金。

医疗质量的下降体现在许多方面。英国《经济学人》杂志上登载的一篇文章曾写道："其他富裕国家的病人都能以最先进的医疗技术在干净而非肮脏的病房内得到救治。"但显然英国没法做到，因低劣的医疗质量已经成为医疗服务隐形成本的一部分，它无法通过统计数字得以体现。《基督教科学箴言报》(Christian Sciences Monitor) 刊登的一篇文章指责英国卫生保健委员会（Healthcare Commission）"亲手打造了一幅令人失望的图景，在人满为患的病房里，超负荷工作的护士甚至不去帮助病人上厕所"，文章还指出英国的卫生大臣"被迫在英国议会上公开向各界道歉，因为英格兰东南地区至少有 90 位患者在医院就诊时被感染而去世"。

英国政府经营的医疗护理体系是全世界历史最为悠久的政府主导型医疗体系，因此这种体系的短期效果早已过去，价格管制导致的质量问题已经出现。英国医疗体系中的官僚主义愈加严重，包括为医院职员提供各种职业保护，这种保护力度大到很难要求医护职员恰当地施治——而如果这些医护人员不好好工作，病人就会疼痛、感染或死亡。英国《每日邮报》(Daily Mail) 曾报道，人们对英国的医疗状况怨声载道，原因在于：

> 过去那些遵循传统方式的护士长和"现代护士长"完全不一样，她们会严格管理每个护士、清洁工和服务员——因为她们深知病人需要她们的照顾，而她们也需要为服务负责。
>
> 过去的医护人员以军事化的方式管理维护病房秩序。而如今，这根本无法做到，因为护士们会觉得这种方式早已过时而且不再受到欢迎。结果必然是医护人员马虎地对待工作，遇事推脱搪塞、玩忽职守，

导致很多病人感染。

另一份英国的报纸《标准晚报》（*Evening Standard*）也对伦敦一家医院急诊室管理人员的工作进行了报道：

她只有五分之一的时间花在病人身上。

清洁和维护工作耗费了她大量的精力但却成效甚微。尽管总是在开会强调，但是她却无力支使急诊室清洁人员按照要求工作。如果有病人在候诊室呕吐，她不得不亲自打扫，因为清洁工人拒绝接触那些令人作呕的东西。

此外还存在其他一些比较常见的官僚弊端，包括不断增多的会议以及越来越多的文书工作，这些都会影响医护人员为病人提供更好的医疗服务——患者无奈地等待，而医生和护士却在应付繁文缛节和例行公事。另一种官僚主义弊端就是浮夸无物的言辞。英国的首席医疗官在一次发言中指出，英国医院卫生状况恶劣的原因之一是"缺少洗手清洁剂"——其实就是说没有足够的肥皂和水。这种官僚式的行径不能只用不合理来形容了！外界指责官方没有意识到这些问题或没做任何事去解决它们，而医疗体系则通过烦冗的文书、会议、更多行政人员以及设立并指派专门的委员会和工作小组来应对和搪塞这些指责。尽管这些举措能够保护医疗行政人员的职业生涯，但是为之花费的时间和资源却会减少医护人员关注和护理病人的时间。

在政府对医疗体系的控制上，美国采取的是一种截然不同的方式。美国人的平均预期寿命不及很多其他国家。然而，医疗护理

（medical care）并不等同于卫生保健（health care），尽管这两者经常被等同起来。很多因素都可能导致寿命缩短，包括凶杀、药物过量以及肥胖等——这些结果都是个人选择的产物，与医疗关系不大。对于上述健康问题，医生能做的其实非常有限。而美国人的这些健康问题比西欧各国更为严重。

但如果在全球范围内对各国的医疗状况进行比较就不难发现，美国的排名通常都比推行政府管控下的全民医保的国家更高，具体表现在美国病人在见基础保健医生、专科医生或者需要进行外科手术时，等待的时间较短，而且癌症患者的生存率更高。经济合作与发展组织（Organisation for Economic Co-operation and Development, OECD）的一项研究发现澳大利亚2001年进行择期外科手术的病人中有23%都等待了4个月以上。在新西兰、加拿大和英国，需要等待4个月以上的病人比例分别为26%、27%和38%。而在美国，只有5%的病人需要等待这么长的时间。结论是：

> 做外科手术需要等待的国家，常常是那些推行公共健康保险、病人支付比例为零或是极低、实行手术管制的国家。公共健康保险和零支付打破了进行手术的财务壁垒。由于能完成的手术数量有限，医院无法满足所有病人的需求。在这种情况下，非价格配给——表现形式为等待手术所需的时间——会取代价格配给，成为平衡医疗服务供给和需求的一种手段。

需要说明的是，这里提到的择期手术并不仅限于整容手术，还包括白内障手术、髋关节置换手术和冠状动脉搭桥手术等。尽管OECD

以 4 个月的手术等待期为基准指标来收集统计数据，2007 年《英国医疗期刊》(*British Medical Journal*) 上刊登的一篇报告表明，英国有 3 592 位病人为了结肠镜检查等待了 6 个月以上，55 376 位病人为了完成听力学诊断等待了半年以上。根据加拿大安大略省政府的网站，该省需要进行髋关节置换手术的病人中，有 90% 需要等待 336 天以上，而在英国则需要等待一年。从医疗技术的运用情况来看，OECD 在 2007 年的研究表明，英国每百万人口所拥有的计算机断层扫描器（CT scanner）为 7.5 台，加拿大为 11.2 台，而美国则高达 32.2 台。英国每百万人所拥有的磁共振成像（MRI）设备为 5.4 台，加拿大为 5.5 台，而美国为 26.6 台。

数量影响

政府对房价进行管制能鼓励很多人购买房屋，但如果房价完全由自由市场决定，购房者就需要支付房屋的实际价格，因而难以实现购房愿望。如果医疗成本被控制在低位——在一些国家甚至是免费的，健康出现小问题的人所占据的就诊时间，会比需要支付昂贵的药物和就诊费用时要多。法国就是一个例子：

法国有一句充满讽刺意味的谚语：每个健康的法国人其实都是急需就诊的病人。问题在于人们总会鼓励医生为他们提供各种服务——包括扫描、验血、使用抗生素甚至是开假条，而医生担心病人不来会使收入下降。如果他们不愿为病人编造出细菌感染或抑郁症倾向并开出治疗药物，病人就会转向其他地方，直到找到愿意满足其需求的医生为止。

这种情况并非法国所特有，也不仅仅局限于医疗领域。只要某种商品或服务的价格较低——尤以免费品为甚——就可能出现这种结果。加拿大的情况也一样，一个新闻报道指出："因为医疗体系不限制需求，病人会要求尽可能多的医疗服务并推高总成本。"在英国，一个 12 岁的女孩接受了隆胸手术，费用却由国民保健制度支付。中国在政府包揽的医疗体系下，病人"在医务室开的各种药片要用袋子才能装下"。后来，中国逐步放弃了这种由政府完全包揽的医疗服务提供方式。

英国政府主导下的国民保健制度惠及的甚至不仅是英国人，由于在这里能获得免费治疗，其他国家的移民都蜂拥而至。这些移民不仅推高了英国的医疗成本，还引致了相应的生物学成本（biological costs），即将疾病传播到英国，影响本地居民的健康状况。

如果医疗费用全部由政府买单，无论医生还是病人都有动力广泛尝试各种治疗手段。很多疾病都能用不同的方式来治疗，而治疗成本由谁承担则决定了哪些治疗方法最常用以及最昂贵治疗方式是否会被经常使用。例如在 2002 年 10 月，FBI 对加利福尼亚雷丁的一位心脏科医生展开了调查，他被指控所做的心脏直视手术数量远比医学诊疗规范要求得多，因为这样可以从政府的支付中获得更高的收入。他的一位病人被告知需要进行三重心脏搭桥手术（triple bypass surgery），但这位病人到其他医生那里咨询得到的意见全部都是他不需要接受这种手术。

如果价格能够对稀缺资源发挥配置作用，那么成本收益权衡会使更加急迫的事情在不那么重要的事情之前完成；但是如果成本由他人而不是决策者承担，这种权衡的效果就没有那么理想了。在医疗领域中，这会使不重要的事情受到注意，紧急的事情却被忽视了。如果是病人为其诊疗付费，这一机制就会建立更合理的优先顺序，骨折患者就更有可能先于轻微头疼的人得到救助。但是如果所有病人都可以得到免费治疗的话，有小病患的病人会占用医生更多的时间以及医疗资源，那些情况更糟糕的病人就不得不等待。

当价格不再合理时，就需要有其他的方法来配置资源，因为资源的稀缺性并不会因政府对价格进行管制或者免费提供商品和服务就消失。一种替代性方法就是排队。虽然很多实施价格管制的商品和服务都会导致等待，但医疗领域的排队问题尤为严峻。在2001年，英国有超过10 000个病人为了做手术等待了15个月以上。而2004年加拿大的一项研究表明该国眼科患者从预约上一位专科医生到最后真正得到治疗的平均等待时间约为15周，而整形外科则需要24周。这还不包括从全科医生转到专科医生需要的等待时间，而各省的等待时间也有长有短，从曼尼托巴省的7周到爱德华王子岛的12周。

病人等待治疗的代价非常高，这不仅包括在等待过程中本不必忍受的疼痛和虚弱，还包括在此期间可能出现的病情恶化。这种等待远非在医院接诊台花费的几个小时，而是长达数月的煎熬。有些一开始并不是很严重的病人可能在漫长的等待期内病情恶化，因无法获得治疗而不幸去世。在英国有一个著名的例子，一位患有癌症的妇女，其手术被一再推迟，最后不得不被取消，因为病情延误已导致癌细胞全面扩散。这些后果已经不能仅被轻描淡写为质量下降了。

当病人因疾病或残疾无法工作时，他们也将蒙受很大的经济损失。而在比较各国的医疗成本时，统计数据一般不会考虑这点。如果一个美国病人在经初级保健医师诊断后需要等待三周进行手术，他支付的成本比一位加拿大进行同样治疗的病人要多 2 000 美元；在加拿大，完成诊断后需要等待 15 个星期才能进行手术。那么到底哪国病人的总成本更高，取决于加拿大周工资到底是高于还是低于 167 美元[①]，这显然低于两个国家的平均工资水平。这并不是说美国或加拿大患者会在手术之后立刻重返工作岗位，我们只是假设两国的病人术后需要休息时间一样长。

从表面看，美国的人均医疗成本要远远高于其他国家，但这里所定义的成本并不包括因生病而损失的工资和在等待的过程中没有计入的其他成本——例如病痛、身体虚弱和不幸去世。只要把 A 选项中很多成本都排除掉，A 选项看起来就会比 B 选项更加实惠。

黑市

医疗价格管制的另一个后果就是黑市。在中国政府全面包揽医疗服务时，这种黑市一度非常猖獗：

> 与其排长队等待漫不经心的诊疗，中国人更习惯通过"走后门"来获得更好的治疗。比如通过朋友介绍医生，或者给医生和护士送礼或送红包。这种做法尽管不合法，但是却能确保病人获得更优质、更友好的治疗，而医院的中层管理人员往往能从为他人介绍医生的积习中获利。

[①] 这表示将美国工人多支付的 2 000 美元平摊到加拿大工人接受同样的治疗需要多等待的 12 周上。因为加拿大的工人虽然可以节约 2 000 美元的治疗费用，但是却需要损失 12 周的工作时间，只要加拿大工人每周能够赚取 167 美元以上，损失的金额就超过了 2 000 美元。

一项研究发现，日本也存在类似的非法交易，在"东京的一些顶级医院中，病人给主治医生送价值高达 1 000 美元到 3 000 美元左右的'礼物'的现象极为普遍"。官方的统计数据并没有计入这些非法的资金支出，更不用说草率诊断、压缩接诊时间以及长时间排队所造成的人力成本，这些成本更为重要。因此，仅以公开可见的成本和收益来看，对医疗价格进行管制可能只是政治上的成绩。多年以来，苏联一直自夸本国的医生数量和医院床位数世界第一——但同时却隐藏婴儿死亡率不断升高以及全国人口预期寿命下降的事实，而这些情况直到米哈伊尔·戈尔巴乔夫（Mikhail Gorbachev）实施开放（glasnost）政策之后才大白于天下。

选择退出

在医疗价格管制的情况下，一些无法计入的人力成本还体现在那些选择退出的人身上，其中包括病人、医生和医疗组织。在政府控制医疗费用的国家，由于医院总是人满为患，一些病人只能选择离开公共医院，自费在本国或到其他国家寻求更好的医疗服务。加拿大的病人前往美国看病的情况很普遍；但是很少有美国病人到加拿大接受治疗。医生也可以通过多种方式选择退出，有的选择私人执业，尽管接诊那些加入政府医疗计划的病人并不合法。美国的一些健康维护组织选择退出，它们不再接收加入政府医疗计划的病人前来看病，因为政府提供的偿付额难以覆盖治疗费用。

还有医生会拒绝为病人接种疫苗，因为他们从政府或其他保险公司获得的偿付金额并不够用。而此举可能会对婴儿疫苗接种产生特定的影响，因为婴儿尤其需要接种各种疫苗，而疫苗对婴儿健康发挥作用的时间也比成年人更长。《纽约时报》登载的一篇文章写道：

> 如果将为美国儿童接种疫苗视作一场战役，儿科医生就是一线战士，但他们现在却开始反叛！
>
> 这些医生表示，新疫苗成本的不断攀升和疫苗种类的增加使他们越来越难以负担为病人接种的成本。他们纷纷抱怨保险公司不肯为此提供足够的偿付，所以每次注射都在亏本。
>
> 这种角力的后果就是一些儿科医生不肯为孩子提供最新以及最贵的疫苗。一些公共健康专家警告说，如情况恶化，全国免疫计划（immunization program）就有可能崩溃，使一些本可预防的疾病的发病率提高。

有时候，"选择退出"会发生得更早：当医生的收入水平降低，愿意进入医学院的学生数量就会减少。例如英国有超过1/3的医生并非在本国医学院里受训，他们来自很多国家，甚至包括一些第三世界国国家，那里的医疗培训水平可能达不到英国医学院的标准。

少付自然少得——不管少得的是质还是量——不一定是讨价还价得出的规律，但至少对医疗服务领域来说就是如此。

第三方支付

第三方支付是医疗成本争议的核心问题，也是导致医疗成本不断提高的重要因素之一。在政府经营的医疗体系中，公众通过纳税来支付医疗。有的国家采取全额偿付模式，而另一些国家则采取部分偿付模式，让病人直接承担一部分医疗费用。在"降低医疗成本"的政治口号的推动下，针对医疗制度改革的计划和政策基本都是为了降低病人直接支付的那部分费用。但是实际上由病人自己直接从荷包里掏出支付给医生、医院或药房的费用，只是所有成本中的一部分，降低这部分费用并不表示能使医疗服务总成本降低。如果要用赋税支付部分医疗成本，比如用税收来补贴医疗或向健康保险公司支付保费，上述那些改革和政策都不会让总成本有丝毫降低。

只要病人承担的直接医疗成本低于实际发生的成本，医疗服务就可能被过度使用，而这只会导致总成本提高而非降低。无论这种支付的减少是源于价格管制，还是源于保险公司或政府的补充支付，其结果都是使商品或服务的需求提高，医疗服务自然也包括在内。从某种程度上看，依靠第三方支付还得建立相应的管理机构——或是政府部门，或是私营保险公司——为这些机构中的员工支付薪水会使医疗成本增加得更多。

最后，在比较不同国家的医疗支付体系时，还有一些医疗成本没有被计入经济统计数据中，包括疼痛、身体虚弱、过早死亡，还有出于健康原因无法工作导致的收入损失等。所有这些成本都在医疗体系由政府管理的国家中更高，因为诊断和治疗之间需要等待的时间更长，特别是对那些需要从全科医生转诊到专科医生的患者来说。如果将这些国家的"医疗成本"同那些私人负担医疗费用的国家进行比较，无异于拿苹果和橘子做比较。即使是在美国这样以私有医疗服务体系为主的国家，仍有很多费用由第三方机构支付，不论是保险公司还是政府。

美国的医疗体系中，私有性质的第三方支付通常为雇主为其员工购买的健康保险。该体系是第二次世界大战期间美国实施的税收法律和工资管制的偶然产物。当时的工资管制法令要求雇主不得以提高工资水平的方式招徕更多工人，这种管制也造成了劳动力短缺。于是雇主们只能增加"附加福利"来吸引员工。而且这些福利可以免税，因此员工的收益实际要大于雇主所承担的成本。战争爆发之前，在1940年，只有10%的美国人拥有私人健康保险，但是十年之后，这个数字变成了50%。

由于雇主为员工提供的这类福利价值要高于雇主支付的成本，私人健康保险计划所覆盖的人群比例不断提高也就不足为奇了。由于这些私人健康保险大部分都由雇主提供，并逐渐成为员工报酬的补充部分，"附加"一词也就不复存在了。

即使不存在价格管制，第三方机构为病人支付医疗费用也会改变人们使用医疗服务的方式。虽然一般都将医疗视作一种固定的"需求"，但是究竟由谁来为这种服务买单会导致需求水平发生很大变化。例如，美国的免税医疗储蓄账户一般每年12月都会出现消费激增，因为该账户中没有用完的钱无法被转存入下一个年度。一家连锁眼镜店的报告显示，他们12月的销售量要比其他月份高25%，"很多人都会趁这个时候购置第二副或第三副时尚镜架"。一位已经购买了八九副眼镜的顾客表示："这些眼镜式样过段时间就过时了。"

就算有些人从医学的角度看确实需要戴眼镜，跟随潮流在医学上也是必要的吗？更重要的是，如果用的是自己的钱，那个顾客是否还会买八九副眼镜呢？如果不是，就说明医疗储蓄账户导致了资源的错误配置，人们购买了本不值得购买的东西，因为政府对流入医疗储蓄账户的收入免征税费。该账户中的钱不仅可以用于购买眼镜，还可以用来买避孕套和避孕药、支付按摩服务等。只要有医生签字认可这些消费，它就是合法的；而医生一般不会有很强的意愿去阻止他人花钱。

自由市场中的价格由消费者自己支付，它不仅反映了不可避免的支出，还限制了个人的消费意愿，即仅在商品的增量价值超过其增量成本时消费。但是如果由第三方来支付全部或部分成本，消费水平就会超过上述合理范围。某种病的治疗方案通常不止一种。例如，关节炎可以通过服药、康复运动或手术等方法治疗。而视力问题不仅仅可以通过佩戴眼镜来矫正，还可以通过佩戴隐形眼镜、做眼保健操或进行激光手术来解决。究竟选择哪种治疗方法，不仅取决于健康问题的严重性，同样还取决于这些方法的成本以及成本由谁来承担。如果由第三方来支付，相较于由个人来支付，病人和医生更有可能去选择成本高昂的治疗方案。

无论是在政治讨论还是在媒体报道中，医疗都是一个老生常谈的议题，似乎"需求"量是基本固定的，唯一的问题在于如何支付，所以关注的重点就被转移到那些没有参与任何保险计划的群体上了。但财政安排并不是问题的关键，真正的问题在于：不管个人是否购买了健康保险，能有多少医疗服务能为民所用？

在美国，露宿街头的最贫困的穷人不管有没有保险都可以在急诊室里得到救治。与之类似，弃婴没有能力支付医药费也可以得到救助。毫无疑问，那些拥有健康保险以及具有一定财富基础的人，可以在条件更好的医院获得更舒适的就医体验，也可以负担得起有选择性的甚至是整容类的医疗服务。如果在讨论中认为这些没有投保的人完全无法获得医疗服务，则具有很强的误导性。但如果一个人不管是否拥有健康保险都能获得医疗服务，实际上会降低大众投保的动力。

有些没有健康保险的人确实收入很低，但还有一部分人的收入已足以支付保险费用，但他们选择将钱用于购买其他东西，尤其是当他们还比较年轻，觉得出现医疗问题的风险较低时。在美国没有健康保险的人群中，约有 40% 的人年龄在 25 岁以下，超过 60% 的人年龄在 35 岁以下，而年龄超过 55 岁的人中，只有不到 10% 的人没有健康保险。尽管不得不在食物和医疗之间进行选择的老者形象广泛地出现在政治宣传中，但它只是无保险人士的政治形象，而非事实。

医疗的第三方支付使个人接受多少、接受何种医疗服务的决策能力发生了转变。由于所有的经济资源都具有稀缺性，也就是说没有足够数量的资源去满足每个人的需求，此时就需要建立一套资源配置方式，无论是医疗物品和服务还是其他商品，要么由个人自己决定，要么则由政府部门对所有人的资源配置进行集体决策。但决策权归谁所有会使决策本身发生变化，不同决策者做出的决策，其后果可能会大相径庭。

我们已经了解如果单纯依靠政府提供或补贴医疗服务，而让个人自由决定选择何种医疗服务会导致医疗服务的数量和质量发生怎样的变化。医疗成本的急剧攀升或约束了个人选择，或用等待时间来配置个人选择——包括在医生办公室中数小时的等待，以及手术和其他程序前长达数月的等待。其他选项还包括由政府工作人员来决定是否批准一些具体的治疗方案。

例如在英国，医疗官员可以根据自己的经验、公式或指南来决定哪些病人可以接受昂贵的治疗，而哪些则不能。这些公式和指南将治疗所达成的效果和治疗后存活的年限纳入了考量。因此，一位 80 岁的老人不太可能被批准接受心脏移植手术。尽管有些医疗选择和利益权衡的结果非常明显,但还有很多选择极为复杂。其实医疗问题和其他问题一样,最重要的决定应该是:究竟由谁来做决定?

医疗事故责任保险

美国医疗护理成本高企的主要原因之一在于医生和医院支付的医疗事故责任保险。这种保险的平均成本在不同地区差异很大:从加利福尼亚的大约每年1.4万美元到西弗吉利亚州的接近每年4万美元。而对于一些较为特殊的专科(如产科和神经外科等),在某些地区,医疗事故责任保险的费用可能每年高达20万美元以上。这些成本自然会被转嫁到病人、政府或其他支付医疗费用的机构头上。但这还不是医疗事故诉讼的唯一资金成本,而资金成本也不是医疗事故的唯一或最重要成本。这些成本同样与短视思维密切相关。

产科医生经常面临法律诉讼的威胁,只得缴纳更多保费来应对这种风险,所以很多产科医生不愿接生婴儿。而在有些地区,证据不足时陪审团会更同情遇到医疗事故的患者,所以从经济的角度来看,继续当产科医生并不合算。最终的结果是该地区的孕妇所面临的风险比以往更高,因为预产期来临时,很可能附近已经没有足够的产科医生。产科大夫并不是唯一因医疗事故易发、本地赔偿金额较大而选择逃往其他地区的医生。例如,在1995年到2002年间,宾夕法尼亚州有1/3的外科医生都选择了转业或离开。

在理想的情况下,只有证据非常充分时,陪审团才能裁决患者获得赔偿,而且赔偿金额不仅应足以弥补医疗事故造成的实际伤害,还应避免这种医疗事故在未来继续发生。而在实际中，一位口才出众的律师可以借助一个身体畸形、大脑受到损伤的婴儿说服陪审团做出裁决，为患者家属争取到高达数百万美元的赔偿，甚至有时根本无法确定接生该婴儿的医生对这种悲惨结果负有什么责任。一项由美国妇产科医师协会（American College of Obstetricians and Gynecologists）和美国儿科学会（American Academy of Pediatrics）共同发起并在2003年发布的大型研究，其结果得到美国政府内外的医学权威以及澳大利亚和新西兰等国知名医疗机构的审查和认可。该研究指出："新生婴儿脑损伤和脑瘫的绝大多数原因都基本或完全与产房医护人员无关。"

《经济学人》上写道："几乎没有临床医生会认为婴儿罹患脑瘫是产科医生没有采取剖宫产造成的。"但"一些医生担心被起诉，有时候会选择进行这种不必要的剖腹手术——一种高风险的侵入性手术"。然而，"在过去30年内，一些比较富裕的国家剖宫产手术增加了5倍，但产妇娩出脑瘫婴儿的概率并没有下降"。在美国，76%的产科医生都至少被起诉过一次。支持医疗事故法律诉讼的基本理由是警示医生在治疗过程中更加小心，以降低病人的风险。实际结果却是不必要的医疗程序，例如采取剖宫产来分娩婴儿，以及一些从医学角度看不必要的检查，而医生这么做只是为了在卷入诉讼时保护自己。

如果某个地区的医疗事故比较容易被立案且病人容易胜诉，大量医生就会选择离开，这也会给病人带来额外风险。医生通常在审判时赢得了诉讼，但在庭外和解时却要面临巨大的压力，因为陪审团裁定的赔偿额平均高达470万美元。巨大的赔偿金额还将进一步推动医疗事故责任保险的保费上升，因此防范性治疗也就变得非常普遍了。一项针对宾夕法尼亚州产科医生的研究发现"有54%的常规检查（如超声检查等）是没有必要的；有38%的常见侵入式检查（如活体组织检查等）也并非是必须的"。这些"防范性治疗"并不能使病人更加安全，而有些方法，如剖宫产和活体组织检查等还会引致其他风险。不只是赔偿金额推高了医疗成本，各种防范性治疗同样也会使医疗成本大幅提高。

陪审团"发出信号"警示医生更加小心其实花费不了什么，涉案医生很可能已经投保，而对保险公司来说，从其数十亿资产中拿出几百万美元用于赔偿也非难事。陪审员只有把眼光放长远，才能明白赔偿金会导致未来医疗服务成本的提高，才能明白未来孕妇无法在本地找到产科医生为其接生时所付出的非金钱代价，以及遭受严重伤残的婴儿所付出的终生代价。上述情况特别可能出现在那些陪审团裁定需要偿付数百万美元的联邦州，如内华达州：

拉斯维加斯的金伯利·莫高特加（Kimberly Maugaotega）已怀孕13周了，但还没有看过产科医生。33岁的她已经是两个孩子的母亲，她发现自己怀孕之后，就给帮助她分娩第二个孩子的产科医生打电话，结果却被告知这位医生已经不再接诊任何怀孕的新病人。这位名叫谢尔比·威尔伯恩（Shelby Wilbourn）医生，因医疗事故责任保险费用不断提高已决定离开内华达。莫高特加女士表示，她前后一共联系了28位产科医生，但没有一个愿意接收她。

尽管美国医疗事故诉讼所产生的直接成本在医疗总成本中所占的比重不足1%，但该数据并没有计入各项间接成本，包括各种昂贵的检查和治疗程序以及这些检查和治疗给病人带来的其他风险。病人承担的最大成本或许是在生病时无法找到医生，因为有些地方医疗事故很容易立案，导致医生搬到其他地方。而这些成本其实是难以估量的。

当然，确实存在真正的医疗事故，它们确实应该受到审判并支付高额赔偿。然而，仅仅依靠一些站不住脚或者推断性的证据，甚至是听从某些被律师收买或雇用的医学专家的证词就轻易立案并判定病人胜诉，只会使进入法律诉讼程序的医疗事故与真正的医疗事故之间的联系越来越弱。和很多其他例子一样，用"政治"手段来处理医疗事故会引发新问题。其中一种政治解决方案就是对赔偿"身体和精神上的伤害"的金额设定上限。但是如果内科或外科医生的疏忽或能力不足确实导致病人在伤痛中度过余生，那么像加利福尼亚州这样，设定25万美元的赔偿上限完全不足以补偿患者受到的伤害，也无法起到威慑作用。对于医疗事故，基本的问题并不是控制赔偿金额，而是要通过事实来确定是否应该提供赔偿。

和其他法律和政策一样，从政治的角度考量关于医疗事故的各种法律和政策，最重要的一点应该是这些法律和政策想要实现的目标。但是从经济分析的角度出发，最重要的则是这些法律和政策所带来的激励和约束条件，以及遵循这些激励和约束条件的各种后果——既包括近期影响也包括长远影响。

医疗用药

虽然在美国的医疗支出总额中，药品开支所占的比重相对不大——美国医疗保险和医疗救助服务中心（Centers for Medicare and Medicaid Services）的数据显示其约为10%——美国的高药价一直以来都是一个极具争议性的议题。这些价格背后的成本不仅高昂而且不寻常：药品的研发成本甚至大大超过了药品生产本身的成本。

一种新药的问世，不仅伴随着科学技术的发展，还要经历一个不断试错的漫长过程，通常需要花费几年才能完成。在制药产业中，要研发一种可以有效治疗某种疾病、病人能够负担得起，且大部分病人都不会产生严重副作用的药物，可能要经历多次失败。2003年，辉瑞制药公司（Pfizer）的一位官员表示："去年我们研发了超过5 000种化合药物，只有6种能够进入临床测试。"而在这6种试验药物中，究竟有几种能在临床试验中被证明有效，并获得美国食品和药品管理局（Food and Drug Administration, FDA）的批准，只有等时间来证明了。

如果制药公司花费数年试验各种药品化学配方，而最后只能找到一种符合各项标准的药物，并获得食品和药物管理局的批准，那么这种药品所获的收益必须足以弥补其他失败药品研发投入的成本。否则制药公司就没有资金来支付公司员工的工资和养老基金，并为公司的投资者提供合理的投资回报。

因为每种新药的开发过程通常都需要花费数亿美元①，因此吸引投资者继续提供巨额资金对于制药公司继续研发新药至关重要。

那些习惯用短视思维考虑问题的人会以一种完全不同的方式来看待该问题。他们不关心新药问世前的漫长过程，而只将已有的药物视作"从天而降"的东西，仅关注这些药物是如何被定价、能赚取多大的利润，以及怎样降低这些药物的价格。药物的生产成本常常只是总

---

① "从发现细菌目标到使一种新药投入生产可能需要长达15年的时间并花费数亿美元"。詹姆斯·索罗维基（James Surowiecki）的文章"没有利润就无法治愈"（No Profit, No Cure），刊登于《纽约客》（New Yorker）杂志，2001年11月5日，第46页。"每种药物的研发成本从约2.5亿美元到超过8亿美元不等。""药品价格：迫切需要的敲门砖"（Drug Prices: A Much-Needed Primer），载于《华尔街日报》2002年6月22日，A15版。

成本或消费者支付的价格的很小一部分，因此政客、新闻记者和其他一些人就有很充分的理由去谴责制药公司的利润"不合理""太过离谱""十分过分"，将成本仅为 25 美分的药片卖到 2 美元。

他们所考虑的原料仅限于药物的物理成分，而这部分通常都比较便宜；而成本如天文数字般巨大的"知识成分"——长达数年的研发历程、为研制有效的新药多次成本高昂的试错过程——他们却视若无睹。

关于成本另一种错误认识则是政客和新闻记者总是将开发出新药的公司所确定的高药价，与专利到期之后其他公司使用免费配方生产出"仿制药"的低价进行比较。生产"仿制药"的公司，其成本就只有药物的生产成本，这种成本很低，所以这些制药公司能够以一个比研发该药物的公司的定价低得多的价格获取利润。例如上面提到的那种生产成本仅为 25 美分的药片，仿制药公司可将同样的药片定价 35 美分并从中获利；而开发此药的公司在专利到期之前，却总被指责定价过高，完全是在剥削病人和那些陷入绝望的人。

由于新药的问世总是伴随着高昂的固定成本（研发成本）和低廉的可变成本（生产成本），其经济后果很容易就会被那些习惯用短视思维去考虑问题的人所误解和歪曲。例如，加拿大购买美国药物的价格一般要低于该种药物在美国本土的售价，加拿大政府医疗机构会向美国的制药公司发出订单，希望从这些公司采购大量药品以供由该国政府主导的全民医疗体系使用，但加拿大所提供的报价仅够支付药物的生产成本，却未考虑药物的研发成本。所以，制药公司有两种选择：要么（1）拒绝该订单，损失上百万美元，要么（2）接受订单，能赚多少是多少，因为研发成本已被支付，与这次的商业决定无关。正如经济学家所说的："沉没成本就是沉没成本。"

很少出现某种疾病只有一种药可以治疗的情况，因此，一家制药公司拒绝加拿大或其他国家政府订单的能力非常有限，这些政府如果无法以满意的价格从某家制药公司获得药品，它们就会转向其他的制药公司。而且，在那些医疗体系受政府管制的国家，源自规模很小的私营部门的药品，市场常常很小或者根本没有。

那些目光短浅的人关注的是允许加拿大人将低价买入的药品重新出口到美国，从而降低美国政府、个人和其他医疗机构的医疗支出。表面上看，个人和机构可以通过从加拿大购入美国药品直接节省成本，但美国制药公司则会受到压力，降低药物在美国本土的售价，因为他们需要和从加拿大进口回来的他们自己的药品相竞争。对于那些有远见的人来说，如果他们所思虑的超越了第一阶段，就会提出一个关键问题：既然固定成本必须有人来承担，如果新药的研发仍要继续，回避支付固定成本又如何保障一定比例的投资以及新药的成功研发呢？

美国本土的健康维护组织以及联邦政府也是药物的大规模采购者，它们也会像其他国家政府一样给制药公司一个"要么接受要么拒绝"的报价，只允许制药公司在其生产成本基础上赚取一点利润，但却不足以弥补药物开发的高额固定成本。政策或立法批准的仿制药生产可以替代名称接近或完全相同的专利药，这通常能降低医院或健康保险体系的成本。有些人甚至要求全部使用仿制药，以此终结专利药的高价以及制药公司被认为不合理的利润。此时我们必须提防合成谬误（Fallacy of Composition），即对某些人来说是对的东西，不见得对所有人来说都是对的。被他们忽视的是，制造仿制药的公司其实是通过"搭便车"的方式窃取了专利药公司所投入的巨额成本和经验。

由于一种药物的开发时间通常长达十年以上，这种情况对政治煽动来说十分理想。政客可以通过各种方式强制降低药价以获得广泛的支持，等到人们发现新药研发的数量下降，甚至没有新药来拯救数百万患有绝症的病人时，已经是10年以后了。到了那个时候，因支持药物降价获得民众支持的政客可能已被选为美国总统，在白宫度过了两个任期，并在人民的尊敬中退休了。就像我在第一章里提到的那样，杀掉会下金蛋的鹅是一种屡试不爽的政治策略。

还需要注意的一点是，"仿制药"不是对每个病人来说都和专利药一样有效。有些病人报告了服用仿制药的副作用，但服用专利药就没有出现类似的情况。一项健康报告指出，从化学成分来看，仿制药很难做到和专利药完全相同：

> 根据法律，仿制药必须要与被仿制的专利药具有相同的活性成分和效果，只有这样，它们才能具有等同于专利药的安全性和有效性。但是仿制药中可能含有一些不同的非活性成分，会影响人体对药物的吸收。相较于专利药，仿制药可能会使服用者的血压降低20%或提高25%，但是根据FDA制定的指南，这种仿制药仍然可以被视为具有"生物等效性"。

我们姑且不考虑仿制药品中的非活性成分是否会影响活性的吸收效果，关于仿制药还有一个问题，那就是如果一家不太知名的制药公司——也许来自第三世界国家——准备仿制全球知名药厂的专利药，它是否和专利药公司一样有动力去保证药物质量的高标准。生产专利药的国际知名公司一般不会拿公司价值几十亿美元的声誉去冒险，如果某种药品质量出现问题，受影响的不仅仅是这一种药品，还包括公司现在以及未来生产的所有药物。

价格管制

尽管过去成本与当前的决策无关——它们是历史而不是经济学——但对于制药公司来说，过去的成本会影响它们是否应该投入资金、应该投入多少资金来开发更多的新药。如果此前的成本无法被收回，制药公司就不会草率地在未来继续投入资金开发新药，以治疗目前无法治愈的顽疾，如老年痴呆、艾滋病和癌症。尽管新药的开发无论对于社会还是对制药公司自己都非常重要，但从政治方面考量，医药产业无疑是价格管制的理想对象。第 1 章曾经介绍过，价格管制手段从短期看非常受选民欢迎，而管制所带来的负面影响通常只会在下次选举发生之后才逐渐显现。

药物的开发周期一般长达十年以上，即使价格管制措施导致药物研发突然中止，等到人们开始发现致命的疾病仍在继续肆虐却无法找到新的药物提供治疗时，往往已经是下次竞选以后的事情了。这为"杀鹅取卵"提供了完美的政治条件。这种做法的短期后果是药物价格显著降低，百万选民非常满意；而长期后果可能只会在数次选举之后才会浮出水面。如果没有价格管制，一些新药可能会被研发出来，治疗或预防疾病的发生，但本应摆脱疾病的患者并不会觉得这些痛苦与多年以前的政治决策有关联。

这种政治动机在全世界多个国家都产生了影响。美国是唯一没有对药物实行价格管制的主要工业国家。换句话说，其他国家的政客都曾为换取眼前的政治利益而牺牲本国制药公司通过研发创造长期收益的能力，从而使他们只能仰承美国药业的鼻息——美国药业在全球新药市场中占有决定性的份额。如果美国也采取类似的政策，致使美国的药物研究裹足不前，受影响的将不仅仅是美国人民，还包括依赖美国新药开发的其他国家的人民。这些国家的病人只需要支付生产成本，而美国人却得为这些药物高昂的开发成本买单。

一位 FDA 局长曾指出："美国为药物开发承担了最大份额的成本。"美国人支付的方式有两种。正如《商业周刊》(*BusinessWeek*)所言："美国人不仅仅通过支付更高的药价为药品研发提供了一半的资金。美国纳税人也为全球政府支持的生物医学研究提供了大部分资金——根据一些研究估计，这一比重高达 80%。"

在很多关于新药研发的讨论中，有这样无关紧要的一条：许多制药公司的研究其实是其他科研机构和像美国国立卫生研究院 (National Institutes of Health) 这样的政府部门所开展的基础性研究的后续。但是，我们生活中各个领域的发展都是站在巨人肩膀上取得的，而这些巨人不一定只存在于过去。将科学发现转化为新药，其成本既真实又重要，因为研究者和科研机构此前已投入了大量资金。但使用纳税人的钱并不意味着在做和药物有关的决策时不考虑市场，完全听从政客们的意志。然而，一部分人认为基础性的科学研究已经花了很多纳税人的钱，因此生产新药所需的资金量并不大，这种不合逻辑的推理自然会支持由政府对药价进行管控。

尽管支持药价管制的人认为此举只是为了"降低（这些药物）的成本"，但实际他们是拒绝为这些成本买单，而且完全无视这样做可能产生的后果——尤其是当这些影响是在第一阶段之后才逐渐显现出来时。欧洲已经走上了这条路：

较低的药价正在扼杀欧洲的药业，这让欧洲人感到不安。1990年，欧洲和美国的制药公司在全球药品市场中各占有1/3的市场份额。现在，欧洲的市场份额已经降至21%，而美国的份额则提高到了50%。欧洲的制药公司一直在将更多的研发业务转移到美国。据分析师估计，其利润的60%来自美国市场。

总之，美国人急于效仿的欧洲药价管制政策使欧洲的药物研发业务从本土转移到了美国。如果现在美国真的重蹈欧洲的覆辙，全球很多新药研发业务都会陷于停滞。这才是最可怕的"杀鹅取卵"——将世界最大、最能生金蛋的鹅彻底杀掉！到时谁还会开发新药去对抗使人痛苦、虚弱乃至丧失生命的疾病呢？

药物广告

外部观察者可能简单地认为广告支出对整个社会并无帮助，只会增加广告商的利润，然而事实却并非如此。如果开发出的药物不为人所知，就很难帮到病人。而广告能帮助药物进行宣传。宣传也不是一劳永逸的，如果广告在一段时间后中止，其效果也会大打折扣。

头孢克洛（Ceclor）的专利到期之后，其生产商礼来制药公司（Eli Lilly & Co.）就停止了对该药的推广。随着其他公司开始生产仿制替代品，该药的处方份额已经降至过去的五分之一。仿制药的生产厂商没有什么动力打广告，因为多家仿制药的生产厂商中没有一家的市场份额大到足以承担广告支出。就对病人产生的实际效果而言，广告和新药开发一样，都是可以救人性命的。

很少有人能够理解广告的另一面。新药上市时，FDA 可能只批准了这种药物的一个用途，后来该药的其他用途也被发现。FDA 禁止制药公司在广告中宣传该药的其他用途，直至这种新用途经漫长且昂贵的检验达到了 FDA 的要求。虽然医药科学研究已经证明某种药物对于病人非常有帮助，药厂究竟会不会努力争取获得该种用途的推广许可，主要取决于药品预期的未来销量能否覆盖广告成本，而这种成本很可能高达数百万美元。一个经典的例子就是阿司匹林，开始该药只被批准用于治疗头痛，后来其他更有价值的用途也被逐步发现，这些用途直至最近几年才被允许进入广告。在不允许对阿司匹林对心脏疾病的疗效进行宣传的时期，一项研究得出了如下的结论：

有医学证据表明，每天服用一定剂量的阿司匹林能够降低中年男性心脏病发作的风险……大约可以减少 50%。实际上，这种疗效广为人知，是因为一本摆放在杂货店收银台架上的小册子《神药阿司匹林》（Amazing Aspirin），售价仅为 89 美分，其中详细介绍了这种疗效。令人惊讶的是，在阿司匹林的药物包装盒里和任何相关广告中都没有说明这种用途。为何拜耳公司（Bayer）会放弃向消费者提供这些信息来提高增加销量的可能性呢？

1988 年 3 月 2 日，在 FDA 局长弗兰克·扬（Frank Young）召开的一次会议上，所有生产阿司匹林的厂商都被告知，他们不能对该药降低心脏病发作风险的用途进行广告宣传。一旦有人这样做，FDA 将采取法律行动。

结果，"禁止阿司匹林打广告无疑导致了每年几万人不必要的死亡"。很明显，FDA禁止对这种用途打广告，是为了保证用药安全。但这种禁令背后的意图并无法改变最后的结果。幸好在本例中，FDA最终做出了让步，允许生产阿司匹林的公司对药物降低心脏病发作死亡率的疗效进行广告宣传。但如果那些心脏病患者能够早些知道阿司匹林的疗效，就可以通过服药来挽救自己的性命。药物广告许可的推迟让他们付出了巨大的代价。

更为重要的是，既然成千上万的生命可以因广告而被挽救，这些生命难道就不如新开发的药物所挽救的类似数量的生命重要吗？广告对医生和病人的作用就像研究对科学界的作用一样：向本不了解情况的人提供信息。因为药物主要是由医生开出，他们比其他种类广告的观众具有更多专业知识，因此更难被欺骗或被广告吹捧的效果蒙蔽。而且，如果一家制药公司敢为某种药物欺骗医生，就会面临失去信誉的巨大的风险，因为医生开药范围很广，一旦这种药背后的骗局被揭穿，医生们就会转而从其竞争对手那里购买，这家药厂的经济损失会高达数十亿美元。

和其他广告一样，人们总是认为药物广告会推高产品的价格、增加消费者的购买成本。当广告对销量影响不大，而销量也无法影响药品生产规模时，确实会出现这种结果。但广告最明显的目的就是增加销量。药物的生产成本很低，而固定成本却很高，可能高达数亿美元，因此销量的增加会产生巨大的规模经济效应。药物的销量越大，平摊在每单位药物上的固定成本就越小。药物生产销售是体现规模经济最经典的范例。但很多政治和媒体宣传说的就好像广告会推高药品成本的观点已经不容置疑。

对药物广告的仇恨甚至还会延伸到反对制药公司为医生提供新药样品，并由医生将这些药免费提供给自己的病人。制药公司这么做是为了快速推广新药，但批评者却经常认为这不怀好意——好像这种行为是一种零和交易，有人获益就必然有人吃亏。但如果不是每个人都能从中受益，病人就不会去看医生，医生就会不开药，而药厂也不会生产。制药公司非常关注新药被市场接受的速度，因为这些药物的专利期只有几年，随后他们的竞争对手就可以通过生产更便宜的仿制药来抢占他们的市场份额。

有人认为制药公司为使公司获利而向医生提供免费样品的做法不太道德，这种观点是如此根深蒂固，以至于斯坦福大学、耶鲁大学和宾夕法尼亚大学都禁止学校医学院的医生接受这种免费的药物样品。这种象征性的姿态并不会令学校管理层有何损失，但病人却因此此付出了金钱和信息方面的代价。据估计，制药公司每年会提供价值超过160亿美元的免费药物样品。有人坚持认为药物公司发放的免费药物样品会推高该药的市场售价。但是这种观点和认为广告会推高药品价格一样是错误的，因为它忽视了广告所产生的经济规模效应，而免费样品也只不过是广告的一种形式。

政府对药物的审批

在美国，制药公司未经 FDA 批准就在市场上销售新药的行为是不合法的。药品审批程序的意图是在公众能买到该药品之前降低这些未经试验的新药的使用风险。除了必须证明新药对大部分人都非常安全之外，制药公司还必须证明这种药物在任何临床情况中都有疗效。仅具安全性却没有疗效的药物不仅是一种欺骗，还会给病人带来危险，因为这些病人的病情本可通过其他已被证明有效的治疗方法得以控制，这种药物相当于剥夺了病人本可获得的利益，最严重的代价甚至可能是生命。FDA必须考虑药物有多安全，有多有效，以及花费几何，所以才在药物审批程序中要求厂商进行长达数年的临床试验。

药物临床试验的时间越长，服用药物的临床受试者越多，在试验后关于药物安全性和有效性的试验结果就越可靠，但也就会有越多病人因为无法使用该药只能在等待中忍受病痛甚至去世。为了考察新药的有效性，一般还需要将试验药物与安慰剂或其他药物的效果进行对比。这种对比试验能更好地考察药物的最终疗效，但要完成这样一次受试者超过30 000人的对比试验，则会使新药试验程序延长8年。很多人会在这8年里去世。而且，无论怎样对新药进行试验，治疗效果都不存在绝对的确定性。此外，试验期间的死亡不见得能用后续挽救的生命来补偿。

此外，哪怕这种药物或治疗方案能够在以后挽救一些病人的生命，也不一定足以补偿那些在等待药物试验结果的过程中逝去的人，而这些药物或治疗方案可能在几年后又会被更好的新药和新的治疗方法取代。

负责管理新药临床试验的政府官员所面临的激励和约束条件是不对称的。理想条件下，这些官员应该公平度量这些成本和收益——例如，当临床试验期间因长时间等待而死亡的病人人数超过获取更多数据以提升药物安全性的做法所挽救的病人数量时，就应该果断叫停。但无论是公众、媒体，还是这些官员需要效忠的政治领导人都不太可能会使用这种标准。

如果有1 000个孩子会因服用一种试验时间较短就被允许上市的

新药而去世，但如果新药的试验过程一直持续下去，就会有 10 000 个患病儿童因无法获得有效救治而离世。对于这两种情况，公众只会对那 1 000 个孩子的不幸去世感到愤怒，并将对医疗体系的不满发泄到那些不经过"充分"试验就批准药物上市的官员头上。但是如果试验时间的延长导致了十倍或百倍的人死亡，媒体却很少会进行报道。

一方面，服用获得 FDA 批准的药物而去世的 1 000 位死者的身份信息更容易获得，媒体可以凭此大做文章。但是那 10 000 个因为找不到合适药物，无法得到及时救治而死去的病人，其身份信息一般难以获取，这些逝者通常都只是在对比可获得某种药物和无法获得某种药物两种情况下不同死亡率背后的一个数字而已。电视台会采访死于药物副作用的病人亲属，伤心欲绝的寡妇或痛失爱子的母亲的悲恸无疑比冰冷的统计数据更能打动人心。

激励和约束因素的不对称导致美国健康部门禁止那些已被使用数年的救命药，仅仅因为这些药物尚未按照美国的法律和政策通过漫长且昂贵的临床试验获得入市批准，哪怕该药在欧洲已经被使用多年（甚至是几十年）且效果良好。甚至关于这些药物的有效性和相对安全性的科学研究成果已经在顶级医学期刊上发表也无济于事，因为这些并不能作为补充材料被 FDA 的审批程序接受。我们已经知道，病入膏肓的患者要么购买未经批准的走私药，要么在经济实力允许的情况下亲自去国外购买。有时，安全防护措施反而会使人送命。

一位前任 FDA 局长注意到了该机构所面临的激励和约束因素：

在 FDA 的历史上，尚未有过国会委员会因 FDA 没有批准某种新药而对其开展调查的先例。但对我们批准某种新药进行批判的听证会已经多得数不过来了。FDA工作人员会从中得出什么信息，是再明显不过了。

新药上市之前的长时间审批并不是美国独有的现象。加拿大和欧盟国家所花费时间甚至更长。

而更基本的问题在于：多高的风险才称得上过高？这又应该由谁来定夺？制药巨头默克公司（Merck & Co.）曾对其生产的一种治疗关节炎的著名药物伟克适（Vioxx）进行回收，因为试验证明服用伟克适超过18个月的病人心脏病和中风的发病数量比那些服用安慰剂的病人多一倍。"多一倍"听起来很大，但其实只是从0.75%（没有服用伟克适的病人心脏病和中风的发生概率）增加到了1.5%（服药超过18个月的病人出现问题的概率）。与此同时，《华尔街日报》刊登的一篇文章报道，那些服用伟克适不超过18个月的病人"发生心血管疾病的风险并没有明显的增加"。

真正的问题并不在于伟克适本身，而在于风险、收益以及替代药物。关节炎既令人痛苦，又会严重损害患者身体；只有医生和医学家才有可能知道哪些药物可以替代伟克适，以及这些药物同伟克适相比效果如何。而且，不同的关节炎病人，病情的严重程度都有所不同。对于生产伟克适的制药公司来说，最关键的可能是诉讼风险。但对于病人来说，只有自己知道自己的关节炎究竟有多严重，而医生知道有哪些药物可以代替伟克适以及服用这些药伴随的风险是什么，因为没有任何药物是完全安全的。如果司法体系轻易就对药厂提起诉讼，则可能剥夺病人在获得特定收益的情况下承担一定风险的机会，哪怕这种风险比人们平时自由参与的一些娱乐活动，如激浪漂流、高空跳伞或登山的风险小得多。

器官移植

在所有的价格管制措施中，最严格的一种是不允许收取任何报酬。在美国和很多其他国家，当有人捐赠自己的器官用于移植手术以挽救某些器官（如肝脏、肾脏或其他器官等）出现问题的病人生命时，法律规定，不能直接向器官捐赠者付钱。但在有些国家，如伊朗或巴基斯坦，这样做是合法的。同之前一样，我们从考察价格管制所产生的一般性影响开始，看看价格管控会给器官移植这种特殊问题带来怎样的后果。

通过法律手段限制高价，最常见影响就是使供给水平下降。而在器官移植这个实例中，等待名单上的美国病人总数远多于可供移植的器官。因此，绝大多数病人都在等待新肝源、肾源或其他器官的过程中不幸辞世。虽然在 2003 年一年，美国进行了多达 25 076 台器官移植手术，但当年列在器官移植官方等待名单上的患者总数是该数字的三倍还要多——准确的数字为 89 012 人。在随后的 15 年里，肾移植手术总数和在等待名单上排队等肾源的病人总数差不多都翻了一倍，器官供需缺口进一步扩大。超过 50 000 美国人在排队等待肾源，但只有 12 000 个肾器官能被用于移植。其他国家的情况也都类似。英国的《医学伦理学期刊》(*Journal of Medical Ethics*) 指出，在西欧的肾移植等待名单上约有 40 000 名患者，但是可以用于移植的肾源仅有 10 000 个，而且没人知道"还有多少病人因没有被列入等待名单而被统计数字忽略"。同时，据估计，全世界约有 70 万病人依靠血液透析维持生命。

器官移植手术除了能够帮助数万患者延续生命之外，还能帮他们恢复多年未曾感受到的健康和活力：

一次成功的移植能使病人重生，重新拥有完整而生机勃勃的生命。从这个角度来看，器官移植手术无疑是过去数十年里最重大医学进步之一。

相反，推迟移植会令病人忍受病痛、身体虚弱，还需要支付大量治疗成本，例如肾脏透析或其他昂贵的延续失效器官功能的治疗手段等。在等待期内，一旦患者的身体状况恶化，即使最后等到合适的器官供体，移植的危险也会加大。这些年来，器官移植的等待时间在不断增加。1988年到1997年，美国心脏移植手术的等待时间增加了近一倍。而1988年到1995年，美国肾移植的平均等待时间从1年增加到2年半以上，至2000年，等待时间又增加到了3年。

移植手术中的器官供体可能来自活体，也可能来自最近刚去世的人。例如，对于肾脏来说，从遗体上摘取的肾源是活体肾源的两倍以上。而对于肝移植，源自遗体的肝移植，其数量则是活体肝移植数量的数倍。然而，2006年美国仍然进行了超过6 000次的活体器官移植手术。很明显，来自活体的器官移植成本还包括器官捐献者的痛苦、风险以及术后恢复期所损失的工作时间，而这些成本在尸体移植中都不存在。器官捐赠者在世时可以通过签署合法的文书，同意在死后免费捐出自己的器官；所以，只要法律不禁止，捐赠者也可以收钱签署这样的同意书。

如果法律允许捐赠者出售器官，结果又会怎样呢？在器官交易被视为非法的地区，现在的情况又是如何？如果可以在自由市场上进行交易，器官能卖多少钱？与当前的配置情况相比，这些器官又是怎样被配置的呢？

根据最基本的经济学原理，可以预计，器官供给应该会比免费捐赠时要多一些。而器官的价格究竟有多高，则取决于器官对其捐献者的价值、手术的风险以及捐献者未来增大的健康风险（如剩下的一个肾脏发生衰竭）等。而对那些在活着的时候得到金钱，承诺在死后捐赠器官的人来说，捐出的就算是心脏也不会有什么影响，也无需考虑金钱成本或医疗风险。允许死者的父母或其他家庭成员在他意外死亡后将其器官售出，可能会有一些心理成本，比如意识到深爱的亲人身体完整性被破坏的痛苦；同时也许会有心理收益，比如感觉亲人的器官或生命在其他人身上得以延续的安慰等。事实上，没有必要请第三方来评估这种成本和收益，因为每个人都是不同的，所有人都能对个人事务做出自己的决定，如进行活体器官捐赠。

在那些器官买卖合法的国家，器官交易价格实际上造成了一种最普遍和潜在的误导，即认为当前的价格就是自由市场中会出现的价格。在很多国家中，器官交易是非法的，而这会限制全世界的器官供给，导致器官买卖合法的国家器官价格更高。在法律禁止买卖器官的国家，私下的器官交易价格肯定要高于自由市场上的价格。和所有黑市相同，销售者或中介人所承担的违法风险必须获得一定的补偿，交易才能持续进行下去。非法器官移植的最高代价或许在于，非法器官移植无法像正常、合法移植手术那样保障医疗和器官的质量。《经济学人》就杂志曾报道：

有钱的病人可以在活跃的黑市上从窘迫的穷人那里买到肾源。一个很有影响的南非中介商马上就要上庭受审……秘密的肾脏买卖双方在仓促手术之后都面临着诸多危险：卖者很少能得到后续的医疗保障，而买家常常会感染肝炎或艾滋病。

这里有必要将器官移植手术的经济成本与其医疗费用和风险区分开来——还需要区分移植的固有成本和非法性所引致的其他成本。现在的情况是，器官捐献者得到的钱其实远远少于安排这些移植手术的中介商收取的钱。《福布斯》（Forbes）杂志估计器官交易网络中介商所获得的利润约占"移植成本的60%至400%"。然而，如果双方是在一个公开的竞争性市场里进行交易，就很少出现这类利润。根据《经济学人》刊登的文章，在允许合法交易器官的伊朗，活体捐赠者"捐赠一个肾脏期望获得3 000到4 000美元"。而《福布斯》的一篇文章表明，一个加利福尼亚器官交易网络中介商索要的价格要高得多：

患病器官如不能立刻替换，客户就必然会死亡。他们在网上找到他，他的报价为一个肾脏14万美元，一个心脏、肝脏或肺则要29万美元——其中包括了住院和手术费，以及带一个陪护人员（如护士或配偶）一同前往的飞机票和住宿费用。

而另一个台湾的器官移植中介商给出的报价也类似，而且他还给出了两种选择："在上海国际移植中心进行手术需要12万美元，而在南京一家不提供非必要服务的省级医院只要8万美元。"这是2007年中国开始禁止出售器官之前的报价。

由于美国禁止有偿的器官移植交易，这个加利福尼亚器官中介商需要给病人提供两张国际机票，因为病人渴望有位家人陪在身边度过这个艰难的时期。而且病人需要自己承担全部费用，因为这种手术是非法的，不在医疗保险的范围内。根据《经济学人》登载的一篇报告显示，这种地下手术的医疗风险也比正常条件下更高：

只要能得到妥善的术后护理，肾脏捐献者因肾脏病变致死的风险增量非常有限。而且进行移植手术从经济角度看也是非常合理的：肾移植手术的费用加上终生使用抗排异药物的总成本约等于透析三年的总费用。从活体身上移植过来的肾脏器官，在另一个人体内的平均存活时间为22年；而从新鲜尸体上移植过来的肾脏，平均存活时间为14年。

很多（即使不是大多数）需要进行器官移植的病人都不是年轻人，因此继续生活22年或者即使只有14年也能让他们活到普通人的寿命了。

如果法律允许病人从器官捐赠者处买到合适的器官，一种合理的预期就是可供移植的器官供应量将会增加，但我们仍无从得知供应水平会增加多少，以及需要增加多少才能解决等待移植的病人大量排队的现象。《经济学人》估计，每年都会有几千个等待名单上的病人去世，如果美国年龄在19岁到65岁间，身体健康的人中有不到1%的人愿意捐出一个肾脏，就能消除整个等待名单。

目前，捐赠移植器官的分配由专门的机构负责，他们根据所谓的"公平"按照任意的规则进行分配，为他们选择的人提供特殊待遇。例如，1993年，宾夕法尼亚州州长罗伯特·凯西（Robert Casey）先于很多在等待名单上排队时间更长的病人进行了心脏和肝脏移植；而前棒球明星米奇·曼托（Mickey Mantle）也只在等待名单上等了很短一段时间就接受了肝移植。毫不惊讶，这些机构反对自由市场是因为市场会使其失去权力和重要性。

和其他官僚机构一样，器官移植机构会制定很多规则，为了遵守这些规则还需要起草很多书面文件。2008年，美国移植医师协会（American Society of Transplant Surgeons）针对一家移植管理机构——器官分享联合网络（United Network for Organ Sharing，UNOS）——新发布的限制规则公开表示："（UNOS的）作用不是对治疗用药和外科手术细节发号施令，更不是对病人的最大利益指手画脚。"耶鲁医学院的一位外科医生更加直言不讳："没见过我的病人，也没见过器官捐赠者，你却要来告诉我谁的器官可以用，谁的器官不能用？"然而，无论这些机构是否掌握相关的知识，只要能控制病人迫切需要的器官和供应，它们就拥有了近乎专断的权力。

芝加哥大学经济学家加里·贝克尔（Gary Becker）和纽约州立大学布法罗分校的学者胡里奥·豪尔赫·伊莱亚斯（Julio Jorge Elías）对自由市场条件下合法移植的成本进行了深入的研究，结论是："金钱刺激能够提高移植器官供应水平、消除在器官市场上等待的长队，而手术总成本的增加幅度不会超过12%。"

无论器官交易合法还是违法，器官移植的成本不仅包括器官本身的价格——这是器官购买成本，即使器官是由捐赠者无偿献出，也有相应的成本——还包括手术成本以及器官捐献者和接受者的术后护理成本，例如器官接受者为了防止排异持续服药的成本。这是一个非常烧钱的过程，但如果合法地购买器官（根据贝克尔教授和伊莱亚斯教授的估计，购买一个肾需要15 200美元，而购买一个肝需要37 600

美元），其花费就相当于购买汽车，并不会使器官移植的总成本增加很多。而且，无法移植所产生的成本也不低：肾透析一年需要花费超过 66 000 美元，却无法取得与移植相同的效果——前者是每年重复发生的成本，而后者只需要为一次性的肾移植手术支付一大笔费用。

根据贝克尔教授和伊莱亚斯教授的估算，肾脏移植的总成本约为 21 万美元，而肝脏移植的总成本约为 39.2 万美元。尽管这对于一般人来说确实是一大笔花销，但也不过相当于在价位适中的住房市场上购买一套普通住房。联邦医疗保险（Medicare）已经覆盖了每年做肾脏透析的成本，买房的款项也可以筹集，因此如果器官交易合法，移植的费用对大部分人来说就不是无法承担的，而且可以被保险覆盖。而那些无法通过保险支付费用的穷人，可以从私人或政府部门那里得到保障。无论在什么情况下，购买器官的成本都不是器官移植过程中最贵的部分。据一位器官移植专家估计，用肾脏移植来减少肾脏透析可以"极大地降低政府开支"。

总之，价格管制——也就是通过法律禁止任何器官交易行为——对器官移植手术的总成本并不会产生明显影响，但却会使可被移植的器官数量严重减少。在伊朗器官交易长久合法化之后，器官买卖不再是一种投机。器官交易合法化 11 年后，伊朗的肾脏移植等待名单也消失了。

反对器官交易声音集中在这样一个事实上，即穷人更有可能出售自己的器官，包括那些伦理学家口中的"生活绝望而又穷困潦倒"的人。他们只有很少的机会能摆脱对未来的绝望，并使自己的生活得到改善，但是禁止他们获得这种机会真的能让他们不那么绝望吗？等待进行器官移植的病人同样也处于绝望之中。我们可以选择让这两个群体减少，但他们的选择被那些健康且安乐的人拒绝了。这似乎是一种令人心痛的讽刺，就好像那些神经兮兮的第三方应该拥有决定权似的。有观点认为把人体器官降低至"商品"范畴是错误的，这种做法看起来就好像避免使用这个词比失去一条生命还要重要。从陌生人那里购买还可以避免捐献者和接受者在互相认识的情感压力[①]。

总结与启示

在对医疗问题的经济讨论中存在很多误解。由于很多人无法正确理解医疗服务的价格和成本，很多国家的政客就借机宣称自己所推行的政策能够降低医疗服务的费用。事实上，他们所能降低的只是每个病人从自己荷包里掏出来直接付给医生、医院以及药房的那部分费用；成本其实一点都没有减少，它们已通过政府部门或私有机构以税收或保费的形式筹集起来。供养这些机构及其员工都需要成本，它们增加了医疗服务的总成本。大部分希望降低医疗成本的方案其实很少甚至不关注药物生产、培养医学专业的学生或建设医院、购置医疗设备所需要的真实成本。

政府以各种形式实行价格管制，拒绝向医生、医院或制药公司支付由自由市场供需所决定的实际价格，而这些管制措施并不能降低成本，只能表明政府拒绝支付全部成本。然而，回顾几个世纪以来的历史经验，只要政府对商品或服务的价格进行管制，不管对象是什么——是住房、汽油、食品还是其他商品和服务——都肯定会导致市场供给

[①] 参见萨利·萨特尔（Sally Satel）所发表的文章"绝望地寻找肾源"（Desperately Seeking a Kidney），载于《纽约时报杂志》（*New York Times Magazine*），2007年，12月16日，第65页。

的减少，医疗服务也不会例外。管制措施会降低医生、医院以及药物的数量和（或）质量。

英国拥有世界上历史最悠久的国营医疗体系，该体系运行的时间早就超过了"第一阶段"。而现在它面临着诸多困难，例如难以找到足够的医生，只能长期、大量引入外国医生，而这些医生很多都来自第三世界国家，他们的认证标准并不一定能达到发达国家的水平。英国的医院不仅缺乏先进的医疗设备——这个问题在美国也很普遍——甚至缺乏基本的卫生保障，这导致很多入院前尚无性命之虞的病人因为发生感染而去世。还有些国家屈从于政治诱惑，用政令压低药价或不尊重药物专利，使本国对一些重要新药的开发明显落后于美国，让美国在全球市场上的比重过大。

在对医疗问题的讨论中，另一种常见的错误就是对医疗护理和卫生保健两者的混淆。兰德公司（RAND）的健康经济学主管德纳·戈德曼（Dana Goldman）博士曾指出，医疗和保健差别很大，以糖尿病病人为例："医生收钱为病人检查双脚、检查眼睛，但是医生并没有责任确保病人出门运动，而后者才是最重要的。"

很多关于死亡率的统计数字显示，美国人的健康状况不如那些医疗体系由政府经营的国家，这种差异也常常被理解为医疗水平的差异。但实际上，医疗很难对凶杀率、肥胖率以及因服食毒品导致的死亡率产生影响，因为它们在问诊之前就已经发生了。然而很多研究都混淆了卫生保健同医疗护理之间的区别。以死亡率为例，有一项研究表明美国黑人的婴儿死亡率比白人要高，该结果马上就被用于证明黑人孕妇的产前护理较少是造成这种差异的主要原因。但美国菲律宾裔、墨西哥裔、中美和南美裔的妇女在怀孕期间得到的护理都不及白人，而婴儿死亡率却低于白人妇女。事实上，墨西哥裔的女性所获得的孕期护理比黑人妇女还少，但该人群的婴儿死亡率既低于黑人也低于白人。

在媒体或政治讨论中，当美国的医疗护理体系被用于同其他一些政府对医疗体系干预更多的国家进行比较时，一个隐含的假设是死亡率反映了医疗护理水平和质量，但该假设并没有被任何检验所证实。真正有意义的比较应该是去分析当不同国家之间的死亡率存在差异时，哪些差异是医疗条件的区别造成的，即使医疗条件并不是唯一的影响因素。这种比较还不够完善，因为可能在被比较的国家之间，还存在国民人种的差异。即便如此，这也比媒体和政客经常进行的比较有意义得多。美国医师协会（American College of Physicians）曾计算过19个国家"同等卫生保健条件下的死亡率"，而美国的死亡率之低可以排进前三名。

各种致力于压低医疗收费水平的机构，例如政府机构、健康保险公司，或是大型的卫生保健组织，或许能够获得优惠价格，但医疗服务的总成本并没有消失，而是被转嫁到其他人身上。结果，同样的治疗方法或同样的药物存在多种不同的价格，而支付最高价的，是那些没有健康保险、没有加入任何卫生保健组织，也未被任何政府项目覆盖的病人。总之，错误地理解价格在经济中的作用不仅会导致价格管制以及各种有悖目标的后果，还会导致各种机构通过制度、法律和政策把价格反映的大部分成本转移到"他人"的头上。但如果我们把整个社会看作一个整体，其实没有人是"其他人"。

第4章

住房经济学
The Economics of Housing

拥有安身居所是人类最基本的需求之一，而购买住房也是大部分人生活中最主要的预算支出。对于拥有住房的人来说，房屋一般都是个人财富中价值最大的资产，同时也是生活成本中最昂贵的一项。住房成本决定了个人或家庭在买房或租房之后还剩多少钱可以用于日常生活开销，因此房价的高低会对老百姓的生活水平产生巨大的影响。

房价

根据过去的经验，住房成本应该占个人收入的 25% 左右；但是这条老经验对 2 800 万美国家庭已经不再适用，因为现在这些家庭将收入的 30% 用于解决住房问题。在有些地方，将每月收入的一半用来支付公寓租金或偿还房贷的情况并不罕见。很明显，这么高的住房成本限制了他们的日常生活水平。

房价还受到很多其他因素的影响。其中一个重要因素就是房屋质量：数层的豪宅通常都比单层小屋更贵。当然，有些地区的单层小屋可能会比其他地区的豪宅更贵。当我们说某个社区的房价高于另一个社区时，指的是同等房屋质量下的比较结果。拿苹果的价格与橘子价格相比没有什么意义；同理，我们也不应该拿一套海边别墅的价格去和森林小木屋做比较。

价格差异

美国国家经济研究局（National Bureau of Economic Research，NBER）在2006年的一项研究中提到："大都市或高档社区的高昂房价与全国平均房价之间的差距还在不断扩大。"《华尔街日报》和《帕罗奥图周报》（*Palo Alto Weekly*）在同一周各刊登了一则售房广告：前者是一套富丽堂皇的别墅，拥有4个卧室、6个洗手间，面积为4 370平方英尺（约406平方米），还有"一个配有大屏幕的游泳池/SPA中心"，房屋毗邻一个高尔夫球场和乡村俱乐部，广告售价为55万美元；而后者只是一套极为平常的房屋，房屋坐落于城市街边的一个普通位置，面积仅为1 300平方英尺（约121平方米），也没有游泳池，但广告售价却高达109.5万美元。第一套别墅位于佛罗里达的利斯堡；而售价几乎是它两倍的第二套房屋则位于美国的帕罗奥图，紧邻斯坦福大学。

同时，纽约州的埃尔米拉有一套面积为6 000平方英尺（约557.4平方米）的房屋，包括一个室内游泳池并附带超过1英亩（约4 046.86平方米）的土地，广告售价为34.9万美元。在埃尔米拉，很多面积没这么大的房屋的广告报价甚至不到10万美元。其中大部分面积都比帕罗奥图的那套房子要大，而且条件也至少与之基本相当，而帕罗奥图那套房屋的售价却超过了100万美元。这种房价差异并不仅限于帕罗奥图和埃尔米拉之间，如果对得克萨斯州的休斯顿和加利福尼亚州的圣何塞的房屋售价进行比较，也会发现类似的巨大差异：

根据科威国际不动产公司（Coldwell Banker）提供的售房信息，2006年，位于休斯顿"一个典型的中产阶级社区"一套标准的4间卧室2.5间洗手间的住房售价约为15.5万美元。而在圣何塞，相同房屋的售价则超过140万美元。

为何在有的社区中，房屋售价是其另一个社区相似房源的近10倍？很明显，在两地建造同样房子的成本差异不可能达到10倍。建造成本很少出现如此大的差异。

面对如此巨大的房价差异，房地产经纪人有时解释道，影响房价最重要的三个因素为："位置，位置，还是位置！"从某种意义上讲，这种说法是正确的；但从另一个意义上来说，这种解释可能非常具有误导性。利斯堡和埃尔米拉的大别墅同帕罗奥图的那套房子相比，除了房屋本身的条件更吸引人之外，在城市中的位置也比后者更具有吸引力。然而，房屋所在位置也确实非常重要，毫无疑问帕罗奥图的房屋价格普遍要远远高于利斯堡和埃尔米拉。但是这一事实并不成其为解释。在现实中，房价地区差异需要有一个合理的解释。

一个地方的房价普遍高于另一个地区，原因有很多。如果某个地区的产业、收入和人口规模的发展速度都要快于其他地区，那么在房屋数量或可开发住宅土地面积一定的条件下，购房竞争自然也会更激烈。除了这些或其他需求方面的影响因素之外，来自供给端的因素同样也会对房价产生影响。限制土地使用或住宅建造，也会推高购房价格或公寓的租金。

以帕罗奥图为例，该地区的房价在20世纪70年代这十年里差不多翻了4倍，而人口总规模却略有下降，有些学校不得不关闭，因为儿童数量下降了1/3。在这十年里，加利福尼亚州整体房价大幅上涨，涨幅高于美国其他州，但同期加利福尼亚的收入增长率却低于全国平均水平。这些都强有力地证明了推动加利福尼亚房价上涨的主要原因并非来自需求端，而是源自供给端。旧金山半岛区域（包括旧金山市区和湾区以南30英里外的硅谷地区）2005年的平均房价为65.1万美元，是全国平均水平的3倍多。

总体来说，房价是全国平均水平的3倍多，并非因为该地区的房屋更豪华、更大，而是因为这里普通住宅的价格更高。由于地价极高，旧金山地区的住宅很多都是小房子。旧金山与圣马特奥郡毗邻的地区，2007年平均房价高达100万美元，而这些房屋的平均面积仅为1 760平方英尺（约163.5平方米）。而美国4居室（及以上）占比最高的几个州——包括犹他、马里兰、弗吉尼亚、科罗拉多和明尼苏达——平均房价水平都不是最高的。

换句话说，没有理由认为美国一些州的房价较高是因为这里的房屋更大。帕罗奥图的房价开始暴涨之后整整十年内都没有修建一座新房，这就是同一套房屋的成本翻了几倍的典型案例。帕罗奥图并非孤例。在20世纪70年代这十年里，圣何塞的房价也在飞涨。在此前的1969年，圣何塞的房价中位数约为当地家庭收入中位数的2.2倍。当时，圣何塞家庭收入的1/4就已经足以支付每个月的房贷，并在12年内还清房贷。而到了十年后的1979年，圣何塞的房价中位数已经上升到了当地家庭收入中位数的4倍，这意味着即使每个月拿出家庭收入的40%来支付房贷，也需要30年才能还清贷款。又过了十年到了

1989年，圣何塞的房价中位数已为当地家庭收入中位数的5倍；到2005年，这个数字已经进一步提高到7.5倍。

加利福尼亚的很多地区都有相似严格的建筑限令，房屋和公寓的价格都很高。由此看来加利福尼亚的住房拥有率一直远低于全国平均水平也就不足为奇了。如前所述，美国有些地区的房价仅为加利福尼亚房价的一个零头。加利福尼亚高昂房价的各种原因中，最重要的一个是什么？它是否也是其他地区房价暴涨的主要原因呢？

土地使用限制

美国国家经济研究局（NBER）资助的一项实证研究得出结论，美国的分区规划法（zoning laws）"与高房价高度相关"。少数地区对土地使用有着非常严格的限制，其中很多都位于加利福尼亚的沿海地带，还包括曼哈顿中心和一些散布于全国的富庶地区。总之，在这些地区，贵的是地价而不是在这些土地上修建的房屋或公寓——这里的土地价格通常都远远高于修建于其上的房屋价格。

NBER的研究结论还指出，在全国大部分地方，"房屋成本非常接近新建所需的成本"，而这些地方的"土地价格十分便宜"。NBER的研究用一个房屋成本估算的例子来说明不同地区的土地价格是怎样影响房屋总成本的：芝加哥一块0.25英亩的地会使建设成本增加14万美元。在圣地亚哥，0.25英亩的地会使房屋本身的成本增加28.5万美元；在纽约市，同样面积的地会使成本增加35万美元；而在旧金山，则会增加将近70万美元。高地价有助于解释为什么很多旧金山的房子都只建于不到0.25英亩的地块之上，这些房子面积一般都不大，而且彼此靠得很近，但这些房子通常都比在美国其他地区面积很大的地块上修建的豪宅贵。

既然人为地限制土地使用会推高成本，那么人们为何要对土地使用设置限制？一个原因就是很多选民根本就没有考虑第一阶段以后的事情：他们没能看到限制土地使用与逐步显现的诸多后果之间的关联性。另一个原因就是那些清楚看到这种关联性的人自己不用支付这些成本，甚至可以从那些为别人带来高昂成本的法律中获取经济利益。而那些拥有了自己的住房的人，也乐见其房屋升值，因为规划法限制修建新的房屋。一般有权对法案进行投票的人都是已定居于某个社区的居民，而这些约束性法令推动房价上涨的受害者则是考虑要搬来这里居住的人。这些社区中的老住户通常都在房价还很低的时候就买入了房产，其中很多家庭已经还清房贷了。

限制房屋修建的措施很多，除了彻底禁止修建任何建筑（所谓"开放空间法"），还可以设立规划委员会专门限制建筑许可的数量，政府还可以规定只能向符合规划委员会规定的设计风格的建筑或配套设施发放建筑许可。如果想开发一个中等规模的房地产项目，在开工之前，单是与规划委员会频频交涉就可能使开发时间拖延数年[①]，一再推迟项目进度则会使成本极为高昂。如果一个开发项目的资金是从银行或其他金融机构借入的，即使实际建设被拖延数月或数年，也必须一直支付利息。在房屋资源非常稀缺的地区，虽然从纯粹的经济角度看，房地产项目的盈利前景非常诱人，但是要获得规划委员会的项目建设批

---

① 2007年的一则新闻报道揭露："早先被加利福尼亚半月湾市批准的房地产开发提案在1999年被上呈至加利福尼亚海岸委员会，委员会目前仍在对该议案进行生物影响研究，考察在哪里（或是否应该）建设房地产比较合适。"茱莉亚·斯科特（Julia Scott），"有信心去购买富有争议的房产"（Trust to Purchase Contested Property），《圣马特奥郡时报》（San Mateo County Times），2007年8月17日，新闻版第1版。该项目拖了8年还没开工，这还不是开发审批时间的最长纪录。

准书需要经历旷日持久的过程，了解这点就足以让一些有开发房地产想法的人打退堂鼓了。

"历史保护"法令则禁止拆毁所有类型的建筑，即便这些建筑的历史特性还不如法令对房地产发展的阻碍显而易见。例如，在加利福尼亚州的圣马特奥郡有一个很古老的赛马场，由于赛马所吸引的观众人数一直在下降，政府计划将其拆除并考虑在原址开发住宅和商业项目。当地一些人很快就组团反对，声称这个赛马场属于应保存下来的"历史"建筑。该组织的领导人是一名女性，她承认自己从住在圣马特奥郡开始就从未踏入这个赛马场半步。在政治角力中耽搁数年之后，拆迁工作又在法庭上延误了数年[1]。"保护历史"是阻碍房地产开发的五花八门的手段中的一种。只要以合理的政治理由进行包装，辅以打动人心的言辞，就能获得更多信任这些政策且不会考虑长远影响的人的支持。

保护农田也是限制住房建造或其他房地产开发的一个理由。就好像因"保护历史"而限制开发不需要证明原址究竟是不是具有历史意义，以保护农田为由禁止修建房屋也不需要证明当地是不是真的缺少农田。《加利福尼亚土地保护法案》（*California Land Conservation Act*）为那些同意保护农业用地的土地所有者提供了大幅削减财产税的优惠政策。其他阻碍修建住房的手段还包括拒绝将供水系统接入新建房屋，理由就是系统中的水量不够，有时市政还拒绝将其他水源接入现有的供水系统。一些地区还反对改善当地的道路或高速公路，以此来阻碍房地产的开发。在加利福尼亚北部的沿海高速公路有一段被称

---

[1] 保留赛马场的一个原因是"我们相信这个赛场是圣马特奥的文化和经济中不可替代的组成部分"，德纳·耶茨（Dana Yates），（圣马特奥）《每日新闻》（*The Daily Journal*），2007年9月5日第1版。

为"魔鬼滑坡"（Devil's Slide），因为那里发生了多起伤亡事故。然而，改善该路段的提议一再受到当地居民的阻挠，因为他们不愿让自己的居所被外地人打扰。

最严格的土地使用限制就是完全禁止在某些特定的地区兴建任何房屋。这些法令常常从政治的角度出发，美其名曰保护"开放空间"，而实际上，他们真正要做的是禁止住房或其他建筑的建设。旧金山半岛上的圣马特奥郡有超过 2/3 的土地都是法令明文规定不能建设任何房屋的"开放空间"，因此该郡其他地区的土地价格远远高于那些没有如此严格限制土地使用的地区也就不足为奇了。圣马特奥郡也绝非特例。房屋禁令（"开放空间"）在旧金山半岛的其他地区也非常普遍。

这到底意味着什么？从经济学的角度来看，土地资源在各种用途上的配置并不由潜在使用者所提出的竞争性报价决定，它很大程度上会受到税收政策、农业用地转为非农业用途的法律限制以及像"开放空间"政策这样的修建禁令的影响。一旦这些或其他合法手段限制了土地的使用，其市场价值就会大幅下降。此时，一些政府机构或私人的非营利保护组织就可以花较少的钱买下该土地——所花费的金额仅相当于这些土地别作他用时的价值的一部分。例如，据《圣马特奥郡时报》（San Mateo County Times），在旧金山半岛，半岛空地信托基金（Peninsula Open Space Trust）买入了"17 000 英亩空地"，目的是"确保这些土地作为农田保存下来，而不被海岸房地产开发公司用来开发小别墅"。

总之，严格限制土地使用，价格就无法发挥引导稀缺资源在各种竞争性用途之间合理配置的作用。第三方机构只想实现自己的想法和偏好，而无视其他人的想法和偏好；实现手段也并非基于自由市场的公平竞争原则，而是通过政治手段颁布法令禁止其他人的选择，使竞争有所倾向。法律诉讼和审判结果践踏了美国宪法所保障的财产权，媒体宣传将这些房屋贬称为"小别墅"，就好像大房子不是什么好东西一样。这还只是贬低一些人想做的事情同时又支持另一些人想做的事情所常用的倾向性手段中的一部分而已。

所有者后代的声音也常被援引。在本例中，媒体引用了一位因"半岛中部区域开放空间"（official Midpeninsula Regional Open Space District）政策而受惠的当地农民的话："我有10个孙儿，有些可能以后还想继续待在这里。我们希望能尽可能久地保留这些农田。"和其他类似的例子一样，这里只宣传了一部分人的愿望但却自动回避了其他人的诉求，就好像他们后代的愿望，要比有着其他诉求和偏好的人的后代的愿望更重要。

加利福尼亚州的很多地区都有着严格的土地使用限制，而这些地区的房价都非常高。此类限制在其他地区也造成了类似的后果。而且，历史和经济原理说明了同样的情况。20世纪70年代，在这些法律和政策被推广到加利福尼亚沿海地区之前，该州房价和美国其他地区相当接近。后来，加州的房价比那些没有土地使用限制的地区高了几倍。事实上，加利福尼亚沿海地区的房价也是同州内陆山谷地区的几倍，因为这些地区要么没有这种限制性政策，要么限制的力度要弱得多。美国其他限制土地使用的地区与加利福尼亚沿海地区情况很相似，房屋售价和公寓租价都非常高。

马萨诸塞州的楠塔基特是美国第一个平均房价超过100万美元的大型社区，而该地对土地使用的限制也是最严格的。弗吉利亚的劳登郡在2001年颁布了一系列法令限制住房的修建，规定一些地区每10

英亩土地才可以修建一套住房，另一些地区每20英亩土地可以修建一套住房，最严格的地区每50英亩才能修建一套住房。《华盛顿邮报》曾这样报道："委员会昨天的行动清除了劳登地区大约83 159套房屋的修建计划。"毫无疑问，这确保了现有房屋价格的持续上涨。而本可能住进这几万套新修住房的外地人在劳登郡根本没有投票权。在限制出台之前，他们的利益本来可以在市场上得以体现：法院保护个人的财产权，所以只要所有者觉得有利可图就可以在土地上修建房屋和公寓，而当局不能出台这么严格的使用限制。

即使劳登郡的土地所有者无意修建更多的住房或公寓，但面对超过80 000人的住房需求，房地产开发商有很大动力向这些土地所有者提出报价。很明显，如果每英亩土地修建多少住房由开发商自由决定，而不受法律限制，购房者的数量就会更多，土地价格也会更高，打算卖地的业主也能赚取更多的利润。然而，这里最关键的并不在于土地所有者或房地产开发商能否做一笔好买卖，而在于一个重要的事实，即开发商可以通过满足想要找房子的人——不管是想买房子还是想租公寓——的需求来赚钱。换句话说，真正的土地竞争其实发生在想要在劳登郡买房子或租住公寓的人和该郡现有的选民之间。后者可以毫无成本地通过限制土地使用的法律，而其他人则要承受由此带来的巨大成本。

简言之，有两群人希望以不同的路径使用同一种资源。一般来说，只要产权清晰，这种冲突就能在自由市场里得到解决。而用法律剥夺部分产权会将这种竞争引入政治程序，此时，只有一部分竞争者才有权投票。产权一般被视为保护个人财富免受破坏的权利，但是从更广义的视角看，保护产权是为了服务于整个社会的经济利益，包括那些没有财产的人。就房产这个例子来说，产权也使那些租房人的利益在经济竞争中得到表达，他们没有属于自己的住房、收入也不高，但这部分人群的购买力加总起来会超过那些不希望他们进入社区的富裕居民的购买力总和。

房地产开发商这样的中介者会选择出高价同富裕的居民竞争，因为他们可以通过修建住宅或出租公寓获利。在这种竞争中，占地面积大的豪华别墅被收购并拆分为更小的单位，规模适中的房屋和公寓则被修建起来。尽管现有的居民希望社区能够维持原样，但如果法院尊重个人产权，就总会有一些住户因为受到房地产公司高价的诱惑而卖掉自己的房产。而选择不卖的居民很快会发现，不管自己卖不卖房产，周围的环境都会发生改变。当情况发展到一定阶段，留守者也可能会决定离开这里去别的地方寻找自己喜欢社区。另一种可能就是，在整个过程发生之前就通过集体行动投票通过土地使用限令——如"开放空间"法、"环境保护"政策、"精明增长"（smart growth）或以其他能激发政治共鸣的政策——来削减个人产权。

如果没有受到法律的限制，住宅和商业地产市场理应是最具活力的市场之一。在加利福尼亚州，很多现在非常繁荣的城市社区过去只是一片橘树林。西奥多·罗斯福（Theodore Roosevelt）小时候住在城市郊区，现在那里已经成为曼哈顿的中心，卡内基音乐厅就在那条街上。全国各地都是这样：穷人聚集的地方曾经一度是富人区，而随着"乡绅化"（gentrification）的发展，很多经济条件比较好的家庭却慢慢聚集到过去贫民扎堆的地方。每个人在一生的不同阶段都会经历不同的居住环境：从父母家的一个房间到大学宿舍，到工作后属于自己的小公寓，再到结婚生子后面积更大的公寓或房屋，也许等到孩子们长大离开后，还会选择住到退休社区中的共管公寓去。

商业建筑的变迁史也基本相同。最初的华尔道夫酒店为了给帝国大厦让道而被拆除，而帝国大厦就修在华尔道夫酒店的原址上。从第五大道和二十三街交汇处的第一个麦迪逊花园广场开始，该广场曾被多次拆除并易址重建。总而言之，住宅和商业建筑都不存在一成不变的理想布局结构。相反，这些建筑会随着个人以及社会经济环境的变迁不断调整。而现在，那些高档社区的居民希望借助法律和政治工具来维持社区现状。他们这样做其实剥夺了他人同样拥有的自由选择居所的权利。通常他们会用高尚的词语对这些举动进行包装，例如为"子孙后代"将一些东西"保存"下来。但这样做就相当于赋予现有居民的子孙合法的权利去阻止其他人的子孙进入这个社区。

很多支持土地使用限制的人声称，房价上涨恰恰表明这些政策保护了社区，让社区变得更好，所以需求也随之提高了。但只要土地供给受到政府的限制，房价的飞涨就无法仅靠需求自身来解释。总而言之，并不是收入水平和人口规模的增长导致了房价的急剧上涨。有一项关于美国多地房价的研究得出了如下结论：

如果不对土地供应进行限制，在那些住房需求不断增加的地区，房地产开发商可以通过盖房满足这些需求。20世纪50年代，圣何塞每年的购房需求增长近14%，到1959年房价水平仍处于人们负担得起的范围内。90年代，亚特兰大、达拉斯-沃斯堡、休斯敦和凤凰城的城市人口增加了超过90万；丹佛、洛杉矶和波特兰的城市人口只增加了大约40万；而圣何塞仅仅增加了10万。对土地使用不施加管制的地区也比那些存在管制的地区人口增长速度快。在90年代，生活在人口快速增长地区的居民依然可以承受当地的房价，而在人口增加不多的地区，房价要么一直维持在人们买不起的水平，要么开始大幅上涨，令人难以负担。

尽管在20世纪最后20年里，拉斯维加斯的人口几乎增至原来的3倍，但实际上房价中位数（剔除了通货膨胀因素后的货币价格）并没有发生太大变化。这是因为新修住房能够不断满足住房需求。当时几乎没有土地使用限制。然而，内华达州90%的土地都归联邦政府所有，当一些环保组织在21世纪初不断反对并阻止继续将联邦土地卖给房地产开发商之后，和其他限制土地使用的地区一样，拉斯维加斯的房价也开始迅速上涨。虽然拉斯维加斯的土地供应限制来自联邦政府而非当地政府，房价上涨的主要原因仍在供给端而非需求端。

保障性住房

美国政府经常表示，要实施全国性的计划为国民提供"负担得起的住房"（affordable housing）。这种想法其实误解了现实。美国并不存在全国性的高房价危机，只有部分地区面临严峻的房价问题。这些地区都出台了土地使用限令或其他限制性的建筑法规，房价由此上涨，致使大部分人难以负担。纵观历史，政府从未解决买房成本高的问题，它反而是问题的主要成因，尤其是那些限制性措施，正是这些措施导致了房屋的售价远远高于房屋的修建成本。

在严格的土地使用限制下，要提供普通人负担得起的住房实际上是不可能的。于是就产生了很多仅具象征意义的"负担得起的住房"，或是由政府提供补贴，或是立法要求私人房地产开发商必须将一定比例的房源拿出来，以"低于市价"的价格售出或租出，否则就不批准他们进行开发。以这些方式提供的"负担得起的住房"数量极其有限，因为纳税人不会愿意为金额庞大的住房补贴买单，而房地产开发商为了弥补提供"低于市价"房源所带来的损失，只能将其他房屋的销售或租赁价格提高。

通过法律或政策迫使房屋建筑商将一定比例的房源"低于市价"出售或租赁的做法有时被称为"包容性分区规划"（inclusionary zoning）。自帕罗奥图在1973年率先实施"包容性分区规划"开始，到2007年为止，加利福尼亚大约有1/3的郡和市都采用了类似的政策。《圣马特奥郡时报》（*San Mateo County Times*）上曾以头条刊登过一篇名为《保障性住房配额发挥了作用》（*Affordable Housing Quotas Working*）的新闻，其中引用了当地一家非营利住房机构负责人的话，他宣称包容性住房政策"能真正解决住房问题，使人们拥有安身之所"。然而，问题得以"解决"可能只是这些人自欺欺人的想法。帕罗奥图工作的警察，只有7%真正住在该城，这表明"包容性分区规划"所提供的"负担得起的住房"根本就没有真正解决当地人的住房问题而只是粉饰太平，假装这个真实而又严峻的问题已经找到了解决的方案。

在帕罗奥图，即便一套"低于市价"的共管式公寓，其售价也要三四十万美元，并不比美国很多其他地区的房屋市价低，低收入人群很难买得起。而那些"低于市价"的独栋大房当然只会更贵，很多中等收入的中产阶级也难以承担。

由政府提供资金补贴，专为中低收入人群修建"负担得起的住房"，这种观点误解了房地产市场的本质。该市场的组成部分并不是彼此孤立的。新的高档楼盘会卖给有钱的富人，这些人在乔迁新居之时会搬离原来的住房或公寓。这些有钱人搬到最新、最奢华的楼盘之后，中产阶级就可以搬进被腾空的住宅。同样，低收入人群会搬入中产阶级腾出来的更好的住房。这种连锁反应意味着住房供应的增加不仅可以降低该种楼盘的售价，还能降低房产市场整体价格和公寓出租价格。

这种连锁反应通常都不会拖延很久，因为在购买新房并腾空原来的住房（不管是房屋还是公寓）之后，房主出于金钱上的考虑会尽量缩短原有住房的空置时间，因为尚未售出的房子或尚未出租的公寓不会带来任何收入。正因为存在这样的连锁反应，现在被工薪阶层占据的房屋或公寓并不一定一开始就是针对该人群修建的。通常这些房源过去是以较高收入阶层为目标对象的，而当这些房屋上了年头，更新、配备更多现代设施的新楼盘建成之后，这些人就会搬离。例如，在20世纪初，纽约的哈林区（Harlem）还是中产阶级白人聚居的地区，但在20年之后就变成了工人阶层黑人的居住区。

随着时间的推移住房在不同阶层之间流转的附加后果之一，就是人们常常会用"老街坊都在走下坡路"这样的哀叹来评论所有人住房条件的改善。一个社区不仅会逐渐老旧，住户也会渐渐被社会经济地位更低的阶层所替代，这些阶层通常都不如原来的住户有教养。尽管很多人都有这种感叹，但不管怎样，各个阶层的住房条件都在改善。而各种土地使用限制都试图终止这种住房流转，使高档社区的居民受益。

尽管很多人都觉得政府的干预是提供"负担得起的住房"的必要手段，但历史经验和经济学原理却不支持这样的观点。在政府大规模介入房地产市场之前，人们投入住房的收入比例较小，尽管当时的收入水平普遍较低。1901年，美国人的住房成本收入比要比一个世纪后的低得多：1901年为23%，2002—2003年则为33%。纽约人在1901年会将收入的24%用于住房，到了2003年则要38%，而此时的人均实际收入是1901年的4倍。在20世纪70年代加利福尼亚实行严厉的住房修建管制之前，当地的房价水平比现在低得多，与其他地区的房价十分接近。就像为富人修建新住宅会使所有阶层的房价降低，住房限制同理也会提高所有住房的房价，包括那些人们曾经买得起的房屋。

总之，不能指望政府去提供"负担得起的住房"，实际上，房价高涨通常都是政府干预所致，特别是那些以限制房屋修建为形式的管制。

对人的影响

土地使用限制反过来会造成房价上涨，以致很多人无法负担，其中就包括每个社区雇用的人员，例如教师、护士和警察等。当这些社区的房价狂涨，这些人中很少有人的收入能够让他们在工作所在地居住。前面已经提到过，在帕罗奥图只有7%的警察居住在城中，而有近1/4住在旧金山湾区的另一端。《经济学人》杂志上的一份研究表明，护士的平均收入可以负担得起两居室的公寓。在达拉斯、波士顿或者芝加哥，租房费用约为收入的30%；在华盛顿，护士们需要把收入全部拿出来才能租住同样的公寓；而在旧金山，护士的平均收入还不到租房所需的75%。据《纽约时报》，在纽约，"刚参加工作的消防员或警察，他们的收入负担得起的公寓供应数量，在2002年到2005年这三年时间内急剧减少了20.5万套。"

低收入人群所受到的冲击尤为严重。例如，根据旧金山在1990年和2000年的人口普查数据，当地的黑人人口数量从79 000人减少为61 000人，而总人口在同期却增加了50 000人。与之类似，在同样的时间里，圣马特奥郡附近的黑人人口从35 000人以上减少至不到25 000人，而该郡的总人口在同期增加了约50 000人。尽管自始至终，这些地区的人一直都在呼吁"多元化"和"负担得起的住房"，但这两点都很难实现。

旧金山的高房价使很多人被迫搬到位于湾区另一边的奥克兰或阿拉梅达郡。但一段时间之后，阿拉梅达郡增长了的住房需求使房价也开始上涨，于是很多人连那里的房子也住不起了。为了找到负担得起的住房，他们只好搬到更远的内陆地区去，如康特拉科斯塔郡或更远的地方。《旧金山纪事报》（*San Francisco Chronicle*）2003年就登载了这样一个故事：

每个工作日的早上4点30分，弗兰克·蒙哥马利（Frank Montgomery）都会从他的新家出发，开车70分钟到阿拉梅达郡的苏诺尔滤水工厂工作。

这样的通勤绝非特例，而且还呈现出不断增多的趋势。美国人口普查局的数据显示，从1990年到2000年间，住在远离湾区的7个郡却要到旧金山湾区附近的9个郡上班的人口增加了49%。《旧金山纪事报》写道："他们中的很多人要忍受在拥堵的高速公路驾驶数小时（单程）。"从如此遥远的地方出发，应该多早出门呢？当地一家报纸采访了很多居住于康特拉科斯塔郡东部的通勤者，他们说通往旧金山湾区的高速公路总是拥堵的，"从早上5点20分开始就堵得走不动，这种情况会持续4个小时"。加利福尼亚房地产经纪人认为即使这些长途奔波的通勤者每天都要在高速公路上花3个小时，也必须"开车上下班，直到你能够"买得起更近的住房。

住房距离会在房价差异中得以体现：2005年时，旧金山的平均房价约为79万美元；在对面的阿拉梅达郡的湾区，平均房价为62.1万美元；而在阿拉梅达郡另一边的康特拉科斯塔郡，平均房价为57.5万美元。在更远的峡谷地区，当地销售经纪人表示，在新开发的住宅区寻找住房的人多为"原来的湾区居民，而他们对只花不到30万美元就能住上2 000平方英尺（约185.8平方米）的房子感到非常兴奋"。甚至加利福尼亚中央峡谷地带的人口也开始快速增加，因为有很多人从旧金山城内和附近搬到这里居住。于是这里的房价也开始大幅上涨，虽然还没有到加州沿海地带那么高。在短短五年时间里，距离旧金山一百多英里之远的默塞德郡，平均房价也从9.6万美元涨至16.6万美元。

在过去几十年里，旧金山湾区附近的黑人大量向外搬离，从房价最贵的地区搬到不那么贵的地区。这就是经济原因导致人口搬离的一个标志，因为生活在旧金山和圣马特奥郡的黑人数量在十年内急剧减少，洛杉矶、马林郡、蒙特雷以及其他加州沿海地区都呈现出相同的趋势；但与此同时，加州内陆地区的黑人人口却大幅增加。1990年至2006年，旧金山的黑人数量减少了35%，与之毗邻的圣马特奥郡的黑人人口也减少了33%。在湾区另一头的阿拉梅达郡，黑人人口减少的幅度相对较小，约为16%；在阿拉梅达郡旁边的康特拉科斯塔郡，黑人人口规模增加了23%；在比康特拉科斯塔郡更靠近内陆的索拉诺郡，黑人人口增长了28%；而在更远的纳帕郡，同一时期黑人人口数量增加了104%。

更远的峡谷地带原本是白人聚集区，据预计那里白人人口很快就会被少数族裔取代，并成为只有少数族裔聚居的地区。

租金管制

很多人觉得租金管制能够解决住房问题。租金管制与其他形式的价格管制具有相同的经济和政治特点。这种手段的政治优势在于该目标能够吸引很多人——这些人通常会被政策的目标所吸引，而不去思考要实现这种目标会面临的激励和约束因素及其引发的后果。目光短浅的人会觉得租金管制措施极具吸引力，因为管制的积极影响会马上兑现，而负面影响则会在很久之后才逐步浮现，持续几十年甚至影响几代人。

价格管制通常会产生如下后果。(1) 市场短缺：人为控制所形成的低价会使需求提高，而供给减少；(2) 质量下降：短缺使得卖方没有动力维持商品或服务的高质量；(3) 黑市的出现：合法的管制价格与人们愿意支付的实际价格之差高到足以诱惑一部分人违法。从世界各国的经验来看，几个世纪以来，无论是君主制国家、民主国家还是极权主义独裁国家，只要通过法律或行政命令将某种商品和服务的价格控制在一定水平之下，就会反复出现同样的后果。因此当房地产市场出现租金管制时，出现类似的后果也就不足为奇了。

也许经济学中最基本的原理之一就是人们在低价时会比在高价时买得更多，而租金管制让人们对房源的需求比没有这种管制时多。

2001年的一项研究显示，旧金山受房租管制的公寓中，约有49%仅有一人居住。纽约市和瑞典这些存在房租管制的地方也出现了类似的情况。租金管制法导致房源短缺的一个原因是，相较于竞争市场，有更多人占据了更大的住房空间。而在竞争市场中，他们则需要与那些住房需求更为急迫，或有两份收入的人竞价。

房源短缺的另一个原因就是租金水平较低时，房子的供给也会较少。租金降低，开发商通过租金收回成本的能力就会降低，房屋修建的数量就会减少。如果租金管制法非常严格，新建的住宅可能根本不会出现。最后只剩下政府提供补贴的房屋，它们的实际成本和租金收入之间的差额是由纳税者来买单的。因此，随着时间推移，租金管制的后果之一就是平均房龄越来越大，因为新修住房在不断减少甚至完全消失。

一项2001年在旧金山进行的研究发现，超过3/4的受租金管制的住房是建筑时间超过50年的老房子，44%的住房房龄已超过70年。第二次世界大战结束后的头9年，澳大利亚的墨尔本没有兴建一栋新建筑，因为租金管制法让开发商觉得修建房屋无利可图。马萨诸塞州禁止租金管制的法律出台后，一些地区终于在25年之后重新开始修建住宅。

租金管制法通常不适用于办公建筑。所以在那些因租金管制而无公寓可租的城市，办公建筑空间却非常充足，写字楼的空置率非常高。还有些地方，奢侈性住房不受租金管制法管制，因此房屋建设的方向和资源都从为普通人修建一般的住房转变为为富人修建高档住宅。一项针对欧洲各国租金管制的研究得出结论："在调查涉及的所有欧洲国家，无政府补贴的私人住房，除了豪华住宅几乎没有任何新的投资。"这种向高档住宅的转向有助于解释关于租金管制的一个超级悖论——进行租金管制的城市租金水平一般都会高于那些没有租金管制的城市。纽约几十年来实施了严格的租金管制，但却有着全国最高的公寓租金水平。在纽约，租金在每月 2 000 美元以上的空置公寓不受租金管制条例的约束，约有一半的公寓需要受到约束。

租金管制不仅降低了人们修建新住宅的动机，还降低了人们维护现有住宅的动机。粉刷、维修和其他保养活动都需要花钱。在竞争性市场中，房东没有其他选择，只能花钱去做这些事，否则就无法吸引租户。然而在租金管制下，想租房的人比房源多，维护公寓的外观并保证供暖系统和其他系统的正常运转也就没有必要了。总之，现有的房屋老化得更快，因为租金管制使得房屋维护减少，更新的速度也更缓慢。租金管制法使可供租住的房源不断减少，这在美国很多城市以及加拿大和其他国家都有所体现。

这些法令降低了房东和租户的福利，因此双方都有动机寻求法律之外的解决方式，也就是黑市。租金管制下常见的一种黑市活动就是向房东或公寓管理员行贿，使自己能够排在等待名单中最靠前的位置。其他非法活动还包括当公寓楼服务成本超过法律规定的租金收入之后，房东就将公寓废弃。纽约市政府发现在城市里存在几千座废弃建筑，房东都躲起来以逃避损失。这些建筑中有很多都被封禁了，其实只要加以维护，这些建筑仍然可供居住。其实这些废弃建筑完全足够容纳所有因无家可归而露宿街头的人。

尽管通常认为租金管制措施能够保护租不起房子的穷人，但只有那些从一开始就占用房源的穷人才能从中获益。已经租好房子的住户，无论贫富都能从租金管制中获益。而那些没有房子却想租房的人如果也希望从该政策中获益，就只能等已经租到房子的亲戚或朋友去世或搬离后将房子转租给他。还有些想租房的人会贿赂之前的租客，以得到房租受管制的公寓。无论怎样，这种政策实施时，租户的实际收入与租金管制所带来的福利之间的关系并不像人们想象的那样。2001年，居住在旧金山租金管制公寓中的住户，有超过1/4的家庭收入都在10万美元以上[①]。

"创新"融资

住房抵押贷款的利率水平是影响房地产市场的关键因素之一。因为住房抵押贷款需要同金融市场上的其他信贷方式竞争，所以抵押贷款利率会随着其他贷款利率的波动而上下浮动。所有贷款利率都受联邦基准利率影响，而联邦基准利率是由美国联邦储备系统（Federal Reserve System）根据对经济整体状况的评估而确定的。这意味着住房抵押贷款利率和其他利率一样，长期来看变动范围很大，有时在短期内也会大幅波动。例如最常见的30年期住房抵押贷款，其利率水平在1973年时为8%，1983年时提高到了18%，随后该利率一直呈逐年降低趋势，尽管有时仍会出现小幅波动，2005年时已降至6%左右。

在房地产市场上，贷款利率水平上下浮动一两个百分点就可能对购房成本产生巨大的影响。贷款利率水平为6%时，总额50万美元的30年期抵押贷款每个月还款额约为3 000美元。但如果利率水平仅为4%，每个月的还款额则不到2 400美元。每年的住房成本在这两种利

---

① 该数据来自第一个从实证角度研究旧金山市租金管制情况的报告。1979年租金管制开始之后，这些法律连续执行了超过20年，尽管从政治角度看，这些政策获得了极大的支持，却鲜有针对其实际经济和社会影响的深入研究。

率水平下的差额超过了 7 000 美元。从另一个角度来看，如果一个人在利率水平为 6% 时可以购买一套价值为 50 万美元的住房，那么利率水平变成 4%，每月还款额不变，这个人可以购买一套价值 60 万美元的住房。

人们在购房时所能承担的贷款规模会受到利率水平的影响，因此低利率会使更多人购买房屋而不是公寓，对高价房屋的需求也会相应提高①。而这又会导致房价在利率水平较低时升高。在加利福尼亚房地产繁荣的高点，圣马特奥郡的房价在 2005 年 3 月每天上涨 2 000 美元。房价的快速上涨又使购买者寻求、贷款者提供各种新的方法来降低住房抵押贷款的月还款额。

降低月还款额的一种方法就是借入无本金贷款（interest-only-loan），也就是每个月只用偿还贷款的利息，但贷款总额本身并没减少。不过，这种无本金贷款通常只能用于贷款的头 3 到 5 年，此后还款金额就会提高，因为要偿还贷款的本金部分了。这种贷款方式适合于那些预计自己的收入水平会逐步提高的购房人群，他们在后面的年份里能够负担更多的还款。

无本金住房抵押贷款在 21 世纪初一度非常流行，当时美国的利率水平异乎寻常地低。这些贷款的利率通常是浮动的，也就是说如果整体经济的利率水平上涨至更正常的水平，抵押贷款的还款利率也会随之上调。这种贷款的按揭还款额因此会不断提高，甚至在偿还本金之前就已经开始了。利率水平升高再加上需要偿还本金，每月的按揭还

---

① 另外一种负面影响就是促使人们找新贷款来偿还已有贷款，因此利率水平会被推高。这种重新贷款的情况在 2000 年到 2004 年期间猛增，但随着利率水平从极不寻常的历史低位逐步升高，重新贷款规模也大幅减少。可参考 Matthew Miller, "A Visual Essay: Post-Recessionary Employment Growth Related to the Housing Market", *Monthly Labor Review*, 2006 年 10 月，第 24 页。

款额可能已经翻了一倍。

很多购房者被这种高风险的贷款方式所吸引,不仅仅是因为无本金贷款能让他们在收入还无法负担较高购房成本时就能买房,他们还能通过这种方法在还清贷款之前将房屋变为个人资产。他们之所以这样做,是因为很多地方的房价涨幅惊人,尤其是加利福尼亚。如果购房者用无本金浮动利率抵押贷款买入总价 60 万美元的住房,在头 5 年可以不用偿还任何本金。在这些年间,房屋升值为 80 万美元,购房者的个人资产就增加了 20 万美元。这就意味着即使购房者没有能力在只支付利息的阶段结束之后承担更高的按揭还款额,也可以将房屋转手卖掉。偿还了 60 万美元的抵押贷款之后,手里还能剩下 20 万美元的净利润[①]。

所有这一切都基于一个假设:房价会持续上涨。如果房价保持不变或下跌,还款金额变大而收入却没有相应的提高,购房者就不得不放弃该住房。此前已还的货款实际上就变成了租金,买房时支付的首付款则成了他们的金钱损失。收入一般的人通常很难承担这样的损失,而他们也正因为收入有限才选择这种高风险的融资方式购房。

21 世纪初,多地区房价的快速上涨致使越来越多的人尝试这些"创新"且高风险的方法来购买住房。在美国,2002 年只有不到 10% 新增购房贷款为无本金抵押贷款,但随着房价上涨,2005 年该比例已增至 31%。这种融资手段在房价特别高的地方尤为普遍。《纽约时报》

---

① 将房产变成个人资产的另一个好处在于,随着房价上涨,可以再次抵押房产获得贷款,这样就可以将资产升值变现并马上用于消费。例如,如果 60 万美元买入的房屋升值为 80 万美元,购房者就可以将房屋作为抵押物,再次获得 20 万美元的贷款,然后用一半去偿还最开始的抵押贷款,将住房抵押贷款总额降至 50 万美元,以降低每月的按揭还款额,而且还可以留下 10 万美元用于其他消费。1999 年 1 月到 2006 年,美国的房屋所有者总计从房屋资产中提取了 26 万亿美元。Damon Darlin, "Mortgage Lesson No. 1: Home is Not a Piggy Bank", *New York Times*,2006 年 11 月 4 日,C1 和 C6 版。

报道:"在加利福尼亚的大部分城市,以及丹佛、华盛顿、凤凰城和西雅图,在 2005 年发放的所有抵押贷款中,无本金抵押贷款的占比超过了 40%。"在旧金山湾区,房价涨幅尤为惊人,无本金抵押贷款在每年新增贷款中所占比例也从 2002 年的 11% 提高到了 2005 年的 66%。

基准利率在 21 世纪初降至历史最低之后,从 2004 年开始,美国联邦储备系统将利率水平从 1% 左右逐步提高到 2006 年的 5.25%。利率水平走高使得购房需求下降,房价也开始稳定并下降。与此同时,高利率水平还增加了浮动利率抵押贷款的月还款额,使很多利用这种高风险贷款模式获得资金的购房者在财务上陷入了危险的境地,他们再也不能通过高价售出住房来解救自己。2006 年,美国的平均房价十几年来第一次下降,而且跌幅之大创造了纪录。到了 2006 年 9 月,加利福尼亚抵押贷款止赎率位居全国之首,旧金山和圣马特奥郡附近地区房屋止赎率比前一年翻了一倍,而湾区另一边的阿拉梅达郡房屋止赎率为去年水平的三倍以上。

2007 年,《纽约时报》报道说:

利用浮动利率抵押贷款购入理想居所的几百万房主很快就要面临清算了。

还款利率不断调高。对于一部分贷款者而言,2004 年或 2005 年签定贷款协议时完全负担得起的每月按揭还款额,现已接近甚至超过他们的极限……

但要知道:贷款发放者并不想被收回的财产所困。他们需要维护收回的房产并在公开市场上拍卖,这通常都意味着损失。有些行业分析师认为，每取消一笔贷款，银行平均需要承担4万美元的损失。

即便如此，2007年加利福尼亚州被银行收回契约和所有权的房屋总数增加了800%！总之，不断提高的住房抵押贷款止赎率表明借方和贷方都发现自己已经无路可退。2007年6月，美国全国的贷款止赎率已经比前一年提高了87%。在旧金山湾区，止赎率在一年之内增长为过去的三倍。金融机构因止赎前的大量违约而受到沉重的打击。美林银行（Merrill Lynch）因为与抵押贷款相关的交易损失了79亿美元。据《华尔街日报》报道，在遥远的德国，政府已开始对因"美国次贷危机蒙受巨大损失"的德国工业银行（Deutsche Industriebank）开展救助。

另一种为购房者提供资金的"创新"方法就是发放没有首付的贷款。和无本金抵押贷款一样，这种方法也降低了初始所需的现金支付额。但是，与支付首付款的贷款相比，要购买价格一样的房屋，使用这种方法的购房者需要承担更重的抵押债务，因此每个月的按揭还款额会更高。某家私人研究机构的代表在研究了加利福尼亚经济后表示："对有些人来说，买房唯一的方法就是承担更重的债务且首付额更低。这是一个可怕的迹象。"除了一些具有一定风险性的权宜之计，无首付贷款在房价高企的加利福尼亚房地产市场尤为常见，尤其是首次置业者。加利福尼亚2000年无首付贷款在所有住房抵押贷款中的占比尚不足5%；然而到了2006年，该比例提高到21%。如果是该州的首次置业者，这类贷款在所有抵押贷款中所占的比重高达40%。一位房地产专家指出"有些看起来很时髦的融资方式"导致了止赎率大幅提高。

在房地产市场由盛转衰之后，有一些政治呼声要求政府"采取行动"帮助这些陷入高风险债务的购房者。"我们的心与这些人同在，"南旧金山的市长公开表示，"这不公平，我认为他们是被迫陷入这种难以摆脱的困境的。"这些人中在 2004 年需要为浮动利率抵押贷款支付 6.5%，到了 2007 年却需要支付 12%，月还款额因此大幅提高。简而言之，政客此时开始将自己塑造成救世主，但陷人于高风险交易的罪魁祸首，正是当地政府推出的土地使用管制政策和美联储的低利率政策所造成的高房价。不过那些不习惯考虑长远影响的人是不会把这些看似独立的因素串联起来的。

公寓和共管式公寓

由高档住宅构成的社区通常租金水平非常高，因为这种地段的土地成本通常较高，而人们也都更想在这种社区居住。然而，比较购房成本和公寓的租住成本我们会发现，在短期内两者的变化趋势不尽相同，有时甚至完全相反。

21 世纪初，低得不寻常的利率水平降低了购房成本，但对公寓的租住成本影响很小甚至没有直接影响[①]。在低利率时期，人们在权衡住房方式时会更倾向于购买。因此在 21 世纪的头几年，旧金山湾区很多地方的公寓入住率都有所降低，因为低利率吸引很多人搬进了独栋住房。

---

① 低利率从长期来看可以降低为修建公寓借入资金的债务成本，因此能够增加房源供给并使租金水平下降。但是修建公寓楼需要的时间通常都比盖一座独栋住房要长得多，因此在其他条件不变的情况想，公寓房供给水平的提高和租金降低具有一定的滞后性。但是其他条件不可能一直保持不变，因为随着人们拥有了属于自己的住房，并从公寓中搬出，开发商兴建公寓的动力也会相应地减弱。

人们搬离公寓住进独栋住房时，对公寓的需求就会下降，因此房价不断上涨时，公寓的租金却在降低。尽管在严格的建筑管制下，各社区的房价和租金都比全国平均水平高，但是两者的短期变动却呈现相反的趋势。从全国范围来看，房价和公寓租金都在1996年到2006年间不断提高，但是公寓租金与房价的比率却在下降，因为房价翻了一倍多而公寓租金只上涨了48%。

在旧金山湾区很多社区的房价普涨之际，旧金山半岛一些社区的公寓平均租金从2001年每月1 900美元的峰值水平下降至2005年的每月1 300美元。与之相反，在互联网泡沫破灭给房价的疯狂上涨浇了一盆冷水后，当地房价从2006年开始下跌，而这些社区的公寓租金水平却首次开始上涨。圣何塞以及湾区其他地区的公寓租金涨至每月1 500美元，入住率也在不断提高，"特别是在大学和就业中心附近"。（《旧金山纪事报》）

在旧金山本地，2007年8月一居室公寓的平均月租约为1 980美元，而两居室公寓则为每月2 900美元，三居室公寓为3 800美元。和独栋住房一样比，旧金山的高房价和高租金并不意味着居住条件奢华。《旧金山纪事报》（*San Francisco Chronicle*）曾报道，一位研究生为了寻找居所，"走访了一家又一家定价奇高的简陋棚舍"。"开放空间"的漂亮话带来了一系列非常丑陋的经济现实，而这些现实却被那些短视的人所忽视。旧金山并不是特例。圣何塞的租金水平也在一年内提高了12%。

共管式公寓（condominium）的价格与房价的变化方向趋同，但这种公寓的开发商所承担的风险更大。据《华尔街日报》报道：

对于独户住宅，"（开发商）首先修建一些样板楼，出售合约签好之后再盖剩下的部分"，佐治亚州诺克罗斯市里德建筑数据公司（Reed Construction Data）的研究部主管詹姆斯·豪伊（James Haughey）说，"但在售出共管式公寓楼中的一套公寓之前，必须要建好整栋大楼。"

像 2006 年，很多共管式公寓在建设过程中遭逢房地产市场巨变，公寓的销量下降，建筑开发商的财务状况也随之恶化。在旧金山湾区，有些共管公寓的开发商只能求助于拍卖以尽快售出这些公寓。原先定价为 40 万美元的公寓，在拍卖中的起始报价仅为 25 万美元。共管式公寓的开发商通常都希望在建筑完成之后尽快偿清为建筑融资而背负的债务，但如果在相对较短的时间里无法售出足够多的公寓就不可能有足够的资金来还债。因此房地产开发商面临的问题也就变成了贷款出借人的问题。如果无法顺利收回债务并遭遇止赎，借方就会蒙受资金损失，即便在经济状况较好的时期也不能例外，若是共管式公寓销售不旺，问题就更为严重了。

在房地产繁荣期，用于修建共管式公寓的银行贷款大幅增加，从 2003 年的不到 100 亿美元上升为 2005 年的 200 亿美元，而到了 2006 年，该数字进一步增加到超过 300 亿美元。但 2006 年房地产市场的突然暴跌让借款人无法偿还债务，从而给出借人带来了巨大的损失。芝加哥的科鲁斯银行（Corus Bankshare），曾是最大的共管式公寓贷款机构。而在这次危机中，该银行的"不良资产"在短短一年内从 62 万美元增加到 2.42 亿美元，上升了近 400 倍。

正如豪宅、适合中产阶层和工薪阶层的住房市场并不是互相封闭的，独栋住房、出租公寓和共管式公寓之间也并非相互独立。一栋住宅建筑可能是普通出租公寓，也可能是共管式公寓。随着房地产市场行情的变化，两者之间也可以相互转换。在2006年的房价下跌之后，据《华尔街日报》2007年报道：

> 更多为买房竭尽全力的人重新加入了租房大军，还有人因信贷收紧而推迟购买住房。与此同时，在现有出租公寓转变为共管式公寓的趋势盛行多年之后，情况发生了逆转；一家总部设在纽约的研究机构真实资本分析公司（Real Capital Analytics）指出，这种"逆转"意味着共管式公寓又重新变回出租公寓。2007年第二季度，共管式公寓转变为出租公寓的数量超过了出租公寓转变为共管式公寓的数量，这种情况是20世纪80年代以来第一次出现。

住房"改革"

一个多世纪以来，政治和社会运动在很多国家推动出台了一系列法律和政策，这些法律和政策践踏了租户、房东、房地产开发商、购房者和其他住房市场参与者的选择。其中最常见的干预措施就是"清除贫民区"（slum-clearance）项目。其他的干预方式还包括阻止"城市扩张"（urban sprawl）以及促进或防止出现种族隔离的居住区的法律。

清除贫民区

政府主导拆除被第三方观察者认为有碍观瞻的破旧住房，这在19世纪被称为"清除贫民区"，在20世纪则被称作"城市重建"（urban renewal）。这些行动让大量低收入的租户流离失所，却美其名曰"为他们好"。然而，所有这些行动、费用以及对居民的打扰是基于一个关键但毫无依据的假设，即置身事外的第三方观察者比这些低收入租户更了解什么才是对他们好。

19 世纪的"清除贫民区"行动并没有创造出新的居所，而 20 世纪的"城市重建"计划所创造的安身之所也少于它所拆毁的，而且很多新住房的租金超过了这些流离失所的租户所能承受的水平。其最终结果是限制而非扩大了低收入房客的租房选择面。不管记者或社会改革者们多么厌恶原先的居住坏境，但很明显，如果负担得起且不影响自己的其他目标和需求，这些租户早就搬到更好的居所了。

19 世纪著名的改革派记者雅各布·里斯（Jacob Riis）注意到，很多犹太移民都聚集在纽约市拥挤的下东区，因为住在这里能够省下一大笔房租。省下来的钱本可以租下更好的住房，所以这些人的目标明显不是住最大、最舒适的房子或享受最完善的配套设施。"清除贫民区"行动迫使他们搬到第三方观察者眼中更舒适的住房，而上涨的租金则要由租户而不是这些观察者来承担。这样一来，租户就不得不牺牲其他目标和追求，如寄钱给远在欧洲受到经济剥削、社会迫害和暴力威胁的家人。

大部分在 19 世纪末 20 世纪初越过大西洋来到美国的犹太人，是依靠他们已经生活于美国的家人资助才得以成行的。在更早的时候，爱尔兰人也是以同样的方式来到美国的，他们也住在贫民区中，用省下的钱解救被欧洲 19 世纪 40 年代大饥荒折磨的家人。就是依靠这样的方式，几百万爱尔兰人来到了美国。

毫无疑问，早期的犹太移民生活在极为拥挤的廉租房中，那种生活条件在当时大部分美国人的眼中非常可怕，放到现在来看简直难以置信。在曼哈顿下东区被犹太贫民窟占据的时期，那里每平方英里居住的人口是100年后成为其他低收入人群聚居区时所容纳人口的3倍。在这个19世纪的犹太聚居区中，有一半的犹太人住在3~4个人共住的房间中，还有接近1/4的人挤在5人间里。而且在19世纪中期的贫民区，厕所并不在室内，而是位于住宅楼后面的院落或小巷中。到了19世纪末，自来水（水龙头和厕所）才得以接入住宅楼供房客共同使用。1894年，近4 000个公寓房间只配有51个私人厕所，在超过25万租户中，只有306人的家里配有浴缸。

生活在这些贫民区的人并没有考虑眼前的生活环境，他们满怀对自己和子女在美国美好未来的憧憬。他们用省下的钱为未来打下了基础，极大地改善了自己的生活境况，这种改善远远超过了当时大部分人的想象。"清除贫民区"迫使这些聚居在贫民区的房客用他们辛苦攒下的收入去租住更好的住房，并让第三方观察者感觉更好。其实这些租户早就可以搬进更贵的房子，他们没有这么做只是因为他们认为不值得牺牲其他目标来改善生活环境。

与此同时，意大利移民（大部分都是男性）也在纽约一些破旧的房屋中勉强度日，这里的居住环境根本不比欧洲其他城市和南美地区的住房强多少。然而，通过省吃俭用、忍受艰苦的生活条件，他们可以将节约下来的钱寄回意大利，维持家人的日常用度，直到他们攒够了钱让自己回到意大利过上更好的生活，或是把家人接到美国或其他地方团聚。不管怎样，这些移民及其家人的经济状况会在这些年里得到改善。但当社会改革者通过政府的力量，强迫他们支付更多钱住在他们暂时并不想选择的更大、更好的房子里时，这些移民就无从改善自己未来的生活。在后来当"城市重建"行动兴起的时候，其他少数族裔人群也被迫搬离住所。一项有关20世纪50年代城市重建计划的研究发现，在被迫搬离的人群中，有2/3是黑人和波多黎各人。

通过牺牲其他方面的福利来改善人们某方面（如住房）的境况总是可能的，然而第三方观察者根本看不到这些被牺牲的东西。通过政府的力量推行"清除贫民区"计划其实与居民的意愿相悖，因此这些行动最终并不能给这些人群带来福利。如果贫民区从未被清除又会怎样呢？检验这个命题的方法之一就是考察19世纪另外一批穷困潦倒的群体——刚刚从美国南方地区获得自由的黑人。他们同样生活在条件简陋的住房里，但却被当时的社会改革者所忽视。

美国内战结束之后，黑人仍旧生活在过去那种地板脏乱的小木屋里，与奴隶时期并无不同。当时，玻璃窗这样的先进设施对这些过去的奴隶来说几乎是闻所未闻。然而，在没有人为改善南方黑人生活环境而奔走的情况下，来自市场的压力却推动了黑人居住条件的改善。不仅仅是黑人自己购买或租住的房屋越来越好，白人土地拥有者也会给这些为自己工作的黑人劳工或佃农提供更好的住房。为了争夺劳动力，为黑人提供住房的白人雇主必须改善黑人家庭的住房条件。劳动力的争夺还提高了黑人的工资水平，让他们有能力购买或租住更好的房屋。小木屋被正规的结构房屋所取代，脏乱的地面也铺上了厚木板，到了世纪之交，还出现了玻璃窗。在20世纪初，美国内战结束时的黑人住房几乎完全消失了——没有借助"清除贫民区"行动或任何其他住房改造运动。

种族和民族隔离

特定族群聚居在一起并与他人隔离开来是一条规律而不是特例，几百年来世界各地都是如此。族群的差异无论是肉眼可辨的（例如美国的黑人和白人），还是肉眼不能分辨的，这种现象都非常普遍。

有时一些人群会自发聚居在一起；有时他们聚居在一起只是因为别的群体不愿和他们成为邻居；还有一些时候，是行政命令要求他们住在单独的区域。"犹太人区"（ghetto）这个词最早产生于几个世纪以前的欧洲，意指被政府限定的犹太人聚居区，有时还会修建在夜晚封锁起来的围墙。尼日利亚的伊博人（Ibos）也被限制在尼日利亚北部被隔离起来的区域，即使伊博人和其他尼日利亚人都是黑人，很难凭外貌分辨出来。在更早一些时候，东南亚的华裔人士同样只能住在被当权者划定的区域内，不许他们同当地人以及来自欧洲的领主混居。

即便法律允许人们根据自己的意愿选择居住地，聚居区仍会出现。在20世纪末的巴西，人群被划分为"棕色人种""黑人"和"白人"三类。相对于"棕色人种"和"白人"，"棕色人种"与"黑人"聚居区之间隔离得更加彻底。与之类似，在20世纪末期的美国，"为了完全融入美国的北欧族裔群体，51.6%的南欧后裔都需要重新寻找合适的居住地点。"

"隔离"（segregation）一词既被用来形容自发性的聚居，又被用来描述被当局强制实施的居住隔离。从严格的意义上讲，该词专指后者。有时有些人聚居在一起是因为特定群体无法在其他群体的居住地取得认同，甚至完全不能被忍受。但即使是在同一个种族或民族内部，也会出现社会性的集聚效应，也会存在不同的组合。例如，在21世纪大部分时间内，曼哈顿的黑人基本上都聚居在哈林区，因为别的社区不太欢迎他们。然而，即便是在哈林区内部，黑人间也自发地根据收入、教育以及从南方搬来的时间进一步分住在不同的聚居点。更有钱的黑人多居住在哈林区的外围，使该社区向周围的白人社区扩张。欧洲移民占据纽约下东区时的情况也非常类似，当时波兰、匈牙利和罗马尼亚的犹太人聚居点都与较大的犹太人区互相分离。

很多人都不希望看到种族或民族聚居区，认为这是一个需要"解决"的"问题"。但是相同的文化、血缘和语言让这些人更愿意和同类人住在一起，哪怕其实他们有机会住到其他地方。

仍旧用母语交谈的移民家庭倾向于住在能以他们熟悉方式与同胞进行交流和互动的地方。即便他们的经济情况已得到改善，并能够搬去本地人聚集的繁华地段居住，他们仍会选择继续留在原来的住所。而这些移民的第二代、第三代等更加适应本地文化，更乐于搬离同胞聚居点，进入规模更大的主流社会，而这时主流社会对于他们的到来也没有那么抵触了。

随着时间推移，种族和民族内部的变化可以改变主流社会对他们的接受度，因为与这些人来往的成本发生了改变。上溯至 19 世纪，很多人都不欢迎爱尔兰移民成为自己的邻居，这不仅源于"认知""刻板印象"或其他主观因素。在大量爱尔兰移民涌入美国城市之前，霍乱并不为人所知。19 世纪 40 年代初，霍乱在波士顿大肆流行，而几乎所有的疫情都出现在爱尔兰人居住区。同样的疾病也在纽约的爱尔兰定居点周围肆虐。肺结核和酗酒也出现在很多城市的爱尔兰社区中。而爱尔兰邻居还难以交往。在纽约，被爱尔兰人占据的第六区被称为"血腥第六区"（the bloody ould Sixth）；而另一个主要的爱尔兰聚居区被称为"地狱厨房"（Hell's Kitchen）。还有一个地区被称为"圣胡安山"（San Juan Hill），因为这里经常发生暴力事件，使人联想起美西战争中著名的圣胡安山战役。

在其他城市，爱尔兰的集聚地附近也常被冠以类似的名称，原因也大同小异。抗拒爱尔兰人搬到附近并不只是因为莫名其妙的"认知"或"刻板印象"。然而，随着爱尔兰移民后代的慢慢改变，人们对他们的态度亦有所转变，这种变化不仅反映在住宅区对他们的接纳程度上，也反映在雇用上：像"本店概不雇用爱尔兰人"这样的招贴也随着时间的推移消失不见。

不是所有的隔离都是自发的。巴尔的摩市曾在1911年通过一项种族居住隔离法，这只是20世纪很多市政当局制定的种族居住隔离政策中的一例。因为随着大批来自美国南方的黑人涌入北方城市，这些城市的犯罪和暴力行为发生率都远远高于原来的水平。美国联邦政府也同样推出了一些种族隔离的政策。联邦住宅管理局（Federal Housing Administration）拒绝为没有执行种族隔离的住房提供政府担保的住房贷款，这种政策一直执行到20世纪40年代末期。随后，政府转变了政策风向，开始将黑人放到以前的白人区附近居住，但这并不意味着政府一定支持或反对种族隔离。政府的立场完全取决于大众的态度以及当时的政治。而且，住房隔离的经济影响与其政治影响大相径庭。

在市场的运作下，黑人聚居区会扩张到过去全部都是白人的社区附近。这种扩张由那些已生活在黑人区外围的教育程度更好、收入更高的个人或家庭所主导。相较于生活在聚居区内部那些收入水平和教育程度更低、暴力行为更多的同胞，这些黑人遭遇的抵触会更少。但如果是政府的推动种族融合，通过住房计划或个人住房补贴进入白人区的，往往是那些收入和教育程度较低而犯罪率较高的黑人。

两种类型的黑人区扩张都会遭到抵制，但对政府计划的抵制更激烈。而且这种抵制也不能完全归咎于种族主义。事实上，有的黑人中产阶级社区也强烈抵制他们想避开的人搬进他们中间——他们好不容易才从黑人区搬离。

总结与启示

住房经济学同住房政治学区别很大。在住房政治学中，事情可以放到一系列想要实现的目标中来考量，如"负担得起的住房"或"开放空间"。而住房经济学能让我们意识到实现这些目标所需付出的成本。无论我们是否意识到它们的存在，是否评估它们的规模，这些成本都难以避免。例如，一项关于加利福尼亚的研究发现："规划法案为该州的房地产开发节约了3.4%的资金，但却为购房者带来了每年1 360～1 700亿美元的成本。"问题不只在于是否应该以如此高的代价去保护那么小一部分土地，更基本的是该如何判断这些政治目标，是看它们表面上的吸引力，还是看为实现这些目标必须做出多大牺牲？

政治学可以提供具有吸引力的解决方案，而经济学则能摆出这些方案背后的得失权衡。例如，如果希望通过法案来限制某个社区中公寓楼的高度，政治学只会讨论我们是更喜欢高楼还是高度适中的建筑。而经济学会问，如果你希望将建筑保持在某个具体高度以下，你需要做出怎样的妥协。

在那些土地成本相当于或超过公寓楼建设成本的地方，允许修建

10层公寓楼和只允许修建不超过5层楼的公寓楼之间的差别在于，较矮的建筑房租会更高，因为后者每套公寓的土地成本相当于前者的两倍。金钱成本还不是唯一的成本。现在，要安置同等数量的人口需要两倍的建筑物，既然建筑物不能向上扩展，社区就必须向外延伸，这就意味着更长的通勤距离和更多的高速公路死亡事故。所以，问题就不仅仅是你是否喜欢较低的建筑，而是你有多偏好这种较低的建筑，以及为了在社区施行建筑高度限令，你愿意做出怎样的牺牲。你能接受房租翻一倍和高速公路死亡事故增加三倍吗？如果是房租变为原来的三倍，而高速公路死亡事故增加十倍呢？

经济学并不能回答这些问题，它只能让你意识到有必要提出这些问题。经济学被称为"沉闷的科学"，因为经济学总需要应付不可避免的约束和令人头疼的得失权衡。而政治宣传和媒体报道总是用各种华美的辞藻去包装一些政策，让这些政策看起来令人欢欣鼓舞，让人对其抱有无限的幻想。而且，经济学会一直追踪那些随着时间的推移不断显现的诸多后果，它所关注的，不只是被寄予厚望的政策执行后的第一阶段。没有一个问题其后果持续的时间会比住房问题还要长久。世界上的很多国家，只要开始执行租金管制法令，就肯定会出现公寓建筑的老化，住房供给下降，这种情况会延续数十年，甚至影响几代人。

时光的流逝使公众无法意识到政治决策的真正后果。现在的纽约人中，只有很少一部分还能记起租金管制法引入（第二次世界大战期间）前的住房情况。能够记起加利福尼亚的房价水平还和美国其他地区差不多时的老人也越来越少，而如今在这里买房或租房，需要支付的金额是其他地区的好几倍。过去特定的政治决策的这样或那样后果，对新一代来说只是"生活的显示",就如同天气或其他人力无法控制的环境一样。

大量需要每天忍受长途通勤,在拥堵的高速公路上无可奈何的加利福尼亚司机是不可能发现他们每天的挫败感与那些听起来很有吸引力的政策——"开放空间"和"农田保护"——紧密相关。而指出这种关联性的经济学家也不会像那些政客那样受人欢迎。而后者已经为拯救这些司机准备好了解决方案,他们使用的仍旧是造成了上述后果的第一阶段思维。

第5章

高风险活动
Risky Business

美国统计协会（The American Statistical Association）在一次年会上发放了一件T恤，上面印有一句格言："不确定性，它总是靠得住。"

风险无处不在。购买保险是应对风险的方法之一，政府机构为灾难受害者提供援助则是处理风险的另一种方法。在政府机构承担起该责任之前，一些互助协会就已经开始帮助社会灾难或自然灾难的受害者了。几个世纪以来，个人会通过各种途径将自己的风险分散出去，家庭也会努力保护其成员——用这些方式来缓冲生活中不可避免的风险要比机构开始承担该项任务要早得多。

无论采用怎样的机制应对风险，最关键的两件事在于：（1）降低风险的大小；（2）将风险转移给那些能以最低成本承担它的人。如果转移风险的同时又能够降低风险，那么最初承担风险的人可以付费给那些能为其分担风险或完全承担风险的人，而这些接受转移的人所面临的风险成本相对较小。此举能使双方获益，这意味着社会作为一个整体会获益：风险由此最小化，而本该用于应对风险的资源也可以转为其他用途。

为何同样的风险对有些人来说成本要高于其他人呢？因为风险聚集到一起之后所产生的成本通常比每个人所承担的风险成本之和要小。一家拥有一百万投保人的人寿保险公司会比单个投保人更了解普通人死亡的平均年龄和分布情况。在轮船频繁失事的过去，比起拥有10艘船10%股份或100艘船1%股份的船主，拥有1艘船全部股份的船主所面临的沉船损失风险更大。尽管这几种情况的总投资规模是相同的，船的数量越多，出现灾难性损失的可能性就越小，即便一百艘船中有一艘沉没的概率肯定要大于一艘船沉没的概率。

提供风险信息或评估风险是一种有价值的服务，因此人们需要付费来获得信用评级服务。无论是提供个人消费者的信用记录的TRW公司，还是对企业、各州或各国所发行债券的违约风险进行评级的穆迪（Moody's）和标准普尔（Standard & Poor's）公司，都可以指导投资者选定投资方向并判定应以何种利率来补偿的不同风险。

保险行业协会会通过汽车碰撞测试来测验汽车的安全性，加入行业协会的保险公司都会因此获益：保险公司能为不同的车辆制定相应的保费标准，消费者也能据此从自身安全和降低汽车保费的角度出发选择车辆的类型、品牌和型号。消费者的选择反过来又会影响汽车制造商，使他们能够了解该为自己的汽车增加哪些安全保障才能在竞争中占得上风。这些顺应市场要求的行业标准通常都会高于政府制定的标准。

例如，2006年到2007年，在美国高速公路安全保险协会（Insurance Institute for Highway Safety）的汽车碰撞测试中获得最高安全评级的汽车从13款增加到34款。随着时间的推移，汽车制造商已经为汽车增加了很多安全配置，包括安全气囊、电子防撞系统等，所有这些措施使更多汽车达到安全标准，包括一些前所未有的安全标准。

在那些容易受飓风侵袭的地区（如佛罗里达州）会有一些专门为抵御大风而修建的住房，在其他地区还有一些专门为防火、抵御地震和其他灾害而修建的房屋。类似地，保险公司对这种住房收取的保费水平相对较低，还会出具证明，以证实这些房屋达到了他们的标准——而这些标准往往比地方政府制定的建筑规范还要严格——那些潜在的购房者也能由此获得信息，为这些住房支付更高的价格。

然而，从某种程度上说，通过保险来降低风险会激励消费者承担更多风险。正如降低价格导致需求提高，降低特定风险的成本也会激励人们承担额外的风险。著名经济学家约瑟夫·熊彼特（Joseph Schumpeter）曾指出：汽车能行驶得更快正是因为安装了刹车。

如果你驾驶的是一辆没有安装刹车的汽车，或者你知道汽车的刹车并不灵敏，以高于每小时10～15英里的速度来驾驶无疑极为鲁莽；以很慢的速度在一条空旷的道路上行使，松开油门踏板才能使汽车平稳停下来。但如果安装了性能良好的刹车系统来降低风险，你就可以在拥挤的高速公路上以每小时60英里的速度驾驶。因此刹车不仅降低了特定情况下汽车所面临的危险，还鼓励了人们在更危险的情况下驾车。这并不意味着安全装置无关紧要，而是说安全装备所带来的好处并不仅限于降低安全风险。例如，汽车行驶速度提高之后，人们就可以驾驶汽车到更远的地方经商或旅游。

同理，如果购买了汽车保险，你还可以驾车去探望住在高犯罪率区域的亲朋好友；如果没有投保，你可能不会在附近停车，因为害怕车辆被盗或被破坏。如果你不希望爱车被盗或被破坏，投保会使这些事件的发生概率维持在你可以承受的范围之内。保险究竟会不会降低生活中的风险？还不能完全确定。但即便风险水平没有下降，保险也会给人们带来好处。除了探访风险较大的地方，人们还可以选择住在风光壮美的山上，即便住在这种群树环绕的地方，房屋着火的风险会更大，而且一旦失火，消防车要沿着狭小的山路前去救灾，速度肯定不及在平原地区快。

除了保险公司会收取费用为人们承担风险，还有些公司会在商品和服务的价格中直接加入风险费用。确实，所有企业都会在商品定价中加上风险成本。然而这些风险成本仅在如下商业情境中才会被注意到，即同样的商品在本地比在其他地区卖得贵，而这只是因为本地的风险与其他地区大有不同。此外，有些风险并没有直接体现在价格上，而是体现在愿意在安全保障低、条件较差的地区，或在犯罪率高、破坏和恐怖活动猖獗的国家开展生产经营活动的公司数量的减少上。

在骚乱、破坏和入店抢劫多发的低收入地区，当地居民（大多数诚实勤劳）需要为他人的行为买单：该地所提供的商品和服务无论是数量还是质量都不及其他地区，但价格反而更高。当地很多居民只能到别处购物或兑现工资支票。例如，一项在加利福尼亚的奥克兰进行的研究发现：

在接受调查的奥克兰低收入消费者中，只有不到一半（46%）表示会在居住地附近的银行办理业务。但在中等收入地区，则有71%的人表示他们会在居住地附近的银行办理业务。

该研究还发现，在奥克兰，选择去支票兑现中心（check-cashing

centers）而不是去银行的低收入者是中等收入者的6倍。在购物方面，低收入消费者通常被迫到别处购物，因为他们要么在附近买不到所需的商品，要么可买到的商品与收入较高地区同等价位的商品相比质量要差不少。例如，这项调查发现低收入的消费者只花费三分之一的钱在当地社区购物，三分之二的钱则花在了在其他地区。

这种现象从经济学的角度很容易理解，但是从政治的角度去解读就容易扭曲事实。相较于指责真正制造了成本的当地居民，更具政治影响的方式是指责这些地区商店和支票兑现中心收取的手续费比其他地区要高，而高手续费本质上就是将居民制造的成本转嫁给消费者。特别是在商业机构所有者的种族背景不同于当地大部分居民时，这种指责就显得更有说服力。即使没有政治方面的动机，很多眼光短浅的观察家也总是将高价归咎于制定价格的商家而不是那些带来额外的风险和成本，最终导致价格提高的人。从这一点出发，下一步就是倡导用法律和政策来限制当地的商品价格、支票兑现手续费或贷款利率。

这类法律和政策对很多只考虑短期影响的人来说是可行的，但禁止本地商家通过提高价格弥补较高的成本，收益能与其他地区持平的当地商家数量就会减少，有些商家甚至无法在本地继续生存下去。低收入地区的商家数量本来就少，任何迫使商家关闭的举措都只会使附近居民的现状进一步恶化。

西班牙大众银行（Banco Popular）在低收入的西班牙裔社区开展支票兑现业务时，收费标准为每张支票面值的1.1%加上20美分。这意味着每周能赚300美元的人，仅兑现支票就需要支付3.5美元。但收入比其高10倍的人却不用为支取工资付一分钱，因为高收入群体的储蓄和支票账户经常会发生大笔资金往来，银行能从这些资金业务中获取利润，而且这些人违约的可能性更小，所以银行很希望吸引这些高收入人群成为其客户。而对低收入的工人来说，问题却是乘坐公共汽车或出租车去兑现薪水支票的花费会不会超过需要付给大众银行的3.5美元，因为后者会在发薪日派装甲车去这些公司兑现支票。

大众银行会为兑现支票服务收取一定的费用（很多银行会免费提供这项服务），但他们的损失风险也较大。很多前来兑现薪水支票的工人都诚实可靠，支票也是真的，而有些雇主却根本靠不住，他们可能会突然关闭银行账户，提取所有的资金后卷铺盖走人。这时工人的薪水支票就一文不值了。有一个狡猾的雇主就曾通过这种方式，在给工人们发放薪水支票后马上关闭账户并离开所在城市，而大众银行在兑付了66 000美元的支票后才发现这些账目无法在银行获得偿付。周薪3 000美元的人遇到这种问题的可能性要远远小于那些周薪只有300美元的人，毕竟那些靠不住的雇主不太可能会为其雇员开出高达156 000美元的年薪。收入如此高的人一般都供职于更加可靠的企业和机构。

为低收入人群兑现支票或提供贷款有很多风险和成本，这些风险和成本由环境所决定，并不是特定金融机构自己的问题。一家通常为中产阶层或富裕阶层服务的声誉良好的银行，如果要在低收入地区设立分行，也将面临同样的风险，而这种银行往往缺乏处理这种风险的经验。在"次级抵押市场"（subprime markets）——借款人的信用等级不如优质抵押贷款市场那么高——开展业务的银行，正如《华尔街日报》所言，已经开始"意识到市场状况远比预期困难得多"。即便向低收入群体发放的高风险贷款利率高达12%～24%（其他贷款的利率仅为7%或8%），更高的违约风险通常还是会让银行无利可图。

例如，美国银行（Bank of America）就因发放这种贷款损失了数亿美元。根据《华尔街日报》的报道，美国银行在2001年"宣布该银行分布于美国各地的96家净值信用公司（EquiCredit Corp）将立即停止发放次级抵押贷款"。但其他银行叫停这些亏本业务的速度显然没有美国银行快。芝加哥一家大型银行宣告破产的主要原因就是次级抵押贷款方面的巨额损失。美国联邦存款保险公司（Federal Deposit Insurance Corporation）也曾引述，在19家倒闭的银行中，有7家银行是因为发放次级抵押贷款遭受损失而宣布破产的。美国联邦住房管理局（Federal Housing Authority）常常会为低收入购房者提供贷款，而这些购房者的还款逾期率是其他购房者的3倍还多。

降低风险的机构

家庭、帮会、封建军阀、保险公司、生意合伙人、大宗商品投机者以及股票和债券的发行者都在从事降低和转移风险的活动。他们都面临同一个问题，即降低现有的风险会使受保护的个人更愿意承担更多的风险。如果某个帮会势力非常强大，在其声名的庇护下，帮会成员在面对外人时就会更加咄咄逼人。中世纪时，农民不愿在强盗、掠夺者环伺的地方耕作，除非有武装贵族为他们提供保护。而这种保护的代价则是上交一部分产品。这些东西在当时被称为"贡品"（tribute），实际上就相当于现在的保险费。

销售保险的人员不仅要考虑投保人所面临的各种风险，还应当考虑投保人获得保障之后增加了的高风险行为。出于类似的原因，最古老的承保人——家庭会在成员的成长过程中和之后的特殊时刻提醒他们不要从事危险行为。如果家中有女儿未婚生子，整个家庭就会加强对她的伴护、筛选其社交伙伴，而这位未婚先孕的母亲也会被打上道德耻辱的印记。很多成本被转移到政府机构之后，这些措施就会减少或消失。

政府机构

政府机构的动机与家庭或保险公司完全不同。家庭和保险公司为了保障自己的财务状况，一定会想尽办法阻止高风险行为。但对于政府机构来说，由于使用的是纳税者的钱，他们并不急于阻止人们承担更高的风险。而这些人之所以敢于承担更高的风险，就是因为得到了保障。此外，政府机构正是通过帮助而不是批评那些因风险而受损的人来获得政治支持的。正因如此，旨在帮助那些遭遇洪灾、飓风以及其他自然灾害侵袭的群众的政府应急方案，反而会让人们选择把住房重建在原来的位置，重建在多年来不断发生自然灾难的地区。

与之类似，为了对抗艾滋病，政府用纳税人的钱来开发药品、提供医疗服务，而这样做反而会使导致艾滋病的危险行为死灰复燃。有位关注交通问题的研究员发现政府在给司机发放驾驶许可证时很少强调减少风险：

在各州的机动车管理局，工作人员都是十足的好人，只要来申请驾照的人没有严重的视力障碍，并能通过关于驾驶知识的多项选择题考试和最低要求的路考，他们就能得到驾驶许可证。工作人员的责任仅限于此，反正司机上路后出现的一切问题都与他们无关……而在目前的制度下，私人保险公司几乎没有动力去阻止人们购买等级不够的保险，因为保险公司为投保额很低的司机支付的赔付额设有上限，而没上保险的司机所造成的损失要么由司机自己承担、要么由受害者承担。

换句话说，政府官员在处理风险问题时，不仅没有动力去降低风险，他们批准的法律还有可能削弱私人保险公司降低风险的动力。比如，保险公司需要对缴纳保费过低的司机所造成的伤亡进行赔付，而政府会为保险公司的赔付规定一个上限。在亚利桑那州，对于造成单人死亡的车祸，保险公司的理赔上限为 15 000 美元；如果是多人死亡，赔偿的最高限额为 30 000 美元。据估计，单人死亡要求的赔偿额一般在 1 000 000 美元以上，单靠保险赔付完全不够。如果肇事司机有钱，他就有责任将保险未覆盖的部分赔偿给受害者；但如果肇事司机没钱，损失就无法得到补偿。

如果政府并没有为私有保险公司的财务责任设定限额，这些公司的决策者就会制定比法律更加严格的安全保障要求。例如，迪士尼不允许身高没有达到一定高度的小朋友或是孕妇乘坐某些游乐设施，而法律则允许他们乘坐。

如果政府对获得驾驶证提出更为严格的安全要求，毫无疑问将会遭遇很多政治阻力。尤其是老年人口，他们是投票人口的重要组成部分。在有些州，老年驾驶者（包括本书作者）无需接受任何路考就能更新自己的驾驶证。但众所周知，随着年龄的增长，老年人的视力、听力和反应能力都会减弱，出现眩晕、心脏病和其他健康问题的可能性会增大，而这些都将损害司机避免给自己或他人造成危险的能力。

年轻人（尤其是男性）发生致命交通事故的概率通常很高，这一比率会随着年龄的增长而逐渐减低，某个年龄之后，该比率又会提高。而高龄司机发生致命交通事故的概率和年轻人基本相当。在美国，每英里死亡率在 16 岁（最低驾驶年龄）时很高，一年后大幅下降，随后开始平缓下降，在四十多岁达到低点并稳定下来。但从 60 多岁开始，该比率又开始提高，起先还比较平缓，70 岁以后开始迅速提高。75 岁的驾驶者的交通事故死亡率同 18 岁的驾驶者差不多，而 85 岁的驾驶者，每英里死亡率比其他任何年龄段都高。

同老年驾驶者相比，青少年出事的重要原因之一是鲁莽驾驶；对于谨慎但上了年纪的驾驶者来说，身体机能的衰退也会造成很多危险。尽管高龄司机会失控撞到行人或撞入路边的建筑①，但很少有政客会提议超过一定年龄的高龄司机进行身体机能测试，因为他们不愿因此激怒老年群体而失去选票。其实，若以驾驶风险作为衡量标准，25 岁通过考试并不是 75 岁还能更新驾照的充分理由。可在现实中，政治风险才是衡量标准。

政治方面的考量会对政府处理金融和实体经济风险的方式产生影

---

① 2003 年 7 月 17 日的《洛杉矶时报》（Los Angeles Times）上登载了一篇由乔尔·鲁宾（Joel Rubin）等人撰写的新闻"圣莫妮卡一汽车突然驶入人群，导致 9 人死亡"（Car Plows Through Crowd in Santa Monica, Killing 9）。这篇新闻登载于报纸 A1 版，文章描述道："一位 86 岁的男子在周三下午早些时候驾驶着自己的汽车在圣莫妮卡的农贸市场附近突然驶入前往市场进行夏季采购的人群，车速接近高速公路的行驶速度，这一举动吓坏了周边的购物者。该事故致 9 人死亡，其中包括一位 3 岁的小女孩。超过 50 人因伤被送往医院，其中 15 人伤势严重……"《圣路易斯邮报》（St. Louis Post）2007 年 5 月 5 日 A17 版上刊登了由通讯员尼古拉斯·J·C 皮斯托（Nicholas J.C. Pistor）发来的新闻"致命学校撞车事故细节报道"（Report Details Fatal School Crash），报道了一位 84 岁的女性在伊利诺伊州的希洛（Shiloh）"驾车撞入希洛小学，撞死一位二年级的学生"，还致使两名其他儿童受伤的情况。《圣彼得时报》（St. Petersburg Times）2005 年 11 月 15 日 7B 版刊登了由克雷格·巴斯（Craig Basse）撰写的新闻"一名 93 岁男子驾车撞人并致其死亡"（Man Who Hit, Killed Another Dies at 93），报道了佛罗里达圣彼得堡一位 93 岁的男性"在(城市的) 第 34 街撞上一个男人，汽车轧断了男人的右腿，之后，司机还拖着他继续行驶了 3 英里……这名司机在 2003 年 91 岁时将自己的驾驶许可证更新，他的新驾照要到 2010 年才会过期。"

响。当政府面临破产、无法偿还债务，从而危及银行以及其他国家投资者的利益时，如果国内和国际机构准备施以援手，这种救援预期就会鼓励私营金融机构在这些国家投资。不时要求"重组"①政府债务和"豁免"第三世界国家的债务，鼓励了本来就已负债累累的政府继续增加负债；如果政府意识到必须偿还债务，或是宣布破产令自己在未来数年内难以获得新贷款，政府就不会借这么多。一旦爆发国际性金融危机，尤其是在贫穷国家也被卷入时，只考虑短期影响的人希望能先帮助那些更不幸的人，而这样做其实忽视了长远的后果。

既然风险不可避免，那么对风险的容忍度有多大的问题，就转化为成本孰大孰小的问题。但是人们并没有这样做，尤其是在决策者不用为其决定买单，也不会考虑长期后果时。例如，若有一定数量的儿童在某个儿童游乐场中不幸受伤，人们就可能将原因归于游乐场里的秋千、跷跷板或其他设施，并把它们撤走，而游乐场的管理人员也可能被起诉。然而，如果人们因为诉讼或害怕诉讼就将危险设施撤走，或将游乐场关闭，孩子们就会更安全吗？假设在游乐场上玩耍的孩子中有 X% 会受到严重伤害，待在家里会有 2X% 的孩子受到同样严重伤害。既然没有哪个地方是 100% 安全的，也没有人 100% 是安全的，唯一有意义的问题应该是一处相较于另一处安全在哪儿，以及要提高安全性需要花费多少。

我们自然希望所有地方都尽可能地安全，但现实是当他们必须支付相应的成本时，就没有人愿意这样做了。我们愿意花钱为自己的车装上刹车，在第一套刹车失灵时，第二套刹车会保障我们的安全，第三套刹车还会让我们更安全，虽然提升的幅度可能小大。然而，给汽

---

① 基本就是通过重新贷款来偿还原有债务。

车装上更多的备用刹车需要更高的成本,但是风险降低的幅度却很有限,所以大部分人在汽车的安全系数达到某个水平之后就拒绝为降低很少一点风险花更多的钱。但如果为降低风险买单的不是自己,在何处停止降低风险就会非常不同。诉讼成本会使游乐场关闭,即便那里比儿童经常去的其他地方(包括家里)更安全。

上面这种做法隐含的假设是将零风险作为评判特定风险的标准。如果一开始就明白必须在各种风险之间进行比较,而不是以零风险或某个任意值为标准判断哪些风险"可接受"哪些"不可接受",实际风险就不会这么大。例如,当印度政府逐渐放松对市场的严格控制,让市场自由发展之后,经济增长开始加快。数百万中等收入且收入不断增加的人民需要大量不太昂贵的小型汽车。有些人担心小型汽车的材质过于单薄,遇到车祸时伤亡率较高。但这里的关键问题和其他与风险有关的情况一样,都是:与什么相比?当前,数百万印度人的交通方式根本难言安全:

目前,全家出行主要依靠小轮摩托车,家里的男人驾驶摩托车,老婆横坐在车后的座位上,两人中间还要挤上3个孩子。

所有权共享

如前所述,相较于现在,过去的沉船风险更大,投资者为了保护自身权益,一般持有多艘船的股份而不是只投资于一艘船。与之类似,在现代公司制度下,个人投资者可以通过同时持有多家公司的股票而不是只投资某一家公司来分散风险。然而,持有自己公司股票的雇员就无法通过分散风险获得收益,因为他们的工作和投资都有赖于同一家公司的命运。2002年美国公司欺诈丑闻频繁爆发时，对于那些就职于陷入破产危机公司的职员来说，集中而不是分散风险的后果是灾难性的。

除了持有不同公司的股份，员工也会联合起来共担风险，以此来降低单个人所面临的风险。于是在某些职业或行业的员工之间，某些民族的同胞之间，或是居住在某个地区的邻里之间，联合起来降低风险的互助协会（mutual aid societies）就应运而生了。成员需要向共同基金投入一小笔资金，当有人因病致困或者因伤致残时，基金会可以帮助支付相关费用，减轻他们的经济压力。这种方式可以将人们故意从事更危险行为的可能性降至最低：首先，想要去以身试险的人会忌惮可能面临的伤害和死亡；其次，相比较于那些大型保险或政府机构，互助协会中的成员能更好地互相监督以杜绝装病或欺诈性索赔。

安全运动

近年来，一种应对风险的新机构兴起了，它与以往的机构完全不同。这些私营组织通过宣传、诉讼或推动政府监管等方式来提高安全标准。参与者包括"公益"律师事务所，思想和运动组织如公共利益科学中心（Center for Science in the Public Interest），以及政府机构如（美国）国家公路交通安全管理局（National Highway Traffic Safety Administration）。这些机构并不会像互助协会或保险公司那样为直接收取服务费用，他们需要通过法律诉讼、捐赠或税收优惠等途径筹集资金来维持机构的运转。换句话说，他们唯一能够赚钱产品或服务就是制造"忧虑"——他们想要达到的目的就是尽量激起陪审员、立法者和广大民众的忧虑。

个人会权衡自己的风险，他们通过控制降低风险的成本来确定应将风险降低到何种程度；而如果降低风险所需的成本由他人支付，人们就不会考虑究竟应将风险降低到何种程度。无论事实如何，他们利用某种风险制造了多少忧虑，以及他们声称降低了多少风险，都不会受到约束。

汽车安全是一个由第三方机构和运动做出决定的典型案例，而这些机构的钱和权力都源自制造恐惧。第三方安全运动在某些方面与面临风险的人自己做出选择并承担成本的方式完全相反。这些第三方机构或运动通常并不关注以多大成本降低多少风险，但这个问题非常关键。他们也不会对不同的风险进行比较。相反，他们关注的主题在于哪些东西"不安全"，并要让其变得安全。他们的论点是：现有风险表明了目前的安全保障措施不够，或负责控制风险的人没有践行责任，或两者兼而有之。因此，根据这一论点，权力和资金应转交给新的负责人和机构来管理，以保护公众。

类似的论调可被用于所有领域，如医药安全、农药管理、核能发电、汽车安全等，因为没有任何事情是100%安全的。如要问："核能是否安全？"答案很明显是：不！如果核能安全，那它就是地球表面唯一安全的东西。而你正在阅读的这本书也同样不安全，因为书可能会着火，火势蔓延起来还可能烧毁你家。对于那些花自己的钱来处理自己的风险的人而言，唯一有意义的问题在于，值不值得为每本书、每份杂志或报纸的每一页都使用防火设计？更不用说卫生纸、信笺、笔记本和面巾纸了。

对于核安全，如果不考虑成本，安全问题实际上是在问：与什么比较是安全的？是与水电大坝发电比较，是与燃烧化石能源发电比较，还是与调暗灯光或停止使用电器等减少用电的方式进行比较？又或者是与寻找替代性能源进行比较？当讨论变为增量权衡，我们就会发现核电是最安全的选择之一。不过，没有什么事情是绝对安全的。

这些都是在做安全决策时需要考虑的核心问题，但它们在第三方安全运动中完全缺席。20世纪下半叶出现的第三方安全运动用耸人听闻的说辞取代了风险增量分析，它们的动机是最大化对风险的担忧而不是最小化伤亡。

在这种趋势下，一本里程碑式的出版物——拉尔夫·纳德（Ralph Nader）的《任何速度都不安全》（Unsafe at Any Speed）——在1965年应运而生。该书对美国汽车的整体安全性能提出了抨击，尤其是一款型号为考维尔（Corvair）的汽车。这本书不仅因引领起新的政治风潮而具有重要的历史价值，还开启了一种全新的劝说型写作方式，在处理与风险和安全有关的问题时，很多出版物、政客和机构都借鉴这种方式。因此，即使过了几十年，这种写作方式仍值得审视。《任何速度都不安全》一书的主题在于：美国车之所以不安全是因为汽车制造商忽视安全性，这种忽视或者是为了节约制造成本，或者是为了不影响汽车的整体造型。在书中，购车消费者对安全无能为力，因此需要政府干预以保安全。

纳德在书中写道："车辆使用者无法要求在汽车设计中加强安全保障。"换句话说，"美国汽车的生产仅遵从制造商自己设立的安全标准。"总之，"现代生活中存在一个很重要的问题，即该如何处理受经济利益的驱使而罔顾科技应用所造成负面影响"。

《任何速度都不安全》是讽刺艺术的杰作，它成功地树立了几个关于汽车行业整体，尤其是关于考维尔汽车的决定性的理念，这些理念通过媒体的宣传在大众之间广为传播。它没有给出任何证据，也没人要求证据。最重要的一个论点就是美国的汽车都很危险，而且正在变得越来越危险。纳德在序言第一句话就写道：

半个世纪以来，汽车造成了很多伤亡事故，给几百万人带来了难以估量的伤痛和损失。就像拥有了美狄亚的魔力一样，在过去四年里，这种巨大的创伤开始急速增多，这说明机动车还在不断造成新的、难以预料的破坏性后果。

各种轶闻及有选择的引用，巧妙地暗示出了作者的结论。但书里却没有列出美国各年的汽车事故致死率，没有将美国的数据同其他国家的数据进行比较，没有将考维尔汽车同其他型号汽车进行比较，也没有将资本主义国家生产的汽车同社会主义国家——不会受到逐利资本的影响——生产的汽车进行比较。只要列出这些数据，书中的结论就会不攻自破。这本"杰作"用各种写作技巧让经验数据变得无关紧要。例如，作者曾引用一位批评者对考维尔汽车的评价，说该车"很可能是美国汽车市场中驾驶体验最糟糕、操纵性最差的一款"，纳德还补充道，"通用汽车公司的工程设计和管理操作导致了如此不安全的汽车的问世"。而认为考维尔汽车操纵性不错的专家意见却没有被作者引用。

尽管纳德在书中用不容置疑的口吻描写了"半个世纪以来"的情况，却并没提供这段时期的任何统计数据。而根据可以获得的数据不难发现，长期趋势与《任何速度都不安全》这本书所暗示的情况正好相反。诚然，纳德所说的汽车事故数量不断增加的确属实，但美国人口不断增长、上路汽车数量和车辆行驶英里数不断增加也是事实。如果计算交通事故同汽车数量的比值就会发现，在《任何速度都不安全》出版的 1965 年，汽车交通事故致死率其实还不到 20 世纪 20 年代水平的一半；而每百万英里汽车驾驶里程的交通事故致死率还不及 20 年代水平的 1/3。很明显，这些数据显示的正好与纳德的观点相反，某些因素导致汽车厂商制造出了更安全的汽车。

和大部分长期数据一样，汽车交通事故致死率也会波动，这个数字在《任何速度都不安全》出版的前一年恰好稍有上升。但在此前的几十年（书中说这段时间消费者无能为力、公司贪婪无度、政府监管不足）里，美国汽车的整体安全水平实际上却显著地提高了，这些都可以通过汽车交通事故致死率的变化得以证明，尽管公路越来越拥挤，车速也越来越快。该书问世后，汽车交通事故致死率延续了几十年来的一贯趋势继续降低，但汽车安全的倡导者和媒体却将致死率的降低归功于管理汽车安全的联邦政府机构，而这一机构的设立与纳德的书有关。他们之所以会得出这样的结论是因为忽视了此前的历史，看不到致死率的下降只是延续了长期以来的一贯趋势而已。

那么考维尔汽车的命运又如何呢？这正是纳德最成功的地方。他所释放的负面信息导致该车销量大减，通用汽车公司最后被迫将其停产。但几年后美国交通部进行的大量测试表明，考维尔汽车的安全性能与同时代的类似车型差不多，结论是考维尔汽车的表现"至少不比同期国外和国内生产的其他型号汽车逊色"。当然，这样的测试结果来得太晚，已经无法改变什么了。拜受纳德启发的安全运动所赐，考维尔汽车已经绝迹了。

考维尔汽车设计的是后置发动机，正因如此，该车确实更容易导致某些类型的事故，但也不太容易发生其他类型的事故。不管汽车发动机的位置在哪里，汽车的物理性能都会受到该位置的影响，因此发生某些风险的可能性更大，而发生另一些风险的可能性则较小。这本书只是强调前一类风险——以血淋淋的实例作为佐证——但却对后一类风险避而不谈，考维尔于是被描绘成不安全的汽车。应用同样的策略，几乎任何事情都可以被判定为不安全的，因为如果忽略程度和替代性选择，一切事物最终都可以被判定为不安全。

不光是汽车发动机的位置选择存在利弊权衡问题，消费者对汽车安全装置的支付意愿也需要权衡，因为第三方机构认为安装这些安全装置的费用应该由其他人来承担。然而，在权衡的面前，很多（如果不是大多数）安全运动都会站不住脚。当然，安全运动并不仅限于汽车安全领域。纳德将这种权衡斥为"汽车行业的伪善之言"——他用这种文字游戏代替了必要的事实论证和逻辑分析。由此可见，该书的确称得上是讽刺艺术的杰作，它也为之后的安全运动提供了模板。

那些为疫苗和药品安全问题摇旗呐喊的斗士也采用了同样的方法。而疫苗和药物既能拯救生命，也能夺去生命。不管它们拯救了多少生命，但在现实中仍不可避免有少数人因接种疫苗或服用药物出现不良反应、酿成悲剧。（即使是花生酱这样很普通而且一般无害的东西，对有些人来说也是致命的。）如果对几百万儿童注射某种疫苗，大部分孩子可能不会有任何反应——既不会感染，也不会出现副作用。当然没有人能预先得知哪些孩子会受到影响，无论是好的还是坏的。如果有10 000个孩子不接种疫苗就可能感染致命疾病，那么也可能有20个孩子因疫苗导致的不良反应而死亡。

没有什么比拿起电视摄影机去拍摄这20个死亡孩子的母亲痛不欲

生的样子更容易的了。伤心欲绝的母亲流泪不止，指责自己为什么要给孩子注射疫苗，她还会怀疑如果没有给孩子接种疫苗孩子可能还会活着。而对于因注射疫苗而存活下来的10 000个孩子的母亲，她们的感受我们则无从得知。谴责制药公司生产出的疫苗或药物"不安全"，但却不告诉电视观众，除此之外没有其他替代性的疫苗或药物——对于安全倡导者来说，没有什么比这更容易的了。

政府对保险的监管

保险公司和其他公司一样都倾向于对市场上的经济激励做出反应，而对保险条款进行监管的政府部门却倾向于对政治激励做出反应。理想状况下，特定风险的成本应该体现在为这些风险投保所需缴纳的保费中，但市场和政府不总能为此提供激励。确实，经济和政治激励以各种方式使事情变得复杂，甚至在某些情况下，为特定风险提供保障的保险费用根本不能反映风险的相对成本。

在自由市场中，有两大问题会对保险公司产生影响：其中一个问题前面已经讨论过，即保险会鼓励投保人做风险更高的事情，这种问题被称为"道德风险"（moral hazard）；另一个问题是，有些人会选择为某些事情投保，但另一些人却选择不投保，而那些风险最大的群体更有可能选择投保，于是使用针对所有人口统计出来数据来分析购买保险群体的风险状况可能会得出具有误导性的结论，这种情况被称为"逆向选择"（adverse selection）。这两个因素告诉我们，以整体人口的当前情况为依据并不总能可靠地预测出投保群体的情况。

政府对风险行为的监管——例如制定法律禁止在家中储存易燃物品、严禁酒后驾车等——可以降低道德风险带来的风险，而立法要求所有驾驶者必须购买汽车保险则可以减少逆向选择问题。然而，和在其他情况中一样，虽然政府有时能改善自由市场中存在的问题，但这并不意味着政府就只做有益的事情。如将不能达成目标的干预叠加在有益的干预之上，我们就不总能弄清楚这些干预整体上看究竟是利还是弊。

政府监管未能达到预期效果，常常是因为它们允许其他因素凌驾于风险因素之上，而风险才是保险的核心。例如，有些人会感到"不公平"——或是觉得保费过高，或是有些事件不在承保范围内——因为这些事情不是他们的错且不受他们的控制。但是风险和过错并不是一回事，有些风险带来的成本并不仅由投保人的行为决定。

一个并无不良记录的司机如果正好居住在一个交通事故频发的社区，他可能就得为汽车支付更高的保费。汽车风险不仅取决于车主或驾驶者，而还取决于造成事故、偷窃或搞破坏的其他人。如果该社区飙车或酒驾的现象非常普遍，住在该地区的司机的驾车风险肯定比住在其他地区的司机高。同样的道理，如果投保司机的住所附近盗窃或破坏更加普遍，即使这位司机采取了正常的防范措施（这些措施在其他地方更有效），他/她仍需支付更高的保费。很明显，从统计学家搜集的硬数据中不难看出或证实保险公司的上述考量，但大部分人并不是统计专家，他们对事情是否"公平"的感觉不论是否符合逻辑，都会对监管保险业的政府部门产生影响。

在美国各州政府、联邦政府以及其他国家政府制定的法律和法规中，通常都会禁止保险公司制定被视为对某些个人不公平的条款，哪怕这些条款能精确反映不同人群之间的风险差异，而且这种区分只是针对群体而并非个人。风险是能被计算出来的，这就是保险公司存在的最重要理由。但人们都讨厌付钱给那些他们认为或声称不符合自己实际情况的东西。例如，在拥有比特斗牛犬或其他具有攻击性犬类的人中，就曾出现过这种情况。《华尔街日报》曾这样报道：

越来越多的保险公司都拒绝为饲养特定犬类的房屋所有者开出保单。立法者和动物福利组织都在施加压力，希望能禁止这种做法。有些大的保险公司，包括好事达保险公司（Allstate Corp.）和美国农民保险集团（Farmer Insurance Group），都不肯为某些联邦州中养有特定犬类的房屋提供保险。其他的保险公司则会将这些品种排除出责任险的承保范围，或是对其收取额外费用。

尽管美国疾病预防与控制中心（Centers for Disease Control and Prevention）的报告证实了过去20年因犬类攻击致死的案例中，有超过一半都是因为受到比特斗牛犬及同种犬类或罗特维尔犬的袭击，但是养有这些和其他品种犬类的主人却抗议保险公司将这些品种排除出责任险的承保范围，因为他们认为这些狗不会打扰到任何人。但保险存在的原因正是因为群体风险比个人风险更好预测。不过对养狗者的政治回应促使一些联邦州通过法案，禁止保险公司对特定犬类的拥有者制定限制条款。结果，养得起高危犬类的人更多了，而为此买单的就是其他投保人（保险公司的整体成本提高了，投保人支付的保费就会增加）和受这类狗袭击而伤亡的人们。

总体来说，政治因素会迫使保险公司扩大承保范围，为本不予承保的东西提供保险，如犬类袭击、飓风对房屋的损害以及更多的医疗方法等。媒体报道也不乏一些充满人情味的个人故事，这些个人的不幸遭遇被用来要求保险公司放宽强制性承保的范围。媒体报道和政治讨论所缺乏的,常常是对放宽承保范围所造成的成本以及这些成本该由谁来支付的考量。若有批评者提出成本问题,这些问题也会被辞令所消解:估值高达几十亿美元的保险公司肯定承担得起这些成本,并有"社会责任"去这么做。这类混淆视听的口号既缺乏逻辑,又缺乏证据。

实际上很有可能出现这样的情况,即第一阶段的福利会导致投保人在第二阶段支付更高的保费。这就意味着很多本来买得起基本险的投保人现在买不起新保险了,因为保险公司迫于政治压力放宽了承保范围,从而使保费提高了,但被包含进来的保险标的物对大部分投保人来说没有太大意义。于是,导致未投保人数增多的同一批政客又将"未投保"作为他们需要"解决"的新问题。

以"公平"为名忽视风险还有很多不同的表现形式。女人一般来说都比男人寿命长,因此保险公司为男人提供人寿保险的成本高于女人;但若提供的是年金,情况则正好相反。如果保费全部由竞争性市场中的经济标准来决定,那么人寿保险向男人收取的保费更高,而每年向投保人提供一定金额作为收入的年金则向女人收取的保费更高。然而,"公平性"的观念会产生男女同等对待的政治呼声,禁止对不同性别收取不同保费的法令就会应运而生,法国就发生过这样的情况。同样,其后果是人寿保险和年金的成本同时提高,而这些成本最终又会被所有的投保人共同承担。

由于不能预测购买人寿保险或年金产品的男女比例,保险公司在计算这些险种的承保成本时将面临很大的不确定性。这样做比根据男女的预期寿命分别计算成本的风险更大。为了应对购买人寿保险的男性数量超过女性，或购买年金产品的女性数量超过男性的可能性，每家保险公司都必须收取更高的保费。总之，在保险公司承担额外风险的同时，投保人整体却没有因此获得额外的收益。政治上强制要求性别平等的结果就是，所有投保人都要为人寿保险和年金支付更高的保费。

意见（包括"公平"由何构成）可以自由发表，但当这些意见被转化为法律时就会产生成本，也总得有人为这些额外的成本买单。同样的道理，不同的种族或民族有着不同的预期寿命，各种疾病都有不同的患病率，但法律却禁止保险公司在保费或理赔范围的制定上对部分族群有所"歧视"。有些年龄段的驾驶者发生交通事故的比例比其他年龄段更高，所以他们汽车保险的保费也应该更贵，哪怕其中有些人的驾车安全记录完美无瑕。但有些州立法律和监管规定却禁止保险公司对不同投保人收取不同的保费。

无论这些结果从经济的角度看有多不合理，从政治的角度来看它们却是无可指摘的，制定这些规章的政府官员会在短期内获得政治收益，即使从长期来看保险公司和投保人的福利都会降低。出于政治动机命令保险公司将一些险种的承保范围延伸到基于经济考量本不会承保的范围同样也是不合理的，因为这与风险无关。例如，每年体检的费用就不属于风险的范畴，因为大家都知道这种例行体检每年都会进行一次。要求健康保险承保这些内容就好比要求汽车保险去支付汽车烟雾检测或常规换机油的费用一样。但因为健康问题更加牵动人心，而每年的例行检查又被描述为一件"好事"，因此政府有理由下达命令。

在保险行业和其他行业中，"公平"是一个含义模糊的字眼，它屡屡成为政府干预经济结果的尚方宝剑。除此之外，政府还会进行很多其他的干预，只要监管机构认为这些措施比自由市场中的出现的事情更"合理"。

如果保费水平由政府官员设定，他们常常不会让保费达到在自由市场中应达到的高价。而在自由市场中，如果司机曾多次发生事故，或严重违反交通法规，他们就需要支付高额保费。保险公司往往不愿为这些驾驶者提供保险，因为他们所支付的保费很可能无法弥补成本。该问题的一种常见的政治"解决"方案就是将所有无法通过常规途径购买或买不起汽车保险的人汇集起来。保险公司被迫接受这些高风险驾驶者并重新制定保费标准，这一标准必须能够覆盖掉包括高风险群体在内的所有驾驶者造成的损失。

这就意味着其他的驾车者在为高风险驾驶者提供补贴。把目光放长远，这也就意味着可能会有更多的行人和驾驶者伤亡，因为高风险的司机现在买得起能让他们上路的保险，而此前政府允许保险被定在很高的水平，以保证弥补这些司机所造成的损失。其他结果还包括：为了弥补不安全驾驶者所造成的损失，安全驾驶者所需支付的保费只能不断提高，于是有越来越多的安全驾驶者通过正常渠道买不起愈加昂贵的汽车保险，最后和那些高风险驾驶者一样汇集到被补贴的群体中去。

例如，在新泽西州，20世纪70年代初只有12%的高风险驾驶者被补贴，但是10年之后，大约有半数的汽车都是通过补贴才得以投保的。新泽西并不是唯一对汽车保险进行监管的联邦州，汽车保险也不是唯一让政治因素凌驾于经济标准之上并最终决定保费水平的险种。这种监管的净效应就是让那些风险较低的投保人去补贴那些风险较高的投保人，其后果就是所有人的保险成本都增加了，高风险行为也有所增多，这些行为不仅带来了经济损失，还对第三方的生命安全造成了负面影响。虽然政府可以命令所有人必须购买汽车保险以降低"逆向选择"的风险，但这种收益可能会被抵消，因为强行设定保险费率会使不安全的司机也买得起汽车保险，而那些违反法规或没有购买保险的司机也不会得到应有的惩罚。

这种情况不只出现在美国。政治动因所导致的政府过度干预或不作为也会出现在其他地区。伦敦杂志《经济学人》曾报道英国法律"对无险驾驶处理得不甚严格"，可以预见，其后果就是付给被无保险司机所伤的受害者的赔偿不断攀升：

汽车保险局（Motor Insurers Bureau）的经费是从整个保险行业征收而来的。无险驾驶者驾车伤人之后该机构的赔付总额从1988年的1 100万英镑增长至2000年的2.25亿英镑。

和其他情况一样，政府对市场的干预可以产生一些有益的影响——在本例中是减少"逆向选择"——但这并不意味着政府干预最后的整体影响一定有利或是会避免不利影响。其整体影响与各种政治激励和约束因素，尤其是第一阶段的各种激励和约束因素有关，而这些干预措施的后续反弹却经常被忽略。

随着DNA研究水平的不断进步，凭借特定DNA预测易感疾病成为可能。这提出了一个同样的问题，即是否应该允许人寿保险的条款和限制条件反映这些不同的风险。很多国家都已经针对该问题展开过讨论，支持者和反对者都有着各自的理由。《经济学人》杂志曾报道：

澳大利亚医学学会（Australian Medical Association）主席罗莎娜·卡波林瓜（Rosanna Capolingua）在6月提出警告，基因数据的应用大潮会导致保险公司使用这些数据来歧视特定疾病患病风险较高的人群……任职于卡迪夫大学（Cardiff University）的律师索伦·荷姆（Soren Holm）则反驳说，基因数据从根本上讲同其他类型的医疗数据（例如家族病史或胆固醇水平等）没有差异，因此应该允许保险公司获取这些数据。

美国也提出过"基因歧视"的问题。《纽约时报》曾在头版登载相关新闻：

一项旨在禁止健康保险公司以及雇主利用基因信息实施歧视的法案在周四以压倒性的优势获得国会的最终批准。

（小）布什总统表明他会签署这项法案，他一方面对基因研究寄予厚望，希望能借此改善医疗保健服务，但同时也在担忧基因信息会被用于对付人类自身。周四在众议院中，民主党和共和党议员都引用了相似的案例和问卷调查，以表明人们普遍认为不应因基因信息而受到不利对待。

风险经济学

安全这种东西似乎不可多得。然而我们日常生活中所做的一切却与这一结论不符。我们的所作所为常常要比我们所说的更有意义。

要降低风险就要付出成本——有些人愿意支付该成本，但有些人却不愿意；而且，不是所有的成本都是金钱成本。对于很多人而言，降低风险所带来的成本就是放弃滑雪、划船、爬山、攀岩、滑板和其他带有一定危险性的娱乐活动。事实上，所有的活动都有风险，因为没有什么事情是百分之百安全的。但这并不是说我们就应该消极地回避一切活动——任何事情都有风险，那么如果要回避一切，我们还必须远离阳光，因为阳光会增加患皮肤癌的风险。另一方面，大部分人都不会在交通高峰时期为了走捷径就横穿高速公路。这也就是说有些风险我们愿意承担，但有些风险我们不愿意去面对，每个人的选择都会有所差异，但不管面对什么情况，人们在选择时都会衡量利弊。坦克比汽车安全，但我们不会开坦克去上班，因为我们不愿意支付金钱成本、通勤的时间成本，也不愿解决停放问题。

权衡利弊

无论我们有多赞同与安全相关的冠冕堂皇的说辞，甚至投票给说出这些话的政客，在生活中，我们会将增加的安全性同增加的成本进行权衡。我们可能会觉得在玩死亡概率为 1/6 的俄罗斯轮盘游戏时极力避免死亡是值得的，但又会觉得花费 1 000 美元去避免死亡概率仅为 1/6 000 000 的偶然性事件不值得。事实上，如果避免这 1/6 000 000 的可能性需要付出一些令人不便的代价，有些人就会拒绝为其支付费用。总之，即使是那些在绝对语境下讨论安全问题的人，他们口里说着"只要能够挽救哪怕一条生命，就要不惜一切代价"，在实际生活中也会权衡利弊。

为某种安全付出的代价之一就是增加其他的危险。为了让地铁更安全，我们可以降低列车的行驶速度、加大两次列车的行驶间隔，或减少每趟列车的车厢数（这种方法可以使列车的重量减轻，从而减少列车制动所需的时间）。然而，所有这些方法都会降低地铁在高峰期的载客量，但人们总得去上班，于是有的乘客只能选择其他的交通方式出行，而大部分交通方式的伤亡风险都比地铁大。换句话说，用政策命令来降低地铁出行的风险，就会增加其他交通方式的风险。

用政治管理风险的一个问题在于降低风险具有新闻价值，但与此同时增加的其他风险却不具备新闻价值。例如，迫于国会的压力，美国联邦航空管理局（Federal Aviation Agency）在2008年强迫所有航空公司取消了几千次航班，进行逾期未完成的检查和整改，未达标的飞机就不能继续执行飞行任务。在那时美国已经有7年没有商业航空飞机发生空难了，所以这些等待检查的飞机并没有造成严重的危害。然而，事出突然，成百上千的乘客必须在没有得到提醒的情况下改变出行安排——毫无疑问，这么多航班停运迫使乘客乘坐汽车去往目的地，而汽车每英里的致死率是飞机的几倍。换言之，降低未被查验的航班的风险，会提高高速公路上死亡事故的风险。

在很多情况中，降低某种风险就意味着增加其他风险。第二次世界大战期间，日本的战斗机飞行员在空战时通常都选择不配带降落伞，尽管降落伞明显属于安全装置。一位飞行员在战后对此解释道，尽管部队为每个飞行员都提供了降落伞，"但我们自己决定在飞行时不带它们"，因为降落伞"会影响我们在驾驶舱里的活动"。飞行操作的瞬时反应关乎生死，而"被降落伞背带缠绕的四肢很难快速活动"。换言之，配带降落伞就会提高飞机被击中的概率[①]。提升某件事情的安

---

① 日本飞行员不佩戴降落伞的另一个原因是他们一般都是在敌方的领土上作战，即使跳伞后被救也会沦为战俘，而这对于日本飞行员来说是"不可想象"的后果。

全性可能会增加其他的风险,地铁列车、商业航班和其他案例都证明了这一点。

保险和再保险

　　保险公司的作用不仅是为遭遇不幸的投保人提供赔偿。和家庭一样,保险公司也会竭力降低各种可能造成不幸的风险。但同保险公司相比,家庭能够更好地警告和监督家庭成员,而保险公司限制投保人从事风险活动的手段却比较有限。保险公司会通过其他方式来保障公司的财务安全。一是将投保人主动降低风险作为签订保单的前提条件,二是根据风险程度的不同来制定保费。所以吸烟者支付的保费要高于那些不吸烟的人。房主在购买财产保险时也通常会被要求采取一些防范措施,《华尔街日报》曾报道过:

> 　　在西部一些州,火灾给周边居民造成的威胁越来越大。有些房主会被要求清除房屋周边大面积的灌木丛,有些房主还被要求给房屋装上全新的防火屋顶。在经常爆发飓风的东部和海湾地区,保险公司会要求投保人在投保前必须给房屋装上能抵御风雨的百叶窗。

　　在美国的海湾沿岸和东部沿海地区,政府推出了一系列管制措施禁止私营保险公司对财产险收取过高的保费。由于保费在这些地区无法弥补理赔成本,保险公司最终只能放弃这里的财产险业务。很多投保人最后只能求助于州立和联邦保险计划,将风险转嫁给纳税人。

　　和其他问题一样,政治决策者在这里面临的激励和约束条件与经济决策者完全不同。私营保险公司必须收取足够高的保费来弥补危险事故频发给公司带来的成本，或者提出严格的要求让投保人尽量降低这些风险；而政治决策者则想将自己塑造成一个极富同情心的人，以此吸引选票并留任，但未来灾难会造成的损失——也许在很长时间之后才会显现——则需要纳税者来买单。如果保险公司不采取措施，一旦出现灾难性事件，投资者和金融机构——他们对商业行情的监控比选民对政府的监控要严密得多——的反应会立刻让保险公司的股票价值和债券评级大幅下降，保险公司的高管也会面临失业。总之，政治决策者和商业决策者都想保住自己饭碗，然而在不同的机制体制下这两类决策者会做出极为不同的决定。

除了要求投保人采取具体的安全防范措施，保险公司的保单中通常都会要求投保人分担高风险活动的部分成本，即损失发生后先由投保人自己承担一部分固定的"免赔额"（deductible），再由保险公司支付剩下的部分。

和家庭一样，保险公司还会提供风险信息帮助投保人降低风险，他们经常出版关于健康生活、安全驾驶、防火和预防其他灾害知识的小册子。保险行业协会会对不同品牌、不同型号的汽车进行碰撞测试并将这些结果广而告之。这种做法可以让公众了解更详细的信息并给汽车制造商施加压力，推动它们生产出更安全的汽车。同时保险公司也可以参考这些测试结果为不同种类的汽车制定保费标准。数据显示，随着时间推移，汽车事故致死率不断下降，这表明汽车制造商一直在回应消费者对安全性的要求，而这与纳德所描写的情况恰好相反。

保险不仅降低了风险，还将风险转移到了承担成本最低的地方去。没有人知道自己的房屋何时会着火，自己的汽车何时会遇到事故；保险公司为成百万的房屋和汽车承保，他们对整体的预知能力要比投保人预测自己何时陷入危险的能力要强得多。换种方式来说,保险公司为弥补损失预留的资源比每个投保人为弥补同样概率的损失预留的资源加总起来要少。这种资源安排不仅对某些保险公司及其客户有利,从社会整体的角度来看,还降低了风险和承担风险的成本,经济中的闲置资源也会因此而减少。

正如房主和公司可以通过支付保费将发生火灾、遭遇洪水和其他灾害的风险转移给保险公司,保险公司也可以付钱将部分风险转移给再保险公司。在这两种情况下,风险不仅被转移,同时也被降低了。如果有家保险公司位于美国中西部,大部分保单都是俄亥俄山谷的房主为房屋所投的财产险,一旦洪水侵袭,保险公司的财务状况就可能遭到毁灭性的打击。然而,如果这家保险公司已将主要责任转移给了再保险公司,例如瑞士再保险公司(Swiss Reinsurance Company,也就是大家熟知的"Swiss Re"),这家国际再保险公司所面临的俄亥俄山谷、莱茵河谷、尼罗河谷和多瑙河山谷等地区同时爆发洪水的风险要远远小于当地保险公司所面临的洪水爆发的风险。

世界范围内有一百多家再保险公司,所以不会只有一家再保险公司独自承担俄亥俄山谷洪水灾害的所有赔偿。每个再保险公司的风险组合从地理范围来看,要比各地区当地的原保公司(primary insurance company)所承担的风险分散得多。总之,保险行业和再保险行业的整体风险比任何一家原保公司——尤其是那些客户集中在某个地理区域的原保公司——的风险都要小。因此,为全世界各条河流沿岸的住房和产业投保,其成本会比为其中某一条河沿岸的住房和产业投保的成本低。

换言之,由于再保险业务不发达,有些国家企业和家庭需要预留更多资金或物资来抵御风险。如果部分风险能由瑞士和美国的再保险公司承担，就不需要预留那么多的资金和物资，因为这些再保险公司会同时为位于阿根廷、埃及、澳大利亚、丹麦、斐济以及中国的企业和家庭承保。中国的长江沿岸储备了大量抗洪物资防范洪水风险，包括安置被迫离家群众的帐篷、供灾民食用的罐装或其他密封食品，用来维修损坏建筑和进行重建的设备等。但如果中国的原保公司在瑞士再保险公司投保，一旦长江洪水肆虐，瑞士再保险公司会实时电汇资金从日本购入设备和物资，并在几个小时内送达中国。这样，中国就不需要事先准备那么多的物资了。

低风险就意味着低成本。保险公司、再保险公司之间的市场竞争意味着顾客的保费会因各家公司争取客户的行为而降低[1]。风险的地理分布是开展再保险业务的原因之一，但这并不是唯一的原因。例如，超过 4/5 的美国人寿保险公司都购有再保险。和洪水侵袭的风险一样，如果某个地区爆发流行病并导致死亡扩散，当地人寿保险公司的金融风险可以被世界各国的再保险公司共同分担。

在处理自然灾害时，政治考量与市场动机也截然不同。根据印度媒体报道，当该国 1999 年面对龙卷风袭击时，政府为了顾全自己的面子，没有尽快在其他国家或国际机构的帮助下拯救受害者——若向外界求助，各方就会对印度政府的能力产生质疑，令政府难堪。与之类似，当一艘俄罗斯潜艇被困于海水中时，俄罗斯政府拒绝了美国和英国海军的援手，所有受困船员都因此不幸丧生。大规模的公众抗议迫使俄罗斯在灾难再次出现时选择接受英国海军提供的帮助。

---

[1] 例如《商业周刊》在 2002 年 3 月 4 日出版的刊物上报道（见第 77 页）："再保险行业的高额利润吸引了越来越多的后来者进入该市场，这些竞争者为了争取市场份额纷纷降低价格，导致整个市场的保费定价陷入混乱。"

但在竞争性市场中，私营保险公司的快速应对能力则是一项极为重要的资产。在 1906 年著名的旧金山地震和大火灾中，瑞士再保险公司迅速筹集资金帮助受害者渡过了难关。正是这种做法使该公司蜚声全球，该公司也因此得以将业务迅速拓展到世界各地。尽管瑞士再保险公司将当年公司火灾保险收入的一半都用于 1906 年旧金山巨大灾难的赔偿，但此后公司业绩持续增长，并在两次世界大战期间一举成为世界最大的再保险公司。

政治学与经济学

在决策过程中，有一点非常关键：究竟是个人为自己做决定还是由第三方为其他人做决定。地铁乘客其实可以选择其他方式去上班，他们并没有要求地铁必须达到百分之百的安全，也不会因为地铁无法达到该标准就选择其他的交通方式。但如果是由一群人为其他人做决定情况又会如何呢？如果最近发生了一起引发多方关注的悲惨的地铁事故，多人因此丧生，那么要求地铁提高安全保障的政治呼声会促使当局下达命令，降低列车的行驶速度，减少列车的车厢数，并加大列车之间的距离。

而且，如果政策实施一段时间过后，地铁事故和损伤事件的数量真的有所下降，下令推行这些政策的政府官员就不会羞于承认这些政策出自己手，选民也不可能去询问交通高峰期所有出行方式的伤亡事故总数。只有那些跳出第一阶段思考的人才会想去了解这些。总之，第三方决策以类别论和第一阶段思考为基础，常常在政治领域取得成功，而个人为自己做决定则更可能基于对增量利弊的权衡。善于言辞的政客们能轻易地忽略隐性成本，但如果他们是为自己做抉择则很可能会将成本纳入考量。

在其他情形下,短期内的谨慎行为从长远来看也可能带来危险。这些情况并不仅限于经济领域。在美国南北战争时期,乔治·麦克莱伦(George McClellan)将军因在指挥联邦军时过分谨慎而广受诟病:如果他能更加积极地打击南方联盟军,不让败北的联盟军逃脱并卷土重来,就不会出现如此多的伤亡。麦克莱伦将军坚持要等自己的部队完全集结好才肯重新发起进攻,却为联盟军提供了宝贵的撤退时间,并让他们能够修好战壕、更好地准备防御。如此一来,在后面的战役中联盟军就轻而易举地杀死了更多的联邦军进攻士兵。

提升某种安全会增加其他风险,这一现象还与财富相关。我们再来回顾一下这种常见的言论:"为了能够挽救一条生命,付出任何代价都可以。"但从安全角度看,仅当财富无法挽救生命时,这种不计后果的牺牲才说得通。

然而,在现实中财富是拯救生命最为重要的因素之一,所以牺牲财富就等于牺牲生命。财富对挽救生命的作用十分巨大,无论是比较同一个社会中富人与穷人的情况还是比较富裕国家和第三世界国家,情况都是如此。一位印度经济学家曾指出:"在自然灾害中丧生的人中有95%都是来自较为贫穷的国家。"几乎所有国家过去都比现在贫穷,这也就意味着随着时间的推移,无论是在富裕国家还是贫穷国家,在自然灾害中丧生的人数一直会下降。各种经验数据也证实了该结论。

1900年得克萨斯州加尔维斯敦的一场飓风夺走了6 000~8 000人的生命,而1992年飓风"安德鲁"袭击佛罗里达州时,只有不到50人丧生,其实"安德鲁"飓风的破坏性比1900年那场飓风强得多。出现这种差异是因为1992年的美国比过去富裕得多,人们有更多方法提前警告当地居民，并在飓风后采取更多方案援救受灾群众。印度经济学家布劳恩·米特拉（Barun Mitra）指出印度也曾出现类似的情况。根据媒体报道，2000年发生的旱灾被认为是整个世纪最严重的一次，媒体"努力寻找受害者，但却遗忘了过去的饥荒曾夺走了几百万人的生命"。发生医疗事故、交通事故和其他灾难时，当事者的个人财富和所在国家的财富水平也会影响灾难的危害程度。

最富裕的国家在自然灾害中往往会遭受最大的经济损失，而最贫困国家则会失去大量的生命。例如，2005年的"卡特里娜"飓风肆虐给美国和巴哈马造成了高达1 350亿美元的损失——比世界其他地区任何一次自然灾害的经济损失都要高上数倍，而一次发生在印度和巴基斯坦的地震则导致了超过73 000人遇难或失踪；与之相比，虽然根据美国的标准，侵袭美国和巴哈马的"卡特里娜"飓风已经是极其罕见、极具毁灭性的飓风灾难，死亡总数对美国来说也已经相当高，但却只有不到1 500人。

并非所有风险都会危及生命。在面对金融风险时，政府机构的处理方式也和经济部门依靠市场的处理方式不一样。银行业是一个非常典型的行业，风险评估对该行业的生存至关重要，但却往往不能成功。由于银行长期以来受政府监管，他们的风险根据政治管制的力度以及政府对银行自我决策（银行常常根据市场状况来做决定）的压制程度的不同而有着相当大的差异。

在美国历史上的大部分时间，银行开设分支机构的数量一直受限，至少在有些州是这样。无论这种限制背后的政治原因是什么，其经济结果都是增加了银行业的风险。一家开设在小麦产地的银行，其命运很大程度上取决于小麦市场的情况，因为这家银行的储户和贷款客户很可能由小麦市场的从业人员构成,而这些客户的收入都依赖于小麦市场的景气状况。如果这家银行可以在出产石油、银矿或其他产品的地区开设分支机构,那么由于这些产品在经济中占比更大,银行的风险就能得到分散,整体风险也会因此降低。

这些只扎根于一个地区的银行被称为"单位银行"(unit banks),一旦银行所在地的经济出现问题,这些银行就会遭受损失,因为贷款难以收回,与此同时储户也会因为收入水平降低而减少存款。然而,利润损失还不是最危险的。由于银行会将很大一部分存款用于发放贷款,如果所有储户同时要求提取存款,银行的现金流就会出问题。区域经济衰退导致能偿还贷款的客户减少,而由于收入下降、入不敷出,到银行去取钱的储户增多,于是另一种风险就会出现:人们因担心银行倒闭纷纷跑去银行提款并造成挤兑——挤兑一旦发生,银行破产的可能性就会加大。

在20世纪30年代美国"大萧条"(Great Depression)时期,"单位银行"的问题就变得尤为明显,几千家银行接连倒闭。这种风险并非只对银行业产生影响,还会打击整个经济,因为银行的倒闭会导致总需求萎缩,使整个国家更难走出经济衰退。银行倒闭并非随机发生,而是集中于单位银行:

规模很小(只有一个办事处)的银行,在倒闭的银行中所占比重大约为90%。这些银行开始游说联邦存款保险公司(federal deposit insurance)稳定客户的情绪,让他们不用为存款担心。规模较大、分支机构较多的银行没有向这种保险寻求帮助,因为这些银行业务更分散,财务状况也更可靠。

一开始，美国有 14 个州政府设立了自己的存款保险公司。这些州都曾通过立法要求州内银行只能是"单位银行"，而其中有大部分州都发生了大规模的银行倒闭危机。换句话说，这些州的存款保险公司处理的风险恰恰是州政府自己造成的。而且，这种解决方式并不是零成本的，因为当地银行必须向存款保险公司支付保费以抵御政客强加给他们的风险。在联邦层面，分支机构众多的大银行认为自己没必要向存款保险公司支付保费，但随着联邦存款保险公司（Federal Deposit Insurance Corporation）的成立，所有银行都有法律义务去为自己的存款投保。

联邦存款保险公司极大地降低了银行的挤兑风险，因为人们知道哪怕银行倒闭，自己的存款也有保障。这样一来，银行挤兑的可能性就会减少，20 世纪 30 年代那样的货币供给紧缩、需求下降的危机也会因此降低。很多人将其视为政府为经济长期稳定做出的主要贡献。然而，联邦政府这样做实际上是在解决此前的限制性措施的恶果，且代价不菲。拥有多家分支机构的银行本不需要支付这种保费，因为这些银行根本不存在这种问题，哪怕是在大萧条时期。同样的存款保险政策扩展至存贷社（savings and loan association）后，纳税人为 20 世纪 80 年代存贷社的大量倒闭支付了高达 5 000 亿美元的成本。很明显这些机构缴纳的保费并不足以弥补所有的损失，但是存款保险的存在会让储户和银行董事放松警惕。金融机构的经营者和其他人一样，都会因保险保障而敢于承担更大的风险。

"社会保险"

不是所有被称为保险的东西都是真正的保险。在欧盟各国，退休收入有90%来自政府退休计划，该计划也通常被称为"社会保险"（social insurance）。但是这种政府养老计划同真正的保险有很大的不同。真正的保险要对风险的发生概率进行严谨的数学计算和统计计算，并在此基础上确定能够弥补损失的保费水平。该过程被称为精算。只有当保险公司的资产足以承担赔偿责任时，该公司的财务状况才能从精算的角度被视为良好。保险公司的资产包括收取的保费、用公司资金购买的实物资产和金融资产，以及从这些投资中获得的其他收益。而他们的负债则是依法必须付给投保客户的理赔金额。

政府经营的社会保险计划，其资产很少能超过负债，它依靠当期收入来完成当期支付。这种计划被称为随收随付（pay-as-you-go）计划，有时也被称为金字塔计划（pyramid schemes）。金字塔计划是指私人经营的随收随付计划，由于这种计划的违约风险非常高，而且管理该计划的人有可能攫取部分资金为己所用，因此它是违法的。最有名的金字塔计划是由查尔斯·庞兹（Charles Ponzi）发起的，而他也因此在1920年被判入狱。他行骗的基本原理其实和现在很多西方政府的养老金计划如出一辙。

庞兹承诺要在90天内让投资于该计划的人获得一倍回报。第一批无视疑点的投资人确实在90天内获得了投资额翻倍的回报。很简单，庞兹是用第二批投资者的钱来支付第一批投资者的回报的，而规模更大的第三批投资者，其投资则被用于偿付第二批投资者。只要被吸引到该计划的人能够形成金字塔，早期的投资者和庞兹就能赚得盆满钵满。然而一旦这样的金字塔停止扩张，庞兹就没有办法继续向前面的投资者支付回报，因为这种计划根本创造不出新的财富。

美国社会保障的养老保险制度以及类似的欧盟各国其实都是用在职者缴纳的养老保险金为退休者发放退休金——这也相当于用第二代职工投入于该计划的资金来支付第一代职工的养老金，以此类推。

和庞兹的金字塔计划不同的是，这些政府养老保险计划的兑付周期要长于 90 天。职工在缴纳几十年保险金之后才能从该计划定期获得养老金。而且，20 世纪 30 年代美国社会保障建立之初的职工人数较少，第二次世界大战后，"婴儿潮"给美国带来了更多人口，位于金字塔下方的贡献者注定会增多。采取这种计划的国家，其经济得到了发展，职工的收入水平也在不断提高，从这些收入中征收的金额足以为收入水平更低的 30 年代职工支付养老金。承诺并不总能兑现，养老金常常会比最初承诺的高。和庞氏骗局一样，最初参与这些养老金计划的人也收获颇丰。

有人曾提出警告，认为这些政府养老保险计划从本质上看就是资不抵债的庞氏骗局，用金融术语来说就是"从精算的角度不能认为（该计划）财务状况良好"。这种警告要么不被相信，要么就被置之不理，被视为"从理论上看正确无误，但却不符合实际情况"。麻省理工学院（MIT）的教授保罗·萨缪尔森（Paul Samuelson）就对这种警告嗤之以鼻，而他正是美国首位获得诺贝尔经济学奖的知名学者。他曾表示：

社会保险的美妙之处恰恰在于它从保险精算的角度不能被视为财务状况良好。每个人退休后的退休金福利其实超过了他支付的金额……只要人口保持增长，年轻人就永远比老年人多。更重要的是，只要实际收入每年都能增长 3%，养老金的缴纳基础就会超过那些已经退休的人当初所缴纳的养老金总额……发展中的国家就是有史以来最大的庞氏游戏。

然而，到了 20 世纪末，清算这些政府养老保险计划的行动已隐约可现，而这一切都和经典的庞氏骗局那么像。与萨缪尔森教授的论断相反，现实中并不总是"年轻人的总数永远都比老年人多"。西方国家的人口出生率不断下降而平均寿命又显著提高，领取养老金的人口数量在不断增加，领取时间也在持续延长。这很明显会产生令人不安的结果：要么需要大幅提高税率，要么需要削减养老福利发放标准，甚至两者要同时进行。不这样做，养老保险计划的资金就会耗尽。

2002 年，根据信用评级机构标准普尔（Standard & Poor's）的计算，若按照承诺的标准发放养老金，15 个欧盟国家中有 9 个国家的养老保险负债总额已经超过了该国当年的国内生产总值。规模如此庞大的债务通常发生在一次大型战争之后。而且，战争一般延续几年就会停止，退休人群一代又一代永无止境，他们寿命也会越来越长。人口预测研究表明，达到退休年龄的人口数量同劳动年龄人口之间的比值在 21 世纪前半叶一直会迅速提高。不仅欧盟各国如此，日本和美国也是一样。

20 世纪末和 21 世纪初爆发了"拯救"社会保障体系的讨论。这种危机重重的氛围源于工作人群缴纳的养老保险与保险公司的保费不同，后者被用于投资，而前者则被用于支出。由于随收随付的政府养老保险计划并没有真正的财富资金，它与原始的庞氏骗局有着相同的致命性问题。几十年后这种财务危机才会爆发，即便是在危机爆发之时，很多人也不能看清其原因。人们通常都会将问题归咎于不断变化的人口统计数据，而不是该机制的始作俑者。这种机制发挥作用的前提就在于人口变化趋势不能发生改变——但是我们都知道人口变化趋势在历史上已经经历了多次调整。

第6章

移民经济学
The Economics of Immigration

> 没人对大规模移民的了解多到足以断言其利弊。
>
> ——沃尔夫冈·卡斯帕（Wolfgang Kasper）

历史上的移民有很多不同的模式，有些模式背后有着经济学方面的原因，但我们并不能据此就归纳出对所有移民都适用的结论。意大利人的国际迁移模式与爱尔兰人完全不同；而这两种人又与来自印度的移民群体存在很大的差异。随着交通技术的发展，人口迁移模式也会随时间推移发生变化：从最开始的风力船到蒸汽动力轮船，再到后来的飞机。国际移民的输出地和目的地也会有所改变。此外，难民和寄居客的迁移模式不同，而大批被驱逐的人群——例如20世纪70年代被乌干达驱逐的亚裔人和中世纪被欧洲一些地区赶走的犹太人——移居海外的历程和特点也明显有别于难民和寄居客。况且，不同的移民群体还说着不同的语言，拥有不同的文化背景和技能。

据估计，目前全世界范围内共有2亿移民。如此巨大的人口规模，除了中国、印度、美国和印度尼西亚这四个国家以外，其他各国的人口数量都难以望其项背。但移民人口总数其实仅占全世界总人口的 3% 左右。无论在过去还是现在，国际移民的一般模式都是从较贫穷国家涌入较富裕的国家，但这并不意味着移民是一个国家中最穷的群体，因为移民本身是需要花钱的。在那些不那么富裕的国家里，技能水平和教育程度最高的人最可能移民。著名的英国杂志《经济学人》上曾报道：

尽管南非的大学正努力以较快的速度为国家培养大批毕业生，但是很多高素质的人才却在学成之后马上离开祖国，去往英国或澳大利亚。这使得南非国内出现数以万计的工作空缺。摩洛哥具有理科或工科学位、掌握计算机技能、会说几门语言的人才都会去往法国、荷兰和加拿大，而文科和公共管理专业的学生则多留在国内就职。穆罕默德·卡查米（Mohamed Khachami）教授在位于摩纳哥首都拉巴特的人口迁移研究智库 AMERM 中工作，他经常感慨自己的祖国甚至缺乏人才来改善国内的网络状况。但在巴黎，现在却有一个专由摩纳哥 IT 工程师建立和组成的协会。在非洲南部，由于大批医生和护士都收拾行囊去海湾地区、欧洲和其他地方寻找工作机会，本地的医院和诊所就只能忙于解决由此引发的公共健康问题。而学校的情况也大致相同（教师的离去使得本地师资严重不足）……像牙买加、特立尼达和多巴哥、塞内加尔这样的小国，50%～75% 的毕业生都去往其他国家了。

移民问题非常复杂，要彻底搞清楚该问题，就必须将其分解，分别对它的不同方面进行研究。我们将首先回顾历史上的人口迁徙的模式，然后考虑影响这些模式的经济因素。

移民的历史

从有记载的人类历史来看，几千年以来，人口迁移一直在发生。考古学研究表明，人口迁移在有文字记录的历史之前就出现了。人口迁移先于国界出现，因此在研究早期人口迁移问题时，没有必要像研究当代人口流动问题那样区分人口的国内流动和国际迁移。

人们为何要搬离呢？

选择迁离家乡的个人可能各有各的原因，但是通常只有在大量人群同时面临一些显见而又重要的问题时，才会出现人口的集中迁移。回顾历史，在某些时期和地点，土地只能在有限的几年内为当地人口提供足够的食物，几年后土壤中的养分就会流失殆尽。为了生存，人们只能搬到新的土地上，让过去家园的土地休养生息，从自然界吸收足够的养分。有些人的迁移则是为了躲避侵略者。例如中世纪，斯拉夫人受到蒙古人的侵略只好背井离乡向西迁移；而欧洲人的入侵也使美国本土的原住民向西部地区迁移。其实这些侵略者也属于移民，他们用武力征服新土地，抢夺人口和财富。还有些迁移是被迫的。1530年到1780年，至少有100万欧洲俘虏作为奴隶被带到南非的巴巴里海岸，规模相当于被运往美国各地和13个英属殖民点（美国的建国13州）的非洲奴隶总数的两倍左右。

现代人口流动的原因通常与过去不同，迁移模式因此也有所差异。大部分的迁移不再是为了躲避侵略者或离开贫瘠的土地，大多数都是自愿离开家乡。是否要离开故土，个人或家庭通常会根据自身情况自行决定，所以不同人群、不同国家、不同时间的人口迁移模式也各不相同。

输出地和目的地

在过去 300 年间，美国接收的移民人数远远超过了其他国家。2007 年所有生活在美国的人中，有 3 800 万人并非出生于美国，这部分人约占全世界流动人口总数的 20%。从人口输出地来看，没有任何一个国家的输出人口占全球流动人口的比例能够像美国在吸纳移民方面那样具有绝对的优势。几个世纪以来，欧洲一直都是移民输出地，虽然在不同的历史时期移民从不同的欧洲国家迁出，没有任何一个欧洲国家在输出移民方面能够像美国吸收移民那样一家独大。以去往美国的欧裔移民为例，1850 年前后移民主要来自爱尔兰；到了 1880 年，移民主要来自德国；1930 年前后，意大利人接过接力棒成为欧洲移民的新主力。

尽管当我们谈及移民时，总是泛泛地说这些人从一个国家移民到了另一个国家，但这些移民从输出地到目的地的迁徙历史通常要复杂得多。德国移民并不是随随便便就从德国出发，又在美国随随便便找个地方安家的。正好相反，肯塔基州的法兰克福（Frankfort）正是由来自德国城市法兰克福（Frankfurt）的移民建立起来的。而在威斯康星州的洛米拉小镇上定居的人，几乎全部来自德国的勃兰登堡。有研究发现，密苏里州的一些社区几乎完全是德国村镇的翻版。这种情况绝不仅限于德国移民或只发生在美国。在澳大利亚的港口城市弗里曼特尔，那里的渔民曾全部来自意大利的两个小镇。来自黎巴嫩几个小镇的移民通常聚居在哥伦比亚的一些村镇中。从世界范围来看，类似的例子简直不胜枚举。

从另一个角度来看，移民输出地也各有特点。移民群体的地理分布和社会出身都不是随机形成的。美国建国 13 州的人口构成并不是英国人口随机抽样的结果。殖民地时期的美国有时被称为"群龙无首"的社会，因为富有的精英阶层几乎不会冒着巨大的危险横渡大西洋，更不要说冒险在一块不熟悉的土地上与一群不熟悉的原住民为邻，创造一个新社会。从地理分布来看，在美国南部地区定居的英国移民和那些在新英格兰区安家立业的人来自英国的不同地区。这两个群体在识字率、暴力事件发生率、未婚生育率等方面都极为不同；这种差异在大西洋的两岸都存在。不管是在阿根廷、巴西还是在曾被荷兰占领的小岛库拉索（Curaçao），来自西班牙的犹太人和来自德国的犹太人通常都各自定居于相互独立的社区内。和这种情况类似，来自中国不同地区的移民也会分别选择在不同的东南亚国家定居。

人口流动不仅仅是重新择地安家。跨国迁移甚至是国内迁移，要求迁移人群在全新的社会学习很多新东西（例如学习新的文化）。在很多情况下，这些移民还需要学习一门新语言以及很多琐碎但极为重要的东西，比如在哪能找到工作、如何找到工作，以及如何在新的社区找到一个既体面又负担得起的安身之所等。在有亲属或同乡居住的地方，新移民能得到指导意见，有需要时还可得到资金支持，这极大地降低了新移民付出的时间和金钱成本。当这些移民经过漫长的奔波来到一个新地方，身上没有多少钱，又需要在很短的时间内找到养活自己的工作和安身居所时，这些帮助就显得尤为重要。正因如此，来自同一国家同一地区的移民才会选择尽量定居在一起。

很多新欧洲移民循着同胞的足迹，跨越大西洋来到美国。这些新人依靠已经在美国定居的家人或同乡的资助来到新大陆。在欧洲人大规模外迁的时期，来自芬兰的移民中大约有30%是使用预付船票成行的；挪威移民中约有40%使用了预付船票；而瑞典移民中使用这种方式的比例高达 50%。19 世纪 40 年代爱尔兰大饥荒时，有半数以上的爱尔兰移民的船票由已经身在美国同胞预付。与之类似，20 世纪早期，也有超过一半的东欧犹太人依靠已经生活在美国的犹太人为其支付船票才得以逃离迫害和暴力。

预付费用是一种标志，它表明移居到海外的家庭成员和同乡到了新的国度仍会紧密联系在一起，住在同一个地方。他们之间的这些联系正是导致连锁移民的重要因素之一。而且这种"连锁移民"（chain migration）现象不仅发生于美国。移居到西非的黎巴嫩商人和移居到东非的印度商人都会为家族中的年轻人提供工作机会，而这些年轻人随后也会追随前人的足迹在海外安家，东南亚的华裔商人也是如此。在长达半个世纪的时间里，去往澳大利亚的南欧移民中有超过 90% 是通过这种连锁移民的方式移居的。现代化的通讯和交通手段有助于这种联系继续维系下去。《经济学人》杂志指出："交通成本的下降使移民的冒险之旅成本更低，而便宜的国际长途可以方便身在西班牙的保加利亚人打电话告诉家乡的表兄弟，在这里有很多采摘水果的工作等人来做。"

联系移民和家乡同胞的另一条重要的纽带就是前者持续向身在祖国的亲友寄回资金。据估计，2007 年全球国际汇款总规模高达 3 180 亿美元，其中大部分——约 2 400 亿美元——都汇往了较贫穷的国家。贫穷国家移居海外的国民往国内汇回的资金总额比这些国家获得的国际援助总额的两倍还多。这些汇款总额也在贫穷国家的国民收入中占据了相当大的比重：在塞尔维亚和牙买加的国民生产总值中占 17%；在约旦的国民生产总值中占 20%；在海地的国民生产总值中占 25%。一项针对 9 000 名在美国生活的非洲博士的研究发现，这些人平均每年会往家乡寄20 000美元，有些甚至在出国20年后还在寄钱。

移民的来源与目的地会受到可供选择的交通方式的影响，这种影响既有技术方面的，也有经济方面的。在大部分社会中的大部分人都处于贫穷状态的漫长岁月里，很多人根本不会迁移。他们从生至死都在距出生地50英里的范围之内活动，通常住在父母以及祖父母生活过的房子里。当时及之后迁移的人究竟能去多远的地方，还要受限于他们承担得起的交通方式。例如，在殖民地时代早期乃至美国在这些殖民基础上正式形成之后，大部分移民都来自欧洲，更具体来说，来自北欧和西欧国家。因为欧洲这些地区的港口多为穿越大西洋、往返于欧美之间的货船经常抵达的地方。

这个时期，美国向欧洲出口农产品，并从欧洲进口工业制成品，因此美国主要的贸易伙伴是欧洲的工业国家。在国家间交换价值相近的产品，意味着这些产品在大小和重量上存在着巨大的差异。工业品不像农产品那么占空间，所以运载美国产品去往欧洲的货船在返航时通常会有空余空间。结果，那些住在美国货船附近想去美国的人就能以较低的成本利用这些空间移民到美国。具体来说，只有北欧和西欧的港口城市以及通往这些城市的内地才是想要移民的人们可以接近的地方。

移民的经济状况除了决定他们能从哪里出发之外，还将决定他们在哪里安身。他们只能在货船所到之处登陆，除非身上带了足够的钱。那些非常贫穷的人大部分只能在美国东海岸的港口城市（如波士顿、纽约和费城等）登陆并安置下来。货船会在这几个城市装载，重新返回欧洲。例如，波士顿并不能为19世纪40年代大饥荒时移民美国的爱尔兰人提供很好的定居条件。恰恰因为从家乡出发的货船多会在此经停，一贫如洗的爱尔兰人才在此安家并尽最大努力在无望的处境中生存。

到了19世纪，随着蒸汽机的发展，蒸汽动力船取代了风力船，极大地革新了人们迁往西半球的方式。

蒸汽动力船大幅缩短了跨越大西洋所需的时间，降低了移民的成本：除了船费会降低之外，购置途中所需食品和其他生活必备品的成本以及待在船上无法工作所导致的收入损失也会随之下降。成本的下降使跨越大西洋的移民总数急剧增加，移民的输出地也从过去的北欧和西欧转向南欧和东欧。由于穿越大西洋的成本大幅下降，更加贫穷的南欧和东欧人现在负担得起移民的成本了，也不再需要寻找有空位的货船了。他们现在买得起客船票，可以不受货船航线所限选择目的地。美国的移民大部分来自北欧和西欧的时代在19世纪80年代这10年间逐步走向了终点。

之后，去往美国的欧洲移民多为意大利人、斯拉夫人、犹太人和其他地区的欧洲人，而这些地区过去很少有人负担得起移民的成本。此外，跨越大西洋的成本大幅降低还产生了一种全新的现象：迁移至西半球的人们并不想永久扎根于此，他们只想在此工作一段时间，然后带着积蓄回国，因为在这里比在家乡赚得多。在美国、阿根廷和其他一些国家，这种寄居人群最典型的就是意大利人，而此前意大利人就经常去其他欧洲国家寄居赚钱。

寄居客有时会在异乡居留数年，但有时仅工作一季就会返乡。这些人群主要从事季节性工作，如农场工人或建筑工人等。由于南美洲的季节刚好与意大利相反，因此对于冬天在本地找不到工作的意大利人来说，这种季节性的工作极具吸引力。然而，选择寄居的并不只有意大利人。在世界的另一端，有大量华裔在东南亚各国寄居；在世界各地（例如南太平洋的斐济和非洲及加勒比海诸国）的种植园中，有大批来自印度的与种植园主签有固定期限劳动合约的劳工。有时，一些寄居客会决定留下来，不再回归故土。所以很多印度人最后留在了斐济，他们的人数和原住民的数量几乎相当；而英属圭亚那的印度裔移民的总数也和原来在该国占绝大多数的黑人群体的相当。

跨洋航行成本的显著下降使那些以前没有足够钱坐船横渡大西洋的人能够如愿出行，同理，大批来自中国和日本的移民横渡太平洋来到美国的西海岸、加勒比海地区以及南美洲。巴西是日本国土之外，日本移民聚居最多的国家，这些日裔巴西人在巴西拥有土地面积已经相当于日本国内耕地总面积的3/4。再后来，在20世纪，飞机的诞生和国际商用航行业务的普及再次改变了移民的输出地和目的地，使大部分过去没法移居和寄居的人群都能成行。在20世纪的最后30多年里，去往美国的亚裔移民已经超过了欧洲。

在1850年到1914年欧洲大举向外移民的时期，大约有5 500万欧洲人移居到了西半球和澳大利亚。在此之前，去往西半球的迁移人口绝大多数都是非自愿的非洲奴隶。到了20世纪中叶以后，来自亚洲的移民成为新的主力军。总之，随着时间的推移，移民的输出地、目的地和文化都在不断地发生着巨大的变化。

文化习俗

人口迁移——尤其是国际人口迁移——并不是简单的人口流动。文化也会随着人群一起移动。随着移民及其后代对周围文化的吸收，有些文化会受到侵蚀，而另一些文化则会维持数代甚至数个世纪，尽管它被数百万具有不同文化背景的外族人所包围。事实上，同一种文化在有的社会中会维持下来，而在其他社会中则会被侵蚀。而这两种情况的出现各有其原因。

例如，在美国或澳大利亚的黎巴嫩移民比在拉美的黎巴嫩移民能更好地融入当地社会，而那些移居到西非国家（例如塞拉利昂或科特迪瓦）的黎巴嫩人则更多地保有了原来的习俗和文化。从历史发展来看，在美国和澳大利亚的社会中，主流文化一直是"占主导地位的社会团体所承袭的单一文化，其他群体总是努力去适应这种主流文化"。在这样的社会中，隐含的推论就是那些被同化的移民才能被主流社会接受；因此，接受同化对移民来说很重要。但在拉丁美洲，"不同的血统和文化在社会中融为一体；社会平等地接受着每一种文化，而每种文化又都能有所贡献"。这种尊重"多元文化"的哲学在当今也成了很多英语国家的主流（如果不是占据统治地位的话）。最后，在西非地区，"人口数量占绝对优势的原住民不愿意与移民群体进行文化交流"，或者也可能是移居至此的黎巴嫩人和其他移民群体不愿意按照当地人的方式去生活。

这些特点反映了一种同化模式，这种模式不仅局限于黎巴嫩移民，也不仅局限于特定的地区。华裔移民在 20 世纪下半叶被美国社会接受之后，很快就被美国的主流社会所同化，实现了文化的融合和跨种族通婚；但在马来西亚，尽管华人移居的时间更长、人数更多，融合的进程却慢得多。大部分华裔美国人都能说英语，但是会说马来语的当地华人却并不多。美国华人与白人的通婚率也明显高于马来西亚华人与当地人的通婚率。文化融合不仅需要互相接纳，愿意被同化的移民能够得到实质性的收益也同样重要。如果移民认为当地文化习俗落后，就会一直将自己的文化保存下去。例如德国文化在俄罗斯和阿根廷保持了数个世纪，移居到澳大利亚和美国的德国人也花了很长时间才最终走出了自己的圈子，学会说英语，并被周围的社会所同化。

同那些打算长期定居的移民不同，短期寄居者不会迅速、彻底地被同化。如果移民的文化不断被来自家乡的新移民加强，或迁移群体总是在故乡和新的定居地之间往返，移民的文化就不会轻易地被移民目的地同化。20世纪20年代美国通过了一系列限制移民进入的法律，此后，去往美国的移民数量大幅减少，在美国生活了几代却一直未被同化的移民族裔也开始被同化了。总之，文化融合和跨族通婚不只存在一种模式，即使是同民族的人移居到不同国家，或者在不同的时间移居到同一个国家，同化的模式也会存在差异，就更不要说来自世界各地的移民群体了。

移民问题无法抽象地探讨，其中一个原因在于文化。定居巴西的德国人就和最早来到巴西的葡萄牙殖民者很不一样。而过去的巴西统治阶层清楚地知道并能坦然面对这一点，他们有意鼓励那些与最早来到巴西的欧洲定居者不同的其他欧洲移民来到巴西。巴西有很多国土仍然未被开发，现有的人口又不愿承担开拓这些地区的艰辛任务，而德国人则在俄罗斯、美国和其他地方做过这样的事情。与之类似，比起西班牙和葡萄牙裔移民后代，去往阿根廷及其邻国巴西的意大利移民更愿意去做那些比较艰苦的"粗活"。而且意大利以节俭闻名，而西班牙裔的阿根廷人则喜欢大手花钱，因此虽然大部分意大利人到达阿根廷首都布宜诺斯艾利斯时非常贫穷，很快他们的银行存款就超过了阿根廷本地人。

总体来说，来到阿根廷的意大利移民无论是在农业、商业还是工业部门，普遍都要比那些本土出生的人成功得多。这种情况不只局限于意大利人或阿根廷。几个世纪以前，在许多国家属于少数族裔的犹太人大多受过教育，甚至在周围的多数族裔几乎都是文盲的情况下也是如此。这不只是因为犹太人有足够的钱来支付教育费用。在马来西亚殖民地，政府开办的学校只接收马来西亚本地人，却不肯收属于少数族裔的华人；但最初穷困且不识字的华人移民随着经济实力的不断增强，开始建立起自己的学校，其后代的教育水平也高于马来西亚原住民。在18世纪晚期的苏格兰，那些穷得买不起书的人也可以从遍布全国的图书馆中借到想要的书籍，因为喜欢看书的人很多。然而，19世纪内战爆发之前，弗雷德里克·劳·奥姆斯特德（Frederick Law Olmsted）曾多次前往美国南方。在那里他很少看到书的影子，甚至是在绝对买得起书的奴隶主的家中。

总之，文化背景是导致不同人群行为差异的主要因素之一，其影响力常常超过经济因素。文化的影响既发生在移民身上也发生在非移民身上，它还可将一种移民群体和其他移民群体区分开来。正因如此，一般化地处理所有移民群体是具有误导性的，因为不同群体的文化背景存在很大差异。

文化也会世代变化，这种变化有好有坏，不同族群的变化速度也有差异。来自苏格兰低地地区的移民比苏格兰高地地区的人更容易融入英语国家，如美国、澳大利亚和新西兰等。另一方面，德国移民可以将其语言和文化维持数个世纪，无论是在东欧、巴西和阿根廷，他们都习惯于与同胞聚居在一起。但即使长期保持着原来的文化习俗，这些移民在政治上却不会忠于德国，他们中的大部分都热爱定居的国家。在两次世界大战期间，美国主要的军事首领都是德国移民的后裔，包括约翰·J. 潘兴（John J. Pershing，其族姓为 Pfoerschin）将军、德怀特·D. 艾森豪威尔（Dwight D. Eisenhower）将军、卡尔·斯帕茨（Carl Spaatz）将军（正是他麾下的轰炸机粉碎了德国）和切斯特·尼米兹（Chester Nimitz）上将。

但其他的民族则未必如此。巴西的日本人在文化上和政治上都忠于自己原来的祖国。在巴西的日本人甚至拒绝接受日本在第二次世界大战中被击败的事实——一些极端分子甚至还会暗杀那些公开表示相信日本战败的日裔同胞。与之相反，在更早的时候，日本国内普遍弥散着对美国社会的崇拜羡慕之情。因此，即使日本移民在美国遭遇的歧视比在巴西更为严重，这些日本人还是愿意成为忠诚的美国国民。这就说明，一个族群的行为不仅是由他们在新的社会环境中所受到的对待所决定的，他们的内部文化模式也起着重要的作用。

但无论是美国还是巴西的当权者，都很少意识到这些日本移民来自不同的文化时代，因此很多日裔美国人被政府关押起来。其他国家在战时也关押了来自敌国的居民，包括在第二次世界大战之初，身处英国的德裔犹太人也被政府拘留起来，虽然这些德裔犹太人根本就不可能为纳粹提供帮助。很多在战时紧急情况下做出的决定体现的是对决策速度的要求而非深思熟虑，决策者顾及的是国家利益而非个人或群体的利益。

在一个移民族裔中，重要的文化变迁可能只要一代人就可以完成。这种情况在美国并不少见。以语言为例，第一代移民全部或大部分时间使用自己的母语，第二代移民就基本上以英语为第一语言，只是稍微懂一点父母的母语，而第三代移民就只会说英语了。但在其他方面，第二代移民对美国社会的适应能力也许还不如第一代移民强。

决定离开故土的移民，多半是为了摆脱贫困或压迫，他们深知生活在美国社会的各种好处。但他们的子女却从未像父辈那样拥有生活于其他国家的经验，他们倾向于把自己的际遇同周围的美国本地人做比较，并由此产生对经济和社会地位低下的怨恨和不满。

来自东欧的第二代犹太移民曾一度是美国有组织犯罪行为的罪魁祸首，直到被第二代意大利移民所取代。在法国，来自北非的第一代移民被描述为："比他们的子辈和孙辈要好得多的法国人：他们从来不会在演奏法国国歌《马赛曲》时吹口哨、喝倒彩，而他们的后代却在2001年法国和阿尔及利亚进行足球比赛的时候这么做，这使法国开始警惕这种存在于内部的毒瘤。"而2005年发生于法国的一系列伊斯兰暴乱验证了这种观点。两年之后，这类暴乱事件发生的次数减少了，但却更加极端。《纽约时报》报道说：

> 过去投掷石头和放火烧车的暴徒现在弄来了一些猎枪，并用这些武器与警察对抗。
>
> 根据警察方面的消息，超过100名警员在冲突中受伤，其中一些伤势严重。警方新闻发言人帕特里斯·里贝罗（Patrice Ribeiro）在接受电话采访时表示，有30个警员被猎枪射出的铅弹和小子弹击中，其中一名受伤警员被用于击杀大型动物的特制子弹击中。一位警员失去了一只眼睛，另一位的肩膀被子弹击得粉碎。

在美国，墨西哥裔移民的犯罪率同样较高："从在海外出生的第一代到他们的美国子女，犯罪率提高了超过8倍。"在《华盛顿邮报》的一篇报道中，可以看到他们的犯罪问题同法国类似：

很多新移民并没有被同化。几年前，美国队在洛杉矶纪念体育场同墨西哥队进行了一场足球比赛。当时，一些移民在美国国歌奏响时发出嘘声，并向美国队员投掷垃圾。

皮尤研究中心（Pew Research Center）开展的一项民意调查发现，在美国的伊斯兰族裔中，30岁以下的被调查者里面有1/4的都表示可以接受自杀性爆炸袭击。

返迁移民

有报道称，2005年至2006年间共有2万印度裔移民回到了祖国；而仅2006年一年就有差不多4万海外华人回到中国。如果考察的时间范围更长一点，我们可以发现在1905年到1976年期间，总共有超过850万的意大利裔移民回国。印度被英国统治时，大量印度人离开了祖国，其中很多都是以契约劳工的身份去往大英帝国遍布全球的领土及殖民地。契约期满后，这些人就会回到家乡。从19世纪30年代到20世纪30年代，据估计有3 000万人离开印度，其中有将近2 400万人重返故土。

和其他移民问题一样，我们也不能笼统地讨论移民返迁，因为不同的移民群体返迁规模有所不同。受自然灾害（如19世纪40年代的爱尔兰大饥荒）所迫离开故乡的难民，或因政治迫害和暴力对待而迁离的难民（如19世纪最后10年的东欧犹太移民），在新的地方或国家定居之后，很少会选择重回原居地；但是那些因经济原因外出谋生的移民——他们在海外所能赚到的钱比在国内多——返迁的情况则更多。不论出于何种原因，不同国家不同族群的返迁比例差异很大。在欧洲大举外迁的时期，来自俄罗斯、冰岛和斯堪的纳维亚半岛的移民中只有5%选择回到故乡，但意大利移民中约有一半都回到了家乡。

移民来到新的国家会把自己特有的文化带到那里去，返迁移民回到故乡也会把寄居地的文化带回祖国，尤其是那些在海外长期居住的移民。很多在美国待过的意大利人返乡时不仅带回了更多的金钱，还把美国的平等精神带了回来，这种精神使他们不愿受到不平等的对待或屈从于本土精英。受到美国重视教育观念的影响，这些意大利人还会让子女接受教育。在很多地方，返迁移民已与土生土长的意大利人存在很大不同，他们往往选择聚居在一起。

疾病

就像文化习俗会随着移民一起迁移，疾病也会。事实上，正是疾病使得欧洲人相对容易地征服了拥有大量土著人口的西半球。几个世纪前曾在欧洲大陆广为肆虐的疾病，对西半球土著人口的破坏力要远远超过西半球所特有的疾病对欧洲掠夺者的影响。原住民感染欧洲疾病后，死亡率为50%的情况并不少见，在有些闻所未闻的地区，死亡率竟然高达90%。在西半球，原住民染病而亡的数量要远远超过被欧洲侵略者杀死的数量。欧洲入侵者的优势不仅在于枪炮和战马，他们还拥有数以百万计的微生物盟友。不过当时的欧洲人和西半球原住民都没有意识到这一点。

另一个令人困惑的情况就是欧洲人征服西半球比他们征服撒哈拉以南非洲地区早几个世纪，而欧洲人发现非洲却比他们发现西半球早上一千多年。这种困惑可以从疾病的角度来解释：非洲疾病对欧洲人的伤害远远超过欧洲疾病对非洲人的影响。白人在撒哈拉以南的非洲地区生存的平均时长曾一度仅为不到一年。直到欧洲的医学水平发展到能够控制和解决非洲地区盛行的热带疾病之后，欧洲诸强才开始大规模征服非洲大陆。

受疾病影响的不只是征服型移民。难民因疾病而逃亡，就像他们因饥荒和自然灾害而逃亡一样。然而，在疾病肆虐时期逃离家园的移民往往会把这些疾病带到所到之处。甚至那些因为经济或其他原因移居到国外的移民也经常会把一些不常见的疾病带到定居地。我们在第4章中已经介绍过，在19世纪爱尔兰移民到来之前，美国城市就没有出现过霍乱。不只是疾病本身，爱尔兰人的整个生活方式——垃圾遍地，老鼠大量繁殖——也使疾病被保留下来并向外传播。

目前很多国家都面临类似的问题。例如，在四年时间里，英国的"乙肝新病例中，95%都是被海外移民带来的"，而且"2001年，非洲移民的艾滋病病例数量占到艾滋病人总数的34.7%，但非洲移民人口在英国总人口中所占的比重尚不足1%"。据估计，每个患有乙肝的移民每年需要纳税人为其负担约10 000英镑的治疗费用。而治疗一个感染了艾滋病的苏丹裔移民家庭每年则需要花费80 000英镑。经济成本还不是唯一的成本。英国政府经营的免费医疗体系还吸引了很多其他国家的病人，有的疾病被传染给了英国人，而英国人对来自世界不同地区的疾病缺乏生理抵抗力。

同样在美国，移民带来了21世纪美国人很少罹患的疾病。例如，在弗吉利亚州的劳登郡，2005年有86%的肺结核病例源于外国，而费尔法克思郡2004年有93%的肺结核病患是移民。在德克萨斯州，拉美裔人群中罹患甲肝的比例比黑人或白人群体高几倍。在明尼苏达州的明尼阿波利斯，一项对非裔移民进行的抽样调查显示，这些人中感染甲肝、乙肝和丙肝的比例同非洲东部地区的水平大致相当，不同的只是美国患者"从外表上看不出来营养不良或患有这些慢性疾病的迹象"。

这种问题不只发生于英国或美国。实际上，在接受了大量穷国移民的西方国家中，该问题其实非常普遍。《美国热带医学与卫生杂志》（American Journal of Tropical Medicine and Hygiene）上的一篇研究报告指出：

在西方国家中，一些典型的热带疾病也在增加，如疟疾、丝虫病等。一些过去常见的疾病也开始卷土重来，如肺结核和病毒性肝炎等。这些，都源于大量来自较不发达国家的移民。

移民经济学

经济状况会影响移民决策以及接收国是否接受移民的决策。在帆船转变为蒸汽轮船的之前和之后，经济状况影响了欧洲移民的来源地和目的地。更重要的是，移民群体给所到之国带来了收益和成本，因此就产生了经济学中最为经典的利弊权衡问题。不同的移民群体给接受国带来的收益和成本各不相同。例如在 21 世纪早期，来自亚洲的移民中约有 45% 具有大学学历，相比之下，墨西哥移民中只有 4% 的人读完了大学。

移民间的差异

有时，来自同一个国家的不同移民群体之间也存在着很大的差异，而他们之间的不同特点会影响他们在经济中的作用，以及接收他们的国家的成本收益平衡。19世纪时，来自苏格兰高地地区的移民群体同来自该国低地地区的移民有着不同的文化，而这些区别既影响了他们自己，也影响了接收他们的国家，如美国和澳大利亚。其中最为直接的区别就是苏格兰低地地区的人说英语，而高地地区的人说苏格兰盖尔语（Gaelic）。区别远不仅于此。和世界很多生活在高地地区的人群——例如美国的阿巴拉契亚山脉地区、北非的里夫山脉地区、巴尔干半岛的山脉地区——一样，苏格兰高地地区的情况验证了费尔南·布罗代尔（Fernand Braudel）的理论，即山区的文化和经济状况一般都比不上平原地区。

英格兰的工业和商业发展逐步扩散到了苏格兰低地地区，但由此向高地地区传播的速度则较为缓慢，因为高地地区的交通成本阻碍了传播，而且当地人大多目不识丁，又缺乏专业工作技能，还不会说英语。来自苏格兰这两个地区的移民定居在美国后，各自聚居在不同的社区。苏格兰高地地区的移民保持自身独特性的时间更长，因为他们既无法与苏格兰低地地区的同胞交流，也无法同周围的美国社会沟通。在澳大利亚，来自苏格兰低地城市、工业和商业地区的移民聚居到了一起，他们通常成功而又受欢迎。那些在澳大利亚从事农业活动的低地苏格兰人在苏格兰时也具有农业背景，他们的农业生产标准在当时十分先进。

尽管在苏格兰高地地区存在着这样一种抱怨，即向外移民的都是本地工作人口中的精英，但在澳大利亚，人们则抱怨来自高地地区的移民是苏格兰移民中的渣滓。在当时，这些抱怨并非毫无道理。随着时间的推移，去往澳大利亚的苏格兰移民中，来自高地地区的人口占比不断下降，到了最后，超过 90% 的苏格兰移民都来自低地地区。

分析移民问题与分析其他问题一样，必须把原因和责任区分清楚。没人能够选择自己是生于山区还是平原区、生于苏格兰还是其他国家，也没人能选择出生地的语言和文化习俗。这些因素会对一个人的生活前景产生深远的影响，无论是在祖国还是在海外。这些难以回避的地理因素会限制或促进机会的产生。工业革命永远不可能发源于苏格兰的高地地区或巴尔干半岛的山区中，因为这些地方缺乏革命所需的原材料，高昂的交通成本也阻碍了原材料的向内运输。

扩展来看，试图将"移民"作为一个整体来分析，设定统一的法律政策意义不大，因为不存在作为整体的移民。不管是过去的苏格兰人还是现在的拉美移民，即便被外行看作不可区分的群体，这些人群的不同部分也大有差异。美国的古巴移民和波多黎各移民，其经济发展历程差异很大，情况与过去苏格兰高地地区移民和低地地区移民一样。而且，人口迁移的进程也会随着时间的推移而发生变化。21 世纪的移民问题根本无法按照一百年前或更早时候解决同样问题的方法来处理。

在 20 世纪中叶之前，大部分前往美国的移民都是穿越大西洋的欧洲人，他们中的大多数既没有手段也没有义务回到欧洲，因此他们注定会成为新的美国人。然而，到了 21 世纪，大部分前往美国的移民都来自亚洲或拉丁美洲。而拉丁美洲移民，尤其是墨西哥人，可以经常在故乡和美国之间往返，不必学习新的语言或文化。而如今的美国社会，不管是技术发展水平、福利政策还是社会对移民的态度都与百年前大不相同。现在这个福利国家甚至比欧洲更大、更慷慨。据《经济学人》报道：

在伦敦，招聘清洁工人的广告给出的工资水平是最低时薪的两倍，但鲜有当地辍学者或失业者问津。申请者多半来自乌克兰、哥伦比亚或者波兰。

各国曾一度区别对待获得批准的合法移民和未获批准的非法移民，甚至会给有些能为本国社会和经济发展做出贡献的移民提供补贴。因此，尽管巴西最早为葡萄牙移民所占领，却慢慢开始有意吸收来自伊比利亚半岛之外的移民。引人注目的是19世纪志愿开发大片荒地的德国移民，以及随后同样开发荒地的日本移民。加拿大、阿根廷和澳大利亚这几个国家都曾为自己选择的移民提供补贴。在中世纪的东欧，定居东欧的移民多来自西欧，并以德国人为主。吸引这些人过来，是为了借助西方先进的农业技术和其他优势帮助本地实现发展。

第二次世界大战之后，各国对移民进行区别对待的做法招致了不满，这也可能是对纳粹强调种族所造成的悲剧的一种反弹。例如，澳大利亚废止了"白澳政策"，而美国在1965年通过的新移民法也废除了20世纪20年代时制定的移民限额制度。很多西欧国家也开始向大量非欧族裔人群——包括来自过去英、法殖民地的人口——敞开了移民的大门。对那些减少限制接收移民的国家来说，这些新移民政策既带来了新的收益，也带来了新的成本。

收入差距

针对19世纪的大批欧洲移民以及20世纪、21世纪亚洲和拉美移民的诸多研究发现，移民输出地和目的地之间的收入差距是决定移民的去向以及迁移规模的重要因素。例如，在欧洲人口大举外迁时，来自不列颠群岛的移民倾向于选择在比联合王国工资高出69%的国家定居。数百万劳工从欧洲转移到了西半球，随着时间的推移，两地的工资水平发生了变化：欧洲的劳动力减少而西半球的劳动力增加，于是欧洲的工资提高，而西半球国家的工资增速得到了抑制。针对这一时期的一项研究发现："在19世纪末，各国的人均实际收入和实际工资最后渐渐趋同。"

由移民导致的工资趋同反过来又导致了移民的减少。来自爱尔兰的移民，先渡过爱尔兰海来到英格兰，再穿越大西洋辗转来到加拿大和美国，甚至远赴澳大利亚。于是，这些国家之间的工资差异减少，同时，爱尔兰的工资水平因大量移民而大幅提高。根据经济学原理，劳动力供给相对土地和资本有所下降，不仅会导致劳动报酬的提高，还会使爱尔兰国民收入中用于支付劳动报酬的比重提高，而用于支付土地租金和资本报酬的比重降低，其结果就是移居海外的爱尔兰人总数减少。

情况更加复杂的意大利模式还反映了移民决策的其他经济因素。尽管19世纪意大利与多个移民目的地之间的工资差异不断减小，但向外移民的数量仍在持续增加。收入差距是移民的动力之一，而移民成本却是一个阻碍，尤其是对那些想要移民的穷人来说。随着劳动力的大量流出，意大利的收入水平开始提高，较贫困的人群也有经济能力负担向外移民的成本，于是意大利的移民潮一直经久不衰。事实上，来自较贫穷的南部地区的移民所占比重有所提升，这恰恰证实了上述观点。

人口大规模外流——移民人口通常是劳动力参与率很高的年轻

人，他们的离开会给劳动供给造成巨大冲击——国内工资水平提高的情况不止局限于爱尔兰和意大利。瑞典的工资涨幅很大，原因是劳动力外流而资本涌入。1870年一项针对西欧整体的统计显示"旧大陆（东半球）和新大陆（西半球）之间的实际工资差距在25年间（到1895年）降低了36%，在43年间（到1913年）降低了49%"。而现在，最贫困的第三世界国家随着收入水平的提高，出现了和19世纪意大利类似的情况：经济条件的改善会让最贫穷的人负担得起移民的成本。

移民接收国的经济收益

总的来说，移民自己和接收他们的国家都需要面临各种收益和成本。这些收益和成本会因移民群体、国家和历史阶段的变化而改变。

有些移民可以在所到之地创立全新的产业。例如，在17世纪胡格诺派教徒因宗教压迫从法国逃往英国之前，英国根本没有钟表制造业。这些人将他们制造钟表的技能一并带到伦敦，帮助英国成为世界领先的钟表制造中心之一。接收了大量胡格诺派逃亡者的瑞士亦是如此。实际上，在殖民地时期的马来西亚，所有的现代工业、商业和金融部门都是由移民建立起来的：来自中国和印度的移民为橡胶园和锡矿提供了大多数劳动力，并开设了很多小型零售和借贷公司；而其他需要大规模投资的项目，例如航运等，都是由欧洲人出资并经营的。德国移民则制造了俄罗斯、英国、法国和殖民时期美国的第一台钢琴。

黎巴嫩移民在西非内陆地区的塞拉利昂和科特迪瓦建立起零售网络，印度和巴基斯坦移民则控制了东非——例如位于腹地的肯尼亚和乌干达，以及像内罗毕这样的中心城市——的零售业。犹太移民则在阿根廷、奥斯曼帝国和美国把控了服装业数个世纪之久。德国移民主导了各国的啤酒生产，美国最著名的啤酒品牌都是由德国移民后裔创立的，连驰名中国的青岛啤酒也是由德国人创立的。类似的例子在不同的移民群体、不同的国家不胜枚举。

曾经有段时间，移民接收国出于自身利益公开表示欢迎某些具有特殊技能、天赋或工作习惯的人迁居至此，甚至有选择性地向这些移民群体提供补贴。在19世纪，日本特意引入了苏格兰工程师帮助他们实现工业化，苏格兰人人数之多甚至使一座苏格兰式教堂出现在了日本。日本还从欧洲和美国邀请很多专家帮助自己发展各种产业。在从农业社会转型为工业和商业社会的阶段，在日本工作的寄居者一直存在。

然而，日本从未鼓励或允许大规模移民长期定居于该国，因此日本至今仍是现代工业化国家中种族成分最单一的国家。另一个相似的例子就是奉行"白澳（移民）政策"时期的澳大利亚，该政策在20世纪下半叶退出了历史的舞台。然而，即便在执行"白澳政策"的时期，澳大利亚还是对来自欧洲大陆不同国家的移民敞开了大门；日本更排外，它的移民政策一直延续到现在，却从未像澳大利亚那样因为移民政策招致国际谴责。

历史上的这些孤立事件无法像统计数据那样完整且可信地拼凑出移民问题全貌。例如，1820年到1880年间共有大约1 000万移民来到美国，其中大部分来自西欧和北欧；而从1880年到1924年（该年，法律开始限制移民），一共有2 600万移民从东欧和南欧来到美国。1965年，美国又对移民法做出了重要调整，移民群体的种族构成和地理来源也发生了巨大的变化。在此之后，美国的移民主要来自拉美（到

2000年约占51%)和亚洲(26%),而欧洲移民占比则降至15%左右。现在来自欧洲大陆的移民总数尚不及墨西哥一个国家(后者占比约为28%)。变化还不只局限在地理上。

在移民法被修改之前的20世纪60年代,移民群体在美国的平均收入比土生土长的美国人还高。新移民法案通过后,纷至沓来的新移民群体的收入就一直低于美国本土居民。原因之一就是60年代之后的移民群体同美国人之间的教育差距扩大了。尽管所有群体的教育水平都在提高,但是总体上看美国本地人的教育要明显优于移民群体。不仅如此,社会出身的不同也通过不断扩大的收入差距显现出来。到了1990年,来自墨西哥的移民群体平均收入水平要比美国普通人低40%。

总之,美国移民法案的修改和调整改变了移民构成,更多技能和教育水平较低的移民来到了美国。此时,美国经济迅速发展,各部门对具有高技能、高教育水平人才的需求不断增强。于是教育程度不同的人,工资差异也在扩大。将美国的情况与同期的加拿大进行对比就会发现,这种结果正是移民法案的修改所造成的。加拿大的移民法案倾向于优先接受那些教育背景良好、熟练掌握英语或法语、其职业被认为对加拿大更为重要的移民群体。于是,去往加拿大的移民普遍比去往美国的移民技能更高,收入水平也更高。这两个移民国家的移民来源构成存在很大的区别,这种差异源于两国接收移民的经济和文化标准不同,而非配额政策不同。

在20世纪后半叶,西欧国家开创性地针对移民群体建立起"客工计划"(guest worker program),将一些本地人不愿干的工作以当前的薪酬水平提供给愿意移居至此的移民。雇主的收益常常被政客鼓吹为国家所能获得的净收益，背后隐含的假设就是如果不采取该计划，这些工作空缺将无人来补。然而，出现暂时性的供需失衡时，提高薪酬水平就能解决该问题。雇主的个人利益同文化多元化的哲学承诺相结合，释放出了巨大的能量，而那些反对开放移民政策的人则被边缘化，常常被指责为"排外分子"或"种族主义者"。芝加哥对外关系委员会（Chicago Council on Foreign Relations）发起的一项民意调查显示，美国约有60%的人将大量的移民和难民涌入美国视为对国家的"严重威胁"；但在精英舆论引导者中，持相同观点的人仅占14%。

在克林顿执政时期，美国人口普查局（U.S. Bureau of the Census）的一位研究主管曾针对美国的移民问题发表意见："还有很多人没有充分认识到我们已经告别非白种人、非西方移民被占绝对优势的主流文化同化的时代了。未来，在人口中占据优势的西方人也应该让自己被同化。"这种新的观点在持有不同政见的精英阶层中非常具有代表性，从激进的自由主义代表杂志《国家》（The Nation）到秉承保守派立场的出版物《华尔街日报》，经常可以看见以傲慢和专横的语气表达出的类似意见。

与之相似的观点在英国、澳大利亚和其他西方国家也非常流行，但普通民众却对此表示强烈反对，而精英阶层却总是对民意不屑一顾。在英国，《经济学人》杂志在2007年登载了一篇文章对移民问题展开讨论，但是文章通篇都没有提及移民引发的社会暴乱和恐怖袭击，而将公众对移民的抵制视作不可理喻的狭隘思想。

在欧洲，举目可见对外来者的恐惧。丹麦的选民已经让该国反对移民的丹麦人党（Danish People's Party）的选票份额连续四次上升。

瑞士人将 29% 的选票投给了严重排外的瑞士人民党（Swiss People's Party）。一个反对外国移民的政党已经成为挪威的第二大党。在比利时的佛兰德人选民中，有 1/5 选择支持极右翼政党弗拉芒利益党（Vlaams Belang）。

在过去几年里，这些国家的民意已经证明普通民众更愿意相信不断改变的实际情况而非精英阶层向公众灌输的意见。例如，在澳大利亚，1961 年仅有 16% 的公众认为国家接纳了"太多"移民；但是过了 30 年，当该国 1/4 的人口都是出生于其他国家的外来移民时，73% 的公众都表示国家接纳的移民数量"过多"。而且，无论是在澳大利亚还是其他西方国家，这些新移民通常没有努力让自己成为社会中的一部分。正如一位移民到澳大利亚的学者所说：

和过去相比，如今的移民群体中，有更多人来自文化背景不同、经济相对落后国家。有些人对西方价值观抱有敌意，他们坚持自己的行为方式，而这些行为方式往往与西方主流相悖。

这位学者还指出，无论是在澳大利亚还是其他地方，关于移民政策的争论通常都会出现这样的倾向："支持开放的移民政策和官方的多元文化主义已经成为一种姿态，用以将'正确的头脑'与无知且卑鄙之人区分开来。"

在很多经济发达的西欧国家，人口年龄的变化进一步支持了它们从相对贫穷的国家吸引"客工"。欧洲人口的平均年龄一直在提高：德国和意大利的人口平均年龄都在 40 岁以上。很多第三世界国家的人口平均年龄仅为 20 岁左右，有些国家甚至更低，例如也门和阿富汗等。支持引入"客工"的人认为，通常由年轻人来做的服务必须有人去做。经济方面的另一个考虑是，总要有人为政府养老金体系投入资金，而养老金体系都是向工作人群征税，然后用这些资金为退休人士发放养老金。福利国家、多元文化、雇主利益和养老金不足这几个因素结合在一起，使开放的移民政策不仅成了一种需要，还成了势在必行的选择。

但真正的问题不是移民究竟能带来哪些特殊的利益或能惠及哪些机构，而是应该让整个国家作为一个整体享受到移民的经济收益。《经济学人》提出了一个类似的观点："很明显，移民群体增加了劳动力供给，从而扩大了经济规模"，使得经济总产出增加。然而，总产出水平的提高并不意味着现有国民的人均收入水平也会提高，而这才是问题的关键。《经济学人》曾估计移民会使英国的人均国民生产总值"增加大约 8 个百分点"。那么问题就变成在英国或在其他国家，接收移民的成本是否能抵消这种收益。

移民接收国的成本

有很多人都曾尝试计算移民群体给美国带来的净成本或净收益。方法是计算他们的纳税总额、为社会保险做出的贡献以及其他收益，用这些收益与为移民提供的福利支出、为移民子女提供教育的成本以及监狱中比例过高的移民罪犯所产生的社会成本进行比较。不同研究的结论大相径庭：有人认为移民可以带来数十亿美元的经济净收益，而其他一些研究却正好相反，认为移民群体给美国纳税者带来了几十亿美元的额外经济负担。这些研究的假设条件相同。与之类似，当人们试图考察移民群体的到来是否会导致美国工人——尤其是那些低收入工人——的收入水平比不存在移民时更低，也会得到彼此矛盾的结论。

各种强有力的证据都表明19世纪欧洲人的大规模外迁使得欧洲本土与移民所到之处的工资差距不断缩小；有鉴于此，或许可以预期当代移民群体同样会对美国工人（尤其是那些低收入工人）的收入水平或失业率产生一定的影响。但是对于该问题，各种研究仍然得出了互相矛盾的结果。其中一个原因就是很多此类研究都只局限于移民群体大量聚居的地区。如果特定地区的移民工人数量众多使工资水平保持在较低的水平，美国本土工人就会避免搬到这些地区，而过去定居于此的美国工人也会选择搬走。因此，在这些地方，移民工人和土生土长的美国工人之间并不存在明显的薪酬差距，但这并不意味着移民的到来没有对美国工人整体产生影响。

要确定移民的一般性经济影响是比较困难的，部分原因在于并不存在作为整体的移民，来自不同国家和地区的移民，其经济和文化特征（如教育和工作能力）大不相同。而且随着时间的推移，这些差异也会发生很大的变化。在20世纪60年代之前，美国的移民群体能够获得比本土劳动力更高的薪酬。但在美国对移民法案进行修订之后，美国移民的来源地发生了显著的变化，本土出生的美国人的薪酬水平开始超过移民群体，而且这种差距一直在不断扩大。

在自由市场中，还有一些成本没有被算进去，包括移民看急诊、子女入学和执法的成本，而移民不会为其买单。然而，要搜集全面而准确的数据非常困难（即使并非全无可能）。如果缺乏数据，这些相互矛盾的估计就无法让人信服。此外，很多成本并非货币成本，而这些成本同样非常重要。

无论是赞成还是反对引入更多劳工，引入移民就意味着同时引入他们的文化。移民门槛降低之后，很多来自生活水平更低的伊斯兰国家的移民选择去往欧洲，例如土耳其人来到德国，阿尔及利亚人去往法国等。同这些移民一起到来的还有他们的文化和价值观，正是这些价值观阻碍着伊斯兰移民融入新的社会，尽管移民的门槛降低了。结果，伊斯兰移民在西欧各国形成了独立的民族聚居区。他们不仅奉行与周围不同的价值观，而且对别的价值观存有敌意。当西方社会和伊斯兰国家发生冲突和矛盾时或者当伊斯兰世界和西方社会中出现审视两种文化的运动时，这些不同和敌意就会更为严重。

虽然被冠以"客工"之名，这些移民劳工并不是真的"客人"，他们的居留时限不由主人决定。这些劳工会举家迁移并生儿育女。如果接收移民的国家发布法律终止居留，同样也会有政治力量站出来促成该国通过更加开放的移民法案，而这些法案就成为保护移民不被遣返的政治屏障。总之，事实证明"客工计划"是不可逆的，而且移民及其后代在接收国人口中的比例会不断上升，因为移民的年龄常常更低，孩子也更多。这些移民家庭的第二代和后面几代人都很容易产生不满，因为第二代移民来到的是一片与过去完全不同的土地。

虽然第一代客工基本都是为了工作才举家迁移到新的国家，但第二代或后面几代移民的失业率却一直居高不下。例如在法国一些地区，年轻的穆斯林男性的失业率据估计高达40%左右。他们对主流社会有着很强的疏离感，这些人不仅卷入经济犯罪，还涉嫌轮奸，而且对于这些犯罪行为，他们"很少悔过或羞愧，甚至还感到骄傲"。一位历览世界各地和不同人群的精明观察者曾这样描述巴黎市内及周围的年轻移民：

犯罪率的上升因何而来？地理上的答案是：公共住房计划。按照该计划，每个法国城市——无论规模大小——周围都修有很多公共住房，而且它们对城市的包围越来越严密，其中尤以巴黎为甚。受益于住房计划居住在这些房子中的是几百万移民，他们大多来自北非和西非，与他们一起居住的是他们在法国出生的后代以及法国工人阶层中最不成功的那部分人。这些住房保障项目以及法国优越的公共交通体系，使小偷惯犯和破坏分子能够轻易地跑到最时尚的城市中心犯案……在这些人群中会滋生反社会情绪——根据法国官方的口径，这些人对其他人怀有深深的仇恨，他们的人生追求就是与其他人作对。

这些不合群的年轻移民不满足于"其他人随手将西方繁荣的残羹冷炙施舍给他们"，他们信奉的是"非我即他（them-and-us）的世界观"，觉得"自己是内战斗士，而不是社会败类和犯罪分子"，而这都只是2005年法国青年大骚乱发生之前的说法。这次由青年移民发起的骚乱席卷了巴黎和其他法国城市，极大地震惊了法国民众，因为他们从没想过仇恨自己的敌人出现在自己的国境之内。《经济学人》杂志上登载的分析文章写道：

在这场骚乱平息后的一个月里，法国一直在评估事态影响。根据法国《世界报》（Le Monde）公布的数据，这场持续三周的暴乱席卷了全国，大约有10 000辆车辆被烧毁，255个学校、233栋公共建筑以及51个邮局遭到袭击，140辆公共交通车辆被石块投掷，最后警方共逮捕了 4 770 名罪犯。

《华盛顿邮报》则报道："近来法国发生的暴力事件是近 40 年以来最严重的国家性动乱，它们中的大部分都发生在移民及其生于法国的子女所聚居的贫穷郊区和社区。"

由于只考虑了降低移民门槛的短期效果却未考虑长期影响，事件发生后，法国上下都为之震惊。这种情况并非法国所独有。英国也曾遭遇伦敦地铁爆炸袭击，而该案件的始作俑者是三个在英国出生的伊斯兰移民后代。除此之外，英国的伊斯兰群体曾多次公开向英国社会表达仇恨和蔑视，其中甚至包括死亡威胁。虽然有些威胁直指英国政府，但有关当局却拒绝采取任何行动。在欧洲其他地区，威胁还指向那些发表传统自由演讲，对伊斯兰文化的某些方面进行批评的人，而这些人也常常批评自己的文化。由于伊斯兰群体的抱怨和投诉，一幅在大英博物馆中挂了几代的绘画作品也被迫被撤下。

德国有大约 260 万土耳其人，其中 2/3 的人都没有德国国籍。土耳其总理来访时曾强烈要求他们不要被德国社会所同化。《经济学人》杂志上刊登的一篇文章报道称：

在德国儿童中，只有 14.8% 的孩子的最终学历仅为完全中学（Hauptschule，德国中学中等级最低的一种），但是在土耳其移民子女中该比例高达 45.4%。完全中学的教育仅能帮助年轻人做点小买卖，但是很多移民子女甚至连这种教育都没能完成。柏林的新克尔恩区（Neukölln）就是这些伊斯兰移民的聚居地。该区的教育主管沃尔夫冈·席芒（Wolfgang Schimmang）说，很多毕业生甚至不会计算一块地面需要多少平方米的地毯。

但这种环境究竟是怎样造成的呢？

认为不同族群拥有不同的天赋和特点的观点越来越受到排斥。到了20世纪的下半叶，这种排斥在一些不做判断、实施"多元文化主义"的国家达到了顶峰。在此背景下，选择从哪个国家接纳移民以及在移民到来后对其进行同化都受到了严格的限制。大家关心的重点也从接收国的利益转为对这些来自更贫穷、自由化程度更低国家的移民的同情。随着观念的转变，雇用移民从事低技能工作的意愿增加了。这些工作的薪酬标准很低，不足以招徕足够的本土工人，因为这些国家的福利水平一般很高，不工作也是一个可行的选择。

文化融合被"多元文化"的观念所抑制，这种观念鼓励接纳和保持族群间的差异，而不谋求将人口中的不同部分统一到社会主流文化中。例如，《经济学人》杂志曾介绍，英国有超过100个民族支持组织。仅仅在利物浦这一个城市就有加勒比海非裔午餐俱乐部和华裔糖尿病患者论坛等一系列组织，而且在很多大城镇的游泳池都会举办"女性专属夜活动，为的就是吸引温和伊斯兰女性走进泳池"。这些东西在短期内可能对个人有益，但如果把眼光放长远，这些举动就意味着社会割裂的持续存在，而维持这种割裂是以牺牲社会凝聚力为代价的。

有越来越多的美国政府文件、私营商业机构文件以及其他机构文件以多种外语的形式印发出来。如果有人违反了美国法律，但在他们的文化中这些行为是合法的话，法院就会被要求直接判无罪或宽大处理。过去，美国的很多民族机构（包括爱尔兰人、犹太人、黎巴嫩人和一些美国黑人所建立的机构）都致力于改变本族裔人群的行为，让他们更好地适应和服从周围更广阔社会的行为规范，这样的努力一直持续了几十年。然而，在新的多元文化社会中，民族机构将努力方向转变为让占据人口多数的社会接受他们原本就有的特点，它们有时甚至会污蔑那些想被同化的同胞。

如今的民族机构——无论是欧洲的伊斯兰机构还是美国的墨西哥机构——常常谋求保持自己的文化习俗，并让自己的观念与主流社会相异。当然，这并不是说欧洲或美国的所有移民或大部分移民，都和那些组织移民运动或坚持多元文化主义的人士一样，想要维持这些外来文化。例如，在1998年，加利福尼亚州提出一项提案反对使用母语给外国儿童（通常是西班牙语）上课，有超过40%的拉美裔选民都投票支持结束这种所谓"双语"的教育模式。

在欧洲或美国形形色色的移民群体中，有多大比例想要融入主流社会，他们想在多大程度上被同化，基本上还不为人知。但移民群体中那些组织运动并为其发声的人，不仅反对同化，甚至反对他们现在所处社会的主流价值观。

总结与启示

经济学并不能为移民"问题"提供"答案"。经济学要做的只是将需要解答的问题呈献给声称找到了答案的政客。而且经济学不会囿于政策的短期效果，而政治提案则很少会这样。例如，政治词汇"客工"意指这些过来打工的移民就像是客人，他们的来去由主人决定。于是，对政策效果的评估只需以工作为核心考察客工对现有公民的影响。即便只从狭义的经济角度来分析，这种看法也显然并不正确，因为政府需要投入大量资金为他们提供医疗服务和基本福利，为他们的子女提供教育，更不要说收押大量通过合法或非法途径来到美国的墨西哥移民所需要花费的成本。在欧洲，移民犯罪和恐怖主义活动也会带来成本，更不用说由贫穷国家的移民带来的疾病了。

无论是在欧洲、美国，还是其他地区，移民的来源不同，国家所面临的成本和收益也有着很大的差异。而这也是无法为移民问题提供一般性解决方案的原因之一——根本就不存在一般性的移民。来自不同地区、具有不同背景、人生轨迹各不相同的移民是完全不同的。

回顾历史可能有助于我们理解如今的移民问题，也有可能阻碍我们正确理解相关问题。对过去的研究能够展示移民的一般模式，其中很多特点如今仍不断复现，例如来自贫穷国家的一些移民的后代对社会越来越疏离和不满，但第一代移民当初却为来到一个更繁荣、更自由的国家，使自己的生活得到极大的改善而欢欣鼓舞。历史能向我们展现某些移民群体在某些历史时期为某些国家做出的贡献，但是历史却无法告诉我们任何移民在任何时期都能做出贡献，甚至也不能告诉我们大部分移民在大部分历史时期会有怎样的表现。

事实上，过去针对特定移民群体的批评认为，移民在某个时期无法被同化，而这种批评在那些时期是错误的。但这并不意味着现在特定移民群体的同化程度低也是错误的，因为现在的情况已经同以前大不一样了。其中一个显著的不同就是如今很多民族机构都致力于将自己的文化乃至怨恨永久性地传承下去，这与过去民族机构促进融合的做法大有不同。此外，20世纪20年代美国突然加强了对来美移民的限制，这使得已在美国定居的移民的家乡同胞中很少再有人继续来到美国，他们与故乡文化之间的纽带也被切断。现在那些引证历史的人，谋求的是保持文化纽带的连接与传承。但是过去的事情之所以这样发生有其特殊的原因。一旦那些因素不再存在，我们就不应该期望出现与历史相似的结果。

在政客的种种言论中，经济学可以反驳的就是他们一直强调的移民可以承担本国国民不愿从事的工作。无论从实证评估还是从定性分析的角度来看，这种说法都站不住脚。例如，在美国主要的几大经济部门，移民数量都没有超过总雇员的一半。一项针对美国 473 个工作类别的研究发现，只有 4 种工作的移民雇员数量超过了半数，分别为粉刷工匠、裁缝、产品分类员和美容沙龙服务员。即便是这四类工作，美国本土雇员的占比也超过了 40%。很多政客总是声称移民劳工对农业部门非常重要，但在美国的农业工人中，超过一半的人都是在美国本土出生的。

有人担心如果非法移民无法继续在美国的农场中从事采摘，就可能出现"十美元的生菜"，但这种担忧与经济学原理完全不符。农产品销售收入的大部分归农场主所有，只有很小一部分被用于支付劳工的薪资。例如，2004 年美国家庭用于购买水果和蔬菜的平均开支约为 370 美元，其中 65 美元归农场主所有，22 美元用于支付劳工工资。即使农场劳工的工资翻一倍，也不过只是使当年的果蔬供应成本增加 22 美元，尚且不到总成本的 10%。"十美元的生菜"只是一个很有噱头的政治口号，与经济现实全无关系。

经济学和历史学一样，如果不仔细分析不同时期和地区的具体特点，就不能草率地引述历史。从理论上看，只要有市场参与者愿意以交易双方都同意的条件进行交易，且交易和流动不受国界限制，那么人口的自由流动就和商品及服务的自由流动一样，能够促进经济发展。但实际上，人口在国家间自由流动，其结果与商品和服务的流动完全不同。若要从日本买入一辆丰田汽车，美国顾客不必了解日语，也不必让自己适应日本的文化和习俗，更不会将日本的疾病引入到美国。而且丰田汽车不会生下小丰田，并让它们像第二代移民那样在敌意中成长。

抽象来说，所有的事情除了不同之处就都是相同的，但是所有的事情除了相似点以外又都是不同的。但这些自明之理并不意味着我们可以借鉴针对商品和服务的政策来制定关于人的政策。人完全不同于商品和服务，人与人之间也存在差异，所以任何政策——不管是针对移民问题还是其他问题——如果忽视了人与人之间的差异，就可能在初期看上去非常合理，但在长远产生灾难性的后果，因为这些被忽视的差异会造成"意想不到的后果"。对移民问题来说，这些后果可能是不可逆转的。

第7章

歧视经济学
The Economics of Discrimination

很明显，歧视会给被歧视者带来经济损失和其他成本。一个不那么明显但非常重要的事实是，歧视别人的群体同样会因此背负成本。歧视的成本会随着环境的不同而变化。如果一位美国职业篮球队的老板不愿意雇用黑人球员，那无异于自掘死路；但如果一位交响乐团的指挥刻意无视黑人小提琴手却并不会给自己带来什么成本，因为在现实中非裔小提琴手数量很少，大量白人小提琴演奏者同样可以胜任该职位。

歧视的成本因人而异，认清该事实有助于我们理解很多令人费解的现象，例如在 20 世纪 20 年代，黑人可以登上百老汇的舞台但却无法加入海军，大部分电话公司也不会雇用非裔女性担任接线员，即便是在美国北方各州。歧视成本的不同还能帮助我们理解为何 20 世纪黑人聚居区的范围会随着非裔人口数量的增加而不断扩大，但在几个世纪之前，欧洲的犹太人居住区却随着人口规模的增长而越来越拥挤。纵观全世界，就业歧视的重灾区往往就集中在各国的政府部门或政府管制下的公共事业单位。

在探究这些事件背后的经济学原理之前，首先需要搞清楚哪些行为可以被定义为歧视，哪些不能，这样就能避免讨论中经常出现的问题。

成见、偏见和歧视

成见（prejudice）、偏见（bias）和歧视（discrimination）这三个词经常会被混淆。在论实质性问题之前，应该首先明确这三者的定义。注意，这种讨论并不是语义学上的咬文嚼字。

成见

成见是指在事前做出判断。该词被广泛用于指代对特定种族或民族群体的不利看法。有人认为，无论在哪里，任何群体的技能、行为和表现都不会降低该群体的工作能力和他们在邻人中受欢迎的程度。除非我们准备接受这种观点，我们就不能自动地将负面评价和行动与成见画上等号。有太多经验证据表明，这种信条根本经不住审视。例如，在美国、苏联，以及其他地方的不同群体之间，酒精的人均消费量和酗酒率都存在很大差异（甚至能差上好几倍）；而关于酒精产品和酗酒者的不利影响则早有公论。与之类似，世界各国不同族群之间的犯罪率、罹患疾病的比例和其他不利事件的概率也各不相同。

在孟买占据大多数的马哈拉施特拉人宁愿同印度南方人做生意，也不愿和自己的老乡有商业往来，难道也只是因为他们对部分马哈拉施特拉人怀有成见？纽约的黑人的士司机夜晚也不愿做黑人男性乘客的生意，难道这种情况也是出于成见？

我们不能想当然地认为负面评价和行动就是成见。通常对某些群体最负面的评价都源自能获得最直接信息的人；而那些只是远远观察或根本就未曾认真审视过这些群体的人，才将这些负面评价和行动归为成见。同理，某些少数族裔群体也会因其特殊的才能获得积极的评价，而这些正面评价也并非只是成见。例如，在美国大肆兴建摩天大楼的时代，在这些高楼建筑的钢筋基架上进行高空作业的工人多为莫霍克印第安人（Mohawk Indians），因为莫霍克人擅长在危险情况下心无旁骛地工作。

几个世纪之前，德国人在矿产开采方面有着良好的声誉，因此英格兰、西班牙、挪威、墨西哥和巴尔干地区都找德国人前来采矿。在18世纪时，当叶卡捷琳娜二世决定要为俄国从其他国家招募"一些商人"，她告诉一位高级幕僚，可以为来自欧洲其他地区的商人发放特别护照，护照上"不用提及他们的国籍，也不需要调查他们的宗教信仰"。通过这种方式可以绕过俄国对犹太移民的禁令，也不用为解除该禁令承担相应的政治风险。

总之，对特定群体的判断或行动无论是正面还是负面的，都不能自动与成见画上等号。事实上，只有在对某些族群知之甚少时才容易形成先入为主的预判或成见，而对这些群体了解比较深入的人所持有的正面或负面评价都不能算成见。

即便有时对群体的有利或不利判断是基于了解而做出的，针对来自这些群体的特定个体的判断也有可能是基于成见做出的。W. E. B. 杜博斯（W.E.B. Du Bois，一位黑人学者）曾指出，19世纪雇用黑人时，"通常不是根据这个人自身的能力，而是根据非裔工人整体的表现来评估，而非裔工人整体的工作效率常常较低"。因此，杜博斯评论道，即使白人一夜之间摒弃了对黑人的种族成见，大部分黑人的经济状况也不会立刻得到改善。杜博斯在1898年写道，"很少有（黑）人能够获得晋升，很少有（黑）人可以获得新的职位"，"大部分（黑）人仍然只能继续从前的工作和职位"，直到种族藩篱逐渐缩小，年轻一代黑人拥有了更多的工作机会，黑人的工作状况才得以改善。

总之，杜博斯认为白人雇主当时对非裔工人的负面评价总体来说还是准确的，尽管以此来评价所有非裔工人的表现或未来的工作潜力有失偏颇。无论这些论断是否能够获得实证的支持，重要的是他对两种负面判断做出了区分：其中一种来自经验，而另一种则源自未经证实的成见。而且尽管将同一族群中的不同个体视作一个整体能够解释为何其中有些人比其他族群中条件相仿的个体挣得少，但这种个体差异并不能解释群体差异。因此，对某个群体的整体表现一概而论是错误的。但很少有人对此进行证明。更常见的是，这种针对群体的一概而论仅被视为成见存在的一个证据，而对来自该群体的特定个体的低评价也被视为成见的一种例证。

受成见所累的并非只有某些种族或民族。在某些工作时间长或要求长期连续工作的领域，特别是那些工作时间不确定的职业，求职的女性可能会遭遇雇主的排斥。一般而言，女性不会像男性那样从事日工作时间长或需要连续工作多年的职业。但愿意应聘这些特殊职业的女性可能本身就愿意和男人一样在这些条件下工作。可是同那些工作能力超过大部分非裔同胞的黑人职员一样，申请这些工作的女性会因雇主无法了解她们愿意长期工作的决心，也不了解她们在工作期间会尽量避免怀孕的决心，而被拒绝。

和某些种族和民族所面临的歧视一样，男性和女性之间的就业和报酬水平也存在明显的差异，而这种差异并不能用成见来解释——尽管成见或许可以解释与一般女性不同的特殊女性为何就业机会同样较少。我们也不能简单地断言雇主根据女性的一般表现来决定是否雇用某个女性的做法就是不合理的，因为此雇主很难自信地判断该女性求职者的价值和决心。然而，这些成见会随着应聘者年龄的增长而有所减少，尤其是当女性的年纪过了通常的生育年龄之后。正因如此，那些年龄在 40 岁到 64 岁之间、从未结过婚也没有子女、接受过大学教育、从事全职工作的女性，平均收入水平甚至要高于同等条件的男性。这就说明，当女性超过一定年纪之后，雇主们就不再担心她会因怀孕以及照顾子女而影响工作，雇主们也不会根据女性的一般工作规律来评估求职者个体。这种情况还说明，在就业领域，成见并不会导致不公，否则女性在过了生育年龄之后，平均收入水平还应该继续低于男性。

在总人口中属于少数的种族和民族也是一样，使用群体的特点来判断特定的个体的做法，在整体特点不再有效时就会被抛弃。因此，如果有过入狱经历的求职者能被自动过滤掉，雇主就不会按照原有的判断方式因年轻黑人有过入狱经历的占比较高而不愿雇用他们。那些愿意审查入狱记录的雇主，他们的黑人职员数量往往比其他雇主更多。这些雇主不再依赖成见来甄选员工，因为他们拥有更加准确（成本也更高）的方法对所有的求职者进行分类。同女性工作者的情况相似，成见并不意味着对整体的偏见；否则，是否使用个人的入狱记录，结果不会有这么大的不同。在黑人的案例中，还有其他事实可以佐证上述观点，那就是不愿雇用年轻非裔男性的雇主，并不排斥雇用非裔女性或者年纪较长的黑人。

总之，不能简单地认为成见是不合理的，它也不一定源自对某些群体的厌恶。成见只反映了获取特定个人的准确信息非常困难，或成本很高。对个人的成见源于对群体的经验概括。对某个人先入为主的印象可能是错误的，并不意味着对群体的经验概括也是错误的，也不意味着不同群体之间在收入或其他方面就不存在差异。成见可能是某群体的特定个体比其他群体中条件类似的个体就业机会少的主要原因，但单单成见这一个因素并不足以解释群体之间的差异。

偏见

偏见不同于预先形成的成见，而且至少存在两种完全不同的偏见。

第一种偏见被称为认知偏见（cognitive bias）。决策者或行动者可能开始对特定群体并没有任何负面看法和敌意，但在面对来自不同群体的个人的时候，他的判断模式可能会导致同等能力的人排序不同。例如，在面试工作申请者时，或在大学录取面试中，有些面试官特别重视申请者的着装，那么没有特别关注着装或者着装风格不符合面试官要求的高素质申请者就可能被拒绝。

即便没有先入为主的负面印象，评价者也可能会低估来自某些群体的个人的表现或潜力。此外，环境也可能导致偏见。一项针对印度的研究指出：

之前受到歧视的群体中有些人志向高远，但他们要面对各种偏见和误解，还会遇到文化上的偏见。他们缺乏非正式的社交网络帮助他们获取机会，论资排辈的系统根深蒂固，早先歧视性的选择不断延续。由此看来，现在禁止歧视，并不足以消除或摈弃过去歧视所带来的长期影响。

在美国，有时会将这种情况形容为"制度性种族主义"，并将其与其他有意或明显针对个人的种族偏见区分开来。这种认知性的偏见可能表现在出于好意制定的客观标准中。也有很多人认为，各种心理测试中也存在同样的"文化偏见"。

在我们评价这些观点之前，必须要搞清楚它们表达了什么意思、没有表达什么意思。在雇主招聘职员时，我们不能只是因为有些选择标准与招聘工作岗位"无关"，而又会对某些群体产生不利影响就要求雇主必须放弃这些标准；也不能因为看到一些实证研究表明这些评价标准与工作表现关系不大就认为该放弃这些标准。虽然进行认真的实证分析非常有必要，但在进行分析之前，必须明确我们所用的词汇究竟是什么意思。

另一种与"认知偏见"完全不同的偏见基于对自己所属群体的偏袒，这种观念不同于相信或认为其他群体的能力不如受偏袒的群体。事实上，这类偏见也可能与相信其他群体更优等的观念共存。这种现象在世界各地、各个历史时期都能找到。例如，在马来西亚，有位支持保护马来人的扶持行动计划（affirmative action program）的政客声称："所有马来人能干的活，中国人都能干得更好而且成本更低。"这位政客不是唯一认识到本族人不如在社会中共存的其他族裔能干的政客。在尼日利亚，国家鼓励优先雇用该国的北方人，否则这些"没有接受过良好教育的北方人的发展空间将因南方人的大举扩张而被压缩"。而斯里兰卡的僧伽罗人（Sinhalese）领导、塞浦路斯的土耳其人领导、斐济的本土原住民领导、扎伊尔的鲁瓦（Lulua）人领导以及印度阿萨姆（Assam）邦的阿萨姆领导都曾要求国家实施类似的优待政策。

在20世纪初期，美国曾发起排斥日本移民的政治运动，因为日本移民整体能力和竞争力较强：

> 我们习惯了将日本人视作劣等种族，但他们突然对我们构成了威胁。日本移民不是窗户清洁工或佣人。他们善于思考、学习和创造。我们突然意识到，在我们国家每种要求专业技能的行业中，日本移民都能找到自己的立足点。他们和我们一样聪明，他们的劳动能力也不输给我们。他们自豪、无畏、满怀勇气，但却屈从于我们……我们现在就要阻止这种竞争。

这种为自己寻求优待的倾向与认为其他族群较差的想法无关，反而是在其他群体能力更强时最为强烈。当然也有很多类似的优待政策是真的认为自己比其他群体更加优秀——例如在"吉姆·克劳"（Jim Crow）的时代美国南方各州的白人群体、南非实施种族隔离政策时的白人群体，或者纳粹统治下的德国人等——但这种观念与优待政策并不相符，恰恰相反，其背后隐含的出发点是如果不通过这些政策去削弱其他群体的优势，他们就会成为可怕的竞争对手。实际上，如果自认为优越就不应该要求优待：如果真的表现优异，这种优待政策就是不必要的。

歧视

偏见和成见都只是态度而已，而本章所考虑的实际问题在于这些态度如何以及在何种程度上被转化为歧视行为。但在解决该问题之前，我们必须首先搞清楚"歧视"一词的真正含义。

如果掌控政治权力的群体推出一系列政策，使特定群体成员同其他群体中条件相仿的成员相比受到明显不公平的对待，这些政策通常就被称为"歧视"政策；而针对掌握政治权力的群体的行动则被称为"逆向歧视"（reverse discrimination）或"平权行动"（affirmative action）。歧视行为也可能由私人雇主、房东或机构实施。然而，如果这些词汇具有固定的含义——如果没有的话，这些讨论将毫无意义——它们就不能被扩展到所有表明某些群体受到不公正对待的情况。

偏见和成见都只是人们脑中的印象，而歧视则是发生在意识之外现实世界中的公开行为。偏见或成见与歧视行为之间不一定存在对应的关系。然而，那些将与"种族歧视"或"性别歧视"做斗争视为第一要务的人，或是那些认为成见和偏见已被根除了的反对"平权行动"的人，都认为这种对应关系是确实存在的。

理论上讲，即便偏见或成见有所减少，歧视也有可能增多；而在成见和偏见较多的地方，也有可能歧视较少。这些情况曾在不止一个国家中发生。而这些主观态度会在多大程度上转变为公开行为，取决于歧视成本的大小。如果歧视的成本非常高，即便是那些偏见或成见很深的人也会选择少去或不去采取歧视行动。20世纪60年代，华盛顿红人（Washington Redskins）橄榄球队签下了第一个黑人球员，而在体育记者的报道中，雇主却是一名极端的种族主义者。他打破了华盛顿队使用全白人阵容的传统，引入了一位黑人球员担任接球手，因为当时华盛顿红人队的进攻阵容很弱。

一位种族主义者打破肤色的界限签下黑人球员，而没有种族歧视观念的人却不愿雇用少数族裔，这些情况之间并不存在内在的矛盾。在任何分析中，除了要考虑偏见，还要考量他们在决策时所面临的成本。美国南方在执行吉姆·克劳法的最后几年里，曾出现过很多类似的事例：在南方，像阿肯色州参议员 J. 威廉·富布赖特（J. William Fulbright）这样的政客也只能昧着良心投票支持继续执行种族隔离政策，因为如果不这样做就会危及自己的政治生涯。歧视成本的高低决定了人们是采取更加激进的歧视举动，还是收敛歧视行为，个人信念和感觉则没有那么重要。

成本的差异

雇主在招聘和提拔雇员时，如果歧视性决定只有很低的成本或者无需承担任何成本，歧视就会扩大，即歧视不仅会出现在做出雇用或提拔决策的时候，它也会扩散到更多雇主和更多群体的身上。过去，美国铁路基本是依靠信仰天主教的工人修建起来的；而新教徒则在其他工作中发挥了绝对性的作用。在大家的记忆中，有一段时间，没有一所常青藤联盟大学有犹太学者获得终身教职，尽管存在大量够资格的犹太知识分子和学者。在第二次世界大战之前，这种情况在美国和欧洲的大学里非常普遍。第二次世界大战爆发时，美国海军不允许黑人加入部队，哪怕是做最低级的士兵。其他地区也曾出现类似的严重歧视，有时歧视的范围甚至更广。

很多针对歧视的讨论都忽略了歧视者所承担的成本。但根据最基本的经济学原理，价格降低，需求就会增加。因此可以预料，歧视的严重程度会随着歧视成本的变化而变化。事实上，我们认真观察就会发现，在不同国家、不同时期，这种特点确实存在。

例如，在两次世界大战之间，波兰私人诊所中执业的医生绝大多数都是犹太人，而犹太人在波兰总人口中仅占10%。尽管波兰政府不会在公立医院中聘用犹太医生，但很多波兰人还是成了犹太医生的患者，否则这么多犹太医生肯定无法谋生。那么在歧视问题上，公立医院和私立医院之间有何区别呢？

无论是在公立医院还是在私立医院，拒绝雇用犹太医生都会产生经济成本和医疗成本。在一个犹太医生很多的国家，公立医院只聘请非犹太人，就意味着要么支付更高的工资来吸引占比较少的非犹太医生，要么接受比犹太医生专业素质差的非犹太人做医生。而无论是哪种情况，都会产生额外的经济和医疗成本（二者至少有其一）。然而，波兰政府中的决策制定者根本不需要为这些成本买单。医疗水平降低了，其经济成本由纳税者来买单，而医疗成本则由公立医院的病人来承担。这两种成本都无法阻止政府官员的歧视举动。

然而，在私立医院，这两类成本都得由病人自己来买单。如果涉及自己的健康，尤其是在面临严重或致命的疾病时，人们很容易就会放下可能持有的反犹情绪。公立医院和私立医院所面临的激励因素并不相同，所以根据最基本的经济学原理，这两类医院对犹太籍医生的歧视程度不同也就不难理解了。

波兰还为另一种现象提供了例证：在敌对情绪较弱的地方，歧视情况更严重；而在敌对情绪较强的地方，歧视情况反而有所减少。波兰东部地区的反犹情绪比西部地区高，但在波兰东部，犹太工匠却非常普遍。与此类似，美国的南方曾是种族歧视最严重的地区，但是黑人工匠在那里却有着更好的工作机会。在这两个例子中，都是劳工组织对歧视的成本产生了影响。

波兰西部地区的行会（guilds）远比东部强大；而美国在我们所讨论的这段时期内，北方的工会也比南方地区的更强大。这些劳工组织成功地提高了工资水平，使其高于自由市场供需关系所确定的水平，他们使雇主有动机减少雇工，因为工资成本提高了，无论是绝对成本还是相对成本。与此同时，如果工资超过了由供需关系所确定的合理水平，就会吸引更多工人为了获得更高的薪水来申请这份工作。这最后会导致工作申请者长期过剩。由于市场上等待就业的人太多，雇主拒绝来自"错误"群体的能力合格的工作申请者的成本较低。相较之下，如果市场上求职者数量有限，雇主就必须认真挑选寻找能力相仿的替代者，也就是说拒绝的成本较高。

即使行会或工会本身没有歧视——事实上，这种歧视非常普遍——在存在劳工组织时，雇主的歧视成本还是会比自由市场时更低。正因如此，在反犹情绪更为严重的波兰地区，犹太工匠反而更容易找到适合自己专业技能的工作；同样的道理，在吉姆·克劳主义大行其道的美国南方，黑人工匠也比在工会更加发达的北方地区更容易找到工作。歧视成本的差异比负面印象的影响更大。

仔细研究不同时期的就业历史统计数据也能发现类似的情况。20世纪初，在吉姆·克劳主义大行其道的美国南方和在白人统治时期的南非，铁路建设队伍中的非裔工人比例都比20世纪中期高。在这两个国家，劳动力市场在早期自由竞争程度更高，随后则被控制得更严，所以我们不能简单地认为这两个国家早期的种族主义程度更低。

除了各种劳工组织，政府管制也会降低歧视的成本。如果垄断经营的公共设施的价格完全由政府监管部门根据成本制定，那么它就不会像在竞争性市场中那样，为了在激烈的竞争中生存下来，努力把成本都控制在一定水平。歧视成本和其他成本一样，最后都会在政府监管下的垄断市场中被转移到顾客头上去。在民权法案执行之前，电话行业在政府的管控下垄断经营。当时，很少有黑人能被电话公司雇用，哪怕是做接线员这样的常规工作。1930年，美国全国超过23万个女性电话接线员中只有331个是黑人。即使到了1950年，所有美国电话公司的女性职员中，黑人所占比重也不过只有百分之一左右。

因为每家地方电话公司在其业务覆盖范围内都是垄断经营，它们能将增加的成本转嫁到每个电话用户身上。如果不存在歧视，成本可以降得更低，垄断利润理论上还可以更高；但由于政府管制的限制，电话公司不可能获得更多的收入。而制定政策的官员却可以放任自己的种族偏好而不用承担任何利润的净损失。与此同时，早在20世纪20年代，黑人明星就已经在百老汇崭露头角了，当时该行业竞争激烈，巨额的利润和亏损都很常见。

如果效仿电话行业的做法，拒绝那些具有市场号召力的黑人艺人，成本就太高了。认为种族主义与歧视现象相对应的观点无法解释同一历史时期歧视在同一经济体中的不同部门中的差异。这种观点甚至不能解释为何决策者不断变更，但行业间的就业歧视差异却会一直延续下去。虽然在有些公司中，掌握用人话语权的高层领导可能会长期连任，又或者他们中一些人的态度可能会影响后继者，但是现实中不管这些能对用人决定拍板的高层是否能连任、不管新旧负责人的个人态度和偏好是否一致，最后的结果都表明在同一个部门中，原来的用人歧视一般会长期保持下去。

美国职业棒球大联盟的经营方式类似于卡特尔（cartel），它不受反托拉斯法的影响，因此歧视的成本很低，于是黑人球员一直被大联盟拒之门外——所有球队都这样做。但是当1947年布鲁克林道奇队（Brooklyn Dodgers）签下杰基·罗宾森（Jackie Robinson）这位大联盟第一位黑人球员后，情况就发生了变化。

因为在卡特尔之中，各家球队之间存在竞争关系，所以一旦有一家球队首开先河地雇用黑人球员，其他球队拒绝黑人球员的成本就会大幅提高。结果在随后几年内，大量非裔球员涌入大联盟，连续7年都没有一位白人选手获得美国职业棒球大联盟的最有价值球员（MVP）奖。如果其他球队没有效仿道奇队引进黑人球员，那么所有获得MVP奖的球员都将出自道奇队，布鲁克林道奇队就有可能在大联盟一家独大，甚至垄断世界大赛的冠军。

在棒球大联盟中，互相竞争的各支球队如果继续执行种族隔离政策，就要面临高昂的成本。他们的种族态度并没有改变，但将这种态度转变为歧视性隔离的成本却发生了很大的变化。

歧视成本会影响现实中的歧视程度，正因如此，我们就能理解另一个令人费解的现象——在竞争压力最小的经济部门，种族政策发生了颠覆性的逆转。这些部门包括政府本身、政府监管下的公用事业部门、各种非营利组织（例如学术机构、医院和各种基金会）等。在第二次世界大战之前，美国的高等院校从来没有聘请过黑人来担任教职，但在20世纪六七十年代平权法案兴起时，高校却优先聘请和擢升黑人教授，并优先录取黑人学生。类似地，电话行业的逆转程度也非常显著。1966年到1968年，黑人职员总数增加了超过10 000人，比例为所有新入职员工的三分之一。到了 2007 年，在美国的所有电话运营商中，美国电话电报公司（AT&T）在推动企业"多元性"以及提供"多元文化的商业机会"方面排名第一。

突然间，针对特定群体的歧视性政策转变为优待，这种情况很难被解释为思想倾向的改变，因为在种族政策转变时期，很多原先的决策者仍旧在任。但如果从他们所面临的激励和约束因素来加以分析，可能容易理解这种变化。具体地说，在有些经济部门，机构的存活取决于能否将成本控制在一定的范围之内，因为它们需要在自由市场上赢得竞争。和身处这些部门的决策者相比，政府、公共事业部门和非营利组织的决策者为政策变动（无论是歧视还是"逆向歧视"）付出的成本较小。一旦政治和社会环境发生了改变，政府、政府监管下公用事业部门、非营利组织等机构就能以最低的成本和最快的速度做出调整。

最能证明自由市场力量的例子就是白人统治下实施种族隔离政策的南非。毋庸置疑，当时的南非种族歧视氛围浓厚，在工业、农业和政府部门中，大部分职员都是白人。南非可以说是实施种族压迫政策的代表性国家，但即使是在该国，竞争性行业的白人雇主还是会违反政府命令，雇用更多的黑人工人或给予他们更高的职务。但并没有令人信服的证据表明这些白人雇主的种族倾向与在政府中工作的官员有什么差异，他们之间的差别只是歧视成本的不同。

例如，对政府机构和政府管制下的铁路来说，维持种族隔离政策的成本几乎为零；但对那些花自己的钱做生意的人来说，经济情况完全不同。房屋建筑业就是一个很典型的例子：

要在约翰内斯堡修建一套住房有两个选择：要么花费数月等待一个合法、成本高昂的白人建筑工队；要么找一个白人做名义上的负责人来应对官方问询，再偷偷找一个黑人工队开工。大部分顾客都会选择更快捷、更廉价的服务。

类似这样的例子在南非十分普遍，于是坚决执行种族隔离政策的白人政府在20世纪70年代大力打击上述行为，对几百家建筑公司进行了罚款。但除了建筑业，还有很多行业的黑人工人数量超过了法律允许的上限。根据种族隔离政策，在服装行业中，有一些工作根本就不允许聘请黑人。然而，到了1970年，从事这些工作的绝大多数都是黑人。在南非，有些住宅区只允许白人居住——但也有一些非白人住户[①]住在那里，而且至少有一个这样的住宅区，绝大多数住户都不是白人。虽然违反种族隔离法也会产生相应的成本，但对很多自由市场的参与者而言，竞争使歧视的成本高到无法承受的地步[②]。

在美国，黑人居住区逐步扩张到传统白人区的趋势要更加普遍。然而，这种持续向外扩张的情况同世界上最早的聚居区——几个世纪之前犹太人在欧洲的聚居区——不尽相同。几个世纪以前，随着人口数量的增加，犹太人聚居区越来越拥挤，即便在特定的时期和地域，犹太人是可以扩大已有的聚居区或建立新的聚居区的。两者之间的差异同样源自歧视成本的差异。

---

① 包括美国黑人经济学家沃尔特·威廉姆斯（Walter Williams）。
② 在南非的少数族裔白人统治政权被结束之前，种族隔离政策就已经开始式微，其中一个原因就是很多阿非利坎人（Afrikaner，南非的荷裔白人）——南非种族隔离政策的主要支持者——在南非生活发展多年后，已建立起了自己的生意，因此在雇用劳动力时需为歧视行为承担相应的成本。这些成本在过去是由英国或犹太生意人承担的。面对高昂的歧视成本，很多阿非利坎人开始对维护种族隔离政策失去了热情，有些人甚至公然向推行这些政策、独裁专制的南非政府提出反对意见。

黑人聚居区的扩张主要是市场力量作用的结果——因为拒绝黑人租户或黑人购房者都是有成本的。但这并不表示白人对此不会排斥。抵制行为常常是有组织的、激烈的，甚至是暴力的。然而关键问题在于最后的结果究竟如何？通常的结果是：在全国范围内，各个城市中的黑人聚居区范围都有所扩大。而且在政府出台法令、政策、限制性条款阻止黑人区扩张，或存在暴力或暴力威胁的地方，黑人区的扩张反而更严重，因为在市场力量的影响下，要停止黑人聚居区的扩张所需花费的歧视成本过大。总体来说，随着人口数量的增长，黑人聚居区的范围一直在不断扩大。

但欧洲犹太人聚居区的范围并不由市场力量所决定，而是受政治命令的摆布。仅当政界领袖认为扩张有利时，聚居区才会扩张。这就是为什么随着时间的推移和人口的增长犹太区会越来越拥挤。对于政治领导人来说，对犹太人的歧视根本没有任何成本。只有在一些特殊的环境下——比如在战争时期统治者需要犹太金融家的资金支持时——各种禁令才会被取消，更多的聚居区才会获准兴建，以缓解居住环境过于拥挤的问题。例如，在三十年战争（1618—1648）期间，新的犹太人聚居区获准建立，一些新的职业和市场也开始向犹太人开放。奥地利的犹太人获准在维也纳修建一座犹太教堂，这是200多年以来的第一次；丹麦也允许犹太人修建该国历史上的第一座犹人教堂。

总之，歧视成本不仅是生活中无可争辩的事实，它还在实际的决策过程中发挥着重要的作用，哪怕是在那些种族、民族或宗教态度非常强硬的国家。这种作用的影响大小取决于特定部门所面临的经济激励和约束条件。而这也表明种族主义和歧视现实之间存在对应的关系的观念是错误的；此外，那些希望减少歧视的人需要审视相应的经济条件，看看这些条件是使决策者的歧视成本提高了还是降低了。然而，那些反对歧视的人们往往也反对自由市场，但自由竞争却能提高歧视成本。这些人往往都不能看到事情的长远影响。

在特定的市场（例如住宅市场或劳动力市场）中，歧视现象究竟是增多还是减少取决于市场价格究竟是由供需决定，还是由市场以外的机构——如政府部门、劳工组织或者卡特尔组织——来决定。例如，当房东拒绝将公寓租给来自"问题"群体的个人时，公寓的空置期就可能更长。很明显，在自由市场中，房东会损失租金。然而如果存在租金管制，房源供不应求，歧视就不会给房东带来任何成本。

同样的原理也适用于就业市场。在自由市场上，如果一位雇主拒绝聘请"问题"群体中能力合格的个人，就会面临人手短缺的风险。这意味着一些工作将无人承担、一些订单将无法完成，要不就需为现有雇员加班加点完成工作支付额外的报酬。然而，如果工资被人为控制在高于供需关系所确定的水平之上，应聘者的数量将会超过市场需求，歧视就不会给雇主带来任何成本。无论推高工资水平的是劳工组织还是最低工资法，结果都是一样的。

在所有这些例子中，影响歧视成本的关键因素在于是否存在竞争以及决策者花的是自己的钱还是别人的钱。如果花的是自己的钱，群体之间的敌意不仅不会体现为歧视，他们还可能找到合作的机会。一项里程碑式的研究探讨了20世纪早期芝加哥的波兰移民和来自波兰的犹太移民之间关系，其中提到：

……芝加哥的波兰人和犹太人……长久以来生活范围临近、历史上一直摩擦不断，因此彼此间不甚尊重，甚至互相蔑视；但是这两个群体之间会在芝加哥的密尔沃基大道（Milwaukee Avenue）和麦克斯韦尔街（Maxwell Street）上展开贸易。一项考察了很多案例的研究表明，不仅犹太人知道在密尔沃基大道和迪威臣街（Division Street）周边居住的人绝大多数都是波兰移民，并特意在那里做生意，波兰移民也知道麦克斯韦尔街上有很多犹太人开设的街边食摊，并特意从芝加哥其他地区赶来这里买东西。

经验证据

那些将歧视与人生轨迹的不同等同起来的人，混淆了造成群体境遇差异的不同原因。即使有人认为人生发展机会的差异比歧视还重要，也必须在研究这两种社会现象时认真区分它们之间的差别。

人生发展机会

从某种意义上说，人生发展的机会比歧视更容易确定。我们可以通过统计数据计算并确定一个黑人孩子成为医生或者国会议员的概率——只需要黑人的人口规模和最后从事这些职业的黑人数量即可。然而，即使是在这种最简单的例子中，也需要考虑一些复杂的因素。

我们这里所言及的人生发展机会仅是一般意义上的统计概率，还是在一定努力后获得成功的可能性？要是想要成为芭蕾舞演员，准备忍受同伴的反对坚持自己的努力方向的黑人男孩很少呢？总而言之，决定人生机遇的事件看似简单，却也提出了复杂的问题：不同群体间的机会差异和结果差异，其根源是什么？不论这个根源是在内部还是在外部，在询问歧视是否存在、程度如何之时，它都是一个非常复杂的问题。

如果歧视和人生发展机会并不是一码事，经验分析所探究的问题就变成了：来自不同群体中能力相仿的个人在求职、升学以及争取其他福利时，成功的前景是否比较相似。但如果不同群体所具备的能力本身就存在巨大的差异——通常情况下的确如此——问题就变成了：某种能力同其他群体成员相似的个人又是如何呢？他们能否获得相同的发展前景或结果？

可比性

对不同群体进行比较，与对条件相仿的个人进行比较截然不同。例如，在几年前，美国黑人的收入水平不及白人，而且差距比现在更大。但早在1969年，出身于订阅了报纸杂志、办了图书证的家庭的年轻黑人男性，其收入水平与那些家庭条件相仿、教育水平相同的白人男性相当。同样在1989年，年龄（29岁）、IQ（100）相同的黑人、白人和拉美裔美国人，工作一年后的平均工资水平都在25 000美元到26 000美元之间。

美国女性的收入水平也从来比不上男性，但早在1971年，30多岁、从未结婚、从毕业开始就一直工作的女性，平均工资要略高于同等条件的男性。在加拿大，从未结婚的女性收入水平超过了99%的从未结婚的男性。而在1969年，从未结婚的女性大学教师的收入水平也略高于未曾结婚的单身男性教师。

上述这些情况都未提及人生发展机会，然而却与雇员歧视的问题相关。来自上述这类家庭的黑人男性青年的比例，完全不同于来自类似家庭的白人男性青年的比例。与之类似，在黑人、白人和拉美裔美国人群体中，IQ 得分的分布情况也完全不同。无论是在美国还是在其他国家，某一种族或民族群体的平均年龄与其他族群相差十岁或以上的情况并不少见，而年龄的差距又造成了收入的巨大差距。婚姻状况对收入水平也有影响。已婚男性的收入水平一般会高于单身男性，已婚且有子女的男性收入还会更高；但对于女性来说，情况却正好相反。该现象背后的原因不难理解——婚姻和为人父母的责任给女性带来的激励和约束与给男性带来的激励和约束完全不同。

婚姻中传统性别角色的合理性以及社会对此期望，是可以讨论的议题。但这种讨论与雇主的歧视行为无关，更不应由此推定雇主的思想倾向。如果要判断是否存在歧视以及歧视程度如何，我们就应关注工作中能力和责任相同的不同个体是否能得到相同的对待。所以问题不应该是雇员遇到雇主之前生活对他们是否公平，即使这个问题对于理解和解决其他议题非常重要。然而，现在越来越多的法律和政策都将歧视界定为雇主不为怀孕员工、罹患精神疾病的员工、有入狱记录的员工、因为年老而出现健康问题的员工提供保障。在雇用发生时，雇主们有动力做出长远考虑；但制定或支持相关法律和政策的人却不会想得那么远。

也许会有一些雇主、政府或其他人承担这些额外的成本，但不管怎样，不这样做并不意味着来自不同的群体、具有同等价值的员工受到了雇主的差别对待。如果企业因不同员工的独特价值而雇用了他们，并根据这些独特的价值向他们支付报酬并擢升他们，这种做法就不能被视为雇主歧视。问题不在于社会政策是否合理，而在于我们对具有特殊含义的字句的使用。我们而不能为了激起特别的情绪就使用这些字眼。仅当对某问题持不同观点的双方都能充分理解某些词语的特殊含义时，我们才能就相关政策是否合理展开理性的讨论。否则我们就只能讨论对方的过去。

尽管孤立的数据可以直观地展示出人生发展机会同歧视之间的区别，但是要确定在某些特定的情况中出现的现象究竟属于前者还是后者，还需一些更复杂通常也是不确定的方法。例如，常见的方法是从统计学的角度先对一些因素进行"控制"，然后再观察这些因素被考虑进来之后，不同群体中的个人所得到的结果是否相似。这种方法的原理很简单，但应用起来就困难了。

研究分析时，没有什么比想当然地认为自己已经考虑了所有相关因素更容易了。但实际上，可能有很多其他因素都会对现象产生影响，但研究者却很难收集到相关的数据，或者根本没有办法进行量化。如果两组人在已知因素方面存在极为显著的差异，就想当然地认为所有其他未知因素都是相同的，这无疑是非常鲁莽的。这样的假设一直反复出现。

例如，一位印度学者试图对孟买医学院学生的社会属性（例如父亲的收入和职业等）进行比较。但在随后的访谈中发现家庭背景相同，而且同是出自贱民阶层（untouchables）的医学院学生在其他影响因素方面存在极大的差异，包括此前就读学校的好坏、家庭的藏书量以及他们的父亲和祖父的识字率等。

与之类似，一项针对美国黑人和白人教职员工的研究发现，某些背景很相似的教职员工在其他方面差异非常大：具有博士学位的黑人教授获得博士学位的年龄通常较大，而且一般来自各自领域排名较低的机构，这些教授发表的论文数量也相对较少。但如果筛选出发表论文数量相同、毕业院校排名相仿、从事学术研究时间接近的教授就会发现，具有博士学位的黑人教授的收入水平还要高于条件相似也取得了博士学位的白人教授。这项研究是在1970年，也就是联邦政府颁布平权法案的前一年。

这些情况并不罕见。从世界范围来看，教育数量存在差异的群体往往教育质量也不尽相同。这意味着如果要对来自不同群体教育背景看似"相同"的个人进行比较无异于拿苹果和橘子进行比较。所以，将来自不同群体的具有"相同"教育背景的人之间的收入差距归因于歧视，是不合理的。

教育质量的差异可能体现在很多方面，包括院校排名、个人成绩和专业领域等。在马来西亚的中国人和马来人之间、在斯里兰卡的泰米尔人（Tamils）和僧伽罗人（Sinhalese）之间、在以色列的欧美犹太人和中东犹太人之间、在印度的各种姓阶层之间，以及美国的黑人、白人和拉美裔群体之间都存在着这些差异。与之类似，同在美国接受大学教育的女性和男性也在专业领域和是否继续接受研究生教育等方面存在差异。但一些研究却认为他们具有"相同"的教育背景，因为他们都接受过大学教育。

来自不同群体的相似个人之间存在差异，教育不是唯一一个具有这种特点的因素。许多媒体根据一项备受瞩目的研究得出结论：在美国，审批抵押贷款时，少数族裔和白人申请者之间存在种族歧视。但是该结论显然并未考虑到少数族裔申请者背负的债务更重、信用记录更差、申请贷款总额与抵押财产价值之比更高，而且更有可能为多户住房而不是单一的家庭住房申请贷款等情况。

当这些因素都被考虑进来之后，白人和少数族裔申请抵押贷款的批准率之间的差异会显著缩小，然而还有 6% 的差异是由种族歧视造成的，就好像两个群体在其他未被考虑的变量上不可能存在任何差异。例如，美国人口普查公布的数据表明，收入相同的黑人和白人在平均净资产方面存在很大差距，而在决定抵押贷款申请能否被通过时，申请人的净资产情况也是主要考虑的因素之一。也许以下分析更能说明实际情况：美国的黑人和白人群体在与贷款资格相关的变量上存在差异，所以两个群体的平均贷款批准率也有所不同；而白人的财务资质比亚裔美国人及太平洋岛民群体差，因此在申请普通抵押贷款时，白人被拒绝的比例也更高。

很多数据都无法像 1970 年对黑人和白人高校教师的比较研究那样，或像后来针对抵押贷款的研究那样，被细致地解析。但许多媒体——甚至常常是在学术研究中——只要发现不同群体间存在某些差异就认为这是由歧视造成的。而且只有在结论与事先就想证明的偏见相一致时，才会出现这种情况。统计数据显示美国白人群体同亚裔群体相比，收入更低、婴儿死亡率更高，而申请抵押贷款被拒绝的比例也更高。但从来没有人用这些数据来说明白人群体被人歧视，而相同的数据——通常来自同一项研究——却被视作存在针对黑人群体的歧视的有力佐证。

不同群体"具有代表性的人"之间的统计（包括对特定职业、机构和收入水平的统计）差异，常常被认为足以得出上述结论，而"不具代表性"的群体则被歧视性的政策或具有偏见的个人和机构"排除在外"了。然而，没有什么比各国不同族群具有代表性的人之间的巨大差异更普遍的了，即便强势群体从未歧视过弱势群体。有时强势群体只是少数派，并不掌握凌驾于多数群体的制度或政治权力。

例如，在20世纪60年代这整整十年间，在马来西亚属于少数的华裔移民中有400多人获得了工科学位，而占多数的马来人却只有4个人获得学位。而这个国家的大学由马来人掌控，管理大学的政府也是如此。这种情况并不是孤例。在沙皇俄国，日耳曼人虽然只是少数——人口占比仅为1%，在圣彼得堡科学院中却占据绝对多数。尼日利亚取得独立时，该国北部地区的许多职业中，绝大多数从业者都是南方人。这样的例子不胜枚举，写满一本书都不够。

这里的讨论并不是要否认歧视的存在或将歧视程度掩饰至最低。我只是希望那些断言存在歧视的人能够拿出经得起推敲的证据来证明歧视确实存在。

反歧视法

歧视和平权法案都会带来成本。事实上，两者都很难规避成本，因为这两类行为从本质上说都是优待政策，只不过优待的对象不同。不管这些政策的依据或目标是什么，从经济的角度看问题在于：这些政策的实际后果是什么？长期后果呢？原则上说，反歧视法应该禁止一切优待行为，无论受优待的是多数还是少数。但我们不能根据政策目的、目标或依据来定义它。真正的问题在于：它们的特点和后果究竟如何？长期来看呢？

反对歧视的法律和政策可能的效果取决于有权执法的人如何定义和界定歧视。要定义何为歧视并判断歧视是否存在，就会面临一些激励和约束。考察这些激励和约束，比考察政策或法律的目标和依据更能揭示它们的效果。而随后起决定性作用的，则是有关实际发生了什么的经验证据。

法律定义

在20世纪60年代的美国，联邦民权法案立法之初所定义的"歧视"非常简单直接。它意指按照所属的种族或民族区别对待个人。1961年，约翰·F.肯尼迪总统在其签署的行政命令中首次提出"平权法案"，意指雇主应该积极而非消极地保证一视同仁地对待应聘者和员工，"不受种族、信仰、肤色和国籍的影响"。1964年美国民权法案等反歧视法的目的也是要避免在就业、公共膳宿服务和其他情境中出现区别性对待。然而，在1964年美国民权法案被通过之前，歧视的另一种定义已经出现。

在1964年较早时，伊利诺伊州的州立公正就业（雇用）实施委员会（Fair Employment Practices Commission）裁定摩托罗拉公司要求一名黑人应聘者同其他应聘者一起参加测验的行为是对该应聘者的歧视。通常黑人所接受的教育数量和质量都不及白人，所以不太可能取得好成绩。委员会的一位裁决人指出，这对"文化贫瘠与弱势的群体"来说是不公平的。而这种处理却隐含着将歧视的定义从拒绝给予同等对待转变为拒绝给予同等的成功前景。

反对将联邦民权法案提交给国会的人指出，如果1964年民权法案成为法律，摩托罗拉案就会成为一个范例，而该法案的支持者则极力反对这种说法。尽管该法案本身并未认可歧视的这种定义，但随后联邦法院（包括最高法院）在对该法案的解释中对歧视给出了更广泛的定义，所使用的标准是歧视行为会给少数群体的成功前景带来"差别影响"（disparate impact）。换句话说，劳动力构成无法反映当地的人口结构特点会被视为歧视存在的证据，而要证明歧视不存在，雇主就要承担举证责任。

围绕这些议题，支持者和反对者从政治、道德、法律和社会的角度展开的论战已不一而足。然而，从经济学的角度来看，问题在于：这种关于歧视的定义会产生哪些激励和约束，而这些激励和约束又会产生什么结果？

经济后果

最明显和直接的后果就是原来歧视少数族裔的雇主现在有动力去停止歧视行为，以避免反歧视法案生效后的诉讼成本。然而，经验证据表明，在现实中按种族区别对待能力相同的个人，这种歧视现象远不及那些将不同族群在就业、生活中的不同结果都归咎于歧视的情况多。但无论歧视情况究竟有多少，反歧视法的直接和短期影响效果都会使歧视减少。

随着时间推移，该法案还会带来哪些后果呢？如果公司的劳动力结构没有反映当地的人口构成，私人和政府机构就可以以存在歧视为名指控雇主，而实际上该雇主并没有歧视行为。于是那些位于少数族裔集中地的企业的风险就会增大。在短期内，这些公司的雇主可能无法做出调整；但在一段时间后，当公司考虑拓展新的业务时，选址的问题就会浮出水面，甚至那些在其他地区拥有分支机构的公司也会将其业务搬离少数族裔集中地，以便降低法律风险。最后，只有一个工厂或办事处的公司也会寻找机会搬离此地。

那么，反歧视法的实施究竟是通过减少就业歧视为少数族裔的工人带来更多的工作机会，还是使雇主们从少数族裔集中地搬离而减少了少数族裔的工作机会呢？这实际上是一个实证问题。但该问题却很少有人问及，也就很少有人给出答案。但一些针对日本企业在美国开设新工厂的选址问题的研究却从统计数据中发现，这些新工厂常常会远离黑人集中的地区。类似的研究并不仅限于外国公司，美国本土企业在选择厂址时也经常会做出相同的决策。据《纽约时报》报道：

> 很多公司自动排除那些黑人占比 30% 及以上的郡……一些产业发展官员也表示他们提前获知很多公司对这些地区不感兴趣。

我们还应注意到，在政府干预使得雇用黑人的成本和风险增加之前，黑人的劳动参与率要高于白人。这背后也有很多其他原因。

雇主为了避免被少数族裔员工或求职者指控存在歧视，会根据当地人口构成来聘用和提拔职员。然而，这样做又有风险被未被聘用的白人应聘者或未能获得晋升的白人职员指控"逆向歧视"。由于不同的民族或种族群体有着不同的技能和经验，所以在任何地方都不可能要求来自不同族群的成员拥有相同的工作能力——而只有具备这种条件才能做到没有用人歧视并让劳动力构成反映人口结构。

要解决这种两难的困境，很多雇主既要按照人口结构来雇用员工，同时又要避免被指控"逆向歧视"，只能以"多元化"为借口，按照平权运动的精神优待地雇用一些少数族裔的职员。只有在法院接受这种理由时，以"多元化"为名才能帮助企业摆脱来自少数群体、多数群体或政府机构的诉讼。因此，当平权法案在最高法院受到挑战，甚至在大学录取的案件中受到质疑时，很多公司还在声称他们支持那些在录取标准中对少数群体有照顾的大学。"多元化"是雇主的避风港，他们根本不想失去它。

经验研究显示，反歧视法和"平权法案"对受过歧视的个人和群体的最终影响还不甚明确。例如，尽管倾斜的录取政策使校园中的黑人学生数量比按照普通标准来录取的数量更多，但多项针对高校教育的研究表明，黑人学生毕业率最高的往往是那些黑人学生的录取标准同其他学生相似的学校，而毕业率最低的却是录取分数差距最大的那些学校。学生上大学的首要目的并不是帮助学校实现生源多元化，而是接受高等教育并毕业，因此重要的是要帮助这些因录取标准降低而得以入学的少数族裔学生。

未能毕业的学生未必就"没资格"上大学，通常他们都能达到其他学校的毕业标准。在顶尖高校录取了一些本来只够资格上二流院校的少数族裔学生之后，可供二流院校挑选的少数族裔学生就更少了，于是这些院校也就只能去录取那些只能去更差院校的学生。无论是在顶尖大学还是在一般院校，少数族裔学生的系统性错配都会导致毕业率降低。在加州大学系统和得克萨斯大学系统明令禁止倾斜性录取政策之后，这两个系统中黑人学生的总数并没有减少。但黑人学生在大学系统内的分布情况发生了变化：进入旗帜性顶尖大学（在这两个州分别是伯克利和奥斯汀大学）的黑人学生数量减少了，更多的学生进入系统内的其他学校，而这些学生的水平与进入这些学校的其他学生更加接近[1]。

---

[1] 一项研究显示，非裔学生在录取分数较高的大学里能取得更好的成绩，而该情况令人费解，参见威廉姆斯·G. 伯恩（William G. Bowen）和德里克·博克（Derek Bok）所合著的《河流的形态》（*The Shape of the River*）一书第259页。但该研究忽略了一个事实，那就是在这些学校里，黑人学生和白人学生之间的差距本就较小——而正是这种差距决定了黑人学生最终能取得的成绩。例如，哈佛大学录取的黑人学生和白人学生之间，SAT 平均成绩的差距大约是95分，而在杜克大学该差距是184分，在莱斯大学该差距则为271分。可参见鲍勃·泽尔尼克（Bob Zelnick）所著的《逆火》（*Backfire*）第132页。

法学院算是一个特例，因为学生在毕业之后还需要通过一个外部的资格考试——美国律师考试（bar exam），只有通过该考试的人才有资格成为律师。而因倾斜性政策被录取的黑人学生在参加律师考试时，无法通过的比例明显要高于那些成绩符合法学院正常标准的其他学生。无论是在法学院还是在高校，同成绩更好的学生一起学习，少数族裔学生很难跟上，所以进入"更好的"学校并不一定就意味着获得了更好的教育。2004年发表在《斯坦福法律评论》(Stanford Law Review）的一项研究发现，受惠于倾斜性政策的法学院学生同那些成绩符合法学院录取标准的学生相比较，前者无法通过律师考试的比例更高。总之，黑人学生因优待录取政策进入法学院学习并真正成为律师的数量，比黑人学生和其他学生面对同样的录取标准时成为律师的数量要少。

总结与启示

在很多关于歧视的讨论中，持相反观点的人其实没有面对他们实质上的不同，也很少面对实际的症结，因为他们使用的很多词语都含义模糊，词义也在不断变化。特别是这些讨论经常会把个人自身素质（如工作技能、教育水平和经验）的差异与外界强加的障碍（如就职、录取）混为一谈。因此，那些资质不佳的人常常被认为没有"进入通道"或"机会"，实际上，他们的进入通道和机会与其他人一样，只是能力不足而已。当然，不同个人或不同群体的情况会有所不同，但如果我们在考虑与歧视有关的问题时不对相关词语做出区分，就根本不知道该去分析哪些事实。

与之类似，在智力测试中，如果一个群体的分数高于另一个群体，这种测试就会被视为存在"文化偏见"，就好像不同群体就不能存在兴趣、经验、成长背景或其他方面的差异似的。评估其实并不存在偏见①。是否有人会因为黑人在篮球比赛中的表现要普遍强于白人就认为篮球是一种存在文化偏见的运动呢？如果白人投入了同等的兴趣，并和黑人一样勤加练习，他们可能也会像黑人一样擅长打篮球。但考量人们的实际行为，与评估他们在其他假设条件会怎样做完全是两码事。

在一个白人比黑人多的国家，职业篮球队的老板雇用更多的黑人球员并不是歧视。如果文化偏见指的只是某种测试只能测出哪些人在某种文化具有一定优势——得分不错的人会在该文化环境下具有过人的能力，但在其他文化环境下却不一定同样出色——那么根据测试结果得出的结论既不重要且具有误导性，因为每个人、每个地区都有拥有某些特有的文化。一种"不受文化影响"的测试只有在一个不受任何文化影响的社会中才能发挥检验测试者水平的作用，但现实中根本就不存在这种不受任何文化影响的社会。

上述这些都没有涉及歧视究竟有多少。它想说的是，使用某个词汇时，我们实际上不可能确定它在多大程度上与歧视有关，因为我们常用一个词来描述歧视和其他大量因素的共同后果。

那些缺乏长远眼光的人可能会认为无论歧视程度如何，反歧视法

---

① 该问题还存在一个非常复杂的因素，那就是在不同种族人群之间是否真的存在智商差异，对该问题的争议一直贯穿其中。但是这种容易激起公愤的问题却同歧视现象关系不大甚至毫无关联。人与生俱来的能力在生命诞生之初就已经形成，但是在诞生时却不用直接面临求职和申请大学等问题。当一个人长到真正需要求职或申请大学的时候，很多个人或社会因素已对这个人影响多年，而这些因素很少会对每个人和每个群体产生相同的影响。而且，那些有意招募员工的雇主只会对求职者目前展示出的能力感兴趣，而不会关注他们与生俱来的潜力。

都会使其减少。但法律带来的激励和约束条件既可能增加也可能减少少数群体的就业或其他机会。对于这些政策的最终影响，可能确实存在意见分歧，但如果我们不能放远眼光，这个问题甚至不会被提出。更准确地界定术语、更细致地解析统计数据可能导致对歧视数量的估计结果不同。但关键在于，"歧视"一词虽然从政治目的出发能唤起民众的共鸣，但却不能用于探究它是否存在。

第8章

国家经济发展
The Economic Development of Nations

不同国家的经济生产能力千差万别。如果用购买力平价进行度量，日本的国民生产总值（GDP）比俄罗斯和英国两国加起来还高，而美国的国民生产总值也超过了日本、印度和德国三国国民生产总值之和。事实上，美国有些州的国民生产总值就已经超过了很多国家。例如，新泽西州的GDP超过了埃及，加利福尼亚州的GDP比加拿大或墨西哥的GDP都高。然而，一个国家的国民生产总值（该国年产出的市场总价值）并不一定能可靠地反映这个国家的生活水平，因为生活水平在很大程度上是由共同分享这些经济产出的国民人口总数决定的。按照购买力平价计值，中国的GDP位居全球第二，但该国人口超过十亿，因此人均GDP在全世界还排不进前70位。

各国经济生产能力的差别不仅体现在总产出的市场价值和人均GDP反映出的生活水平，还体现在经济增速的快和慢。尽管目前普遍将比较贫穷的国家委婉地称为"发展中国家"，但是很多贫穷国家的发展速度还不如那些更加富裕的发达国家，而有些所谓的"发展中国家"，经济根本就没有任何发展，甚至还在倒退。在大部分现代工业化国家中，经济增长或多或少会被认为是理所当然的，人们关注的只是增速的快慢。时至今日，经济增长仍然不是世界性的。除了各种短期倒退如经济衰退，有些国家和整个地区（如撒哈拉以南的非洲）的人均产出值甚至比两代以前的水平还低。

几千年的历史已经昭示，经济增长并非理所当然。而且，增长（growth）并不等于发展（development）。因为增长指的是产出水平的提高，而发展的含义则是通过技术进步、生产管理或组织形式的改善使经济生产方式和手段全面提升。人口不断增加，就意味着有更多的人生产出更多的产品和服务，即使他们仍使用之前的生产方式，生活水平仍维持原状，我们也可以说经济增长了。

历史上所有的技术进步，都不如农业技术进步的影响深远。没有农业，人类就不可能建立城市。很难想象没有城市文明，世界会变成什么样。由狩猎者和食物采集者所组成的社会只能分散于各处，因为这样大自然才能生产出足够的食物让人类生存下去。人口的集中要求食物能集中起来，而这只能依靠农业来实现。农业也要求人们长远地思考问题：春天开始播种，为的是在秋天收获果实，并为过冬囤积足够的食物。在农业社会，时间、工作和风险成为所有人都无法回避的问题，但是在大部分人都是雇员的社会中，时间和风险管理都是别人需要考虑的问题。一个农业社会距离热带越远，人们就越要重视时间管理和春天冰雪消融后尽早开始耕种的必要性，因为离赤道越远，作物生长的季节就越短。而在一些热带土地上，大自然一年四季都能为狩猎与采集者提供丰裕的食物供给，那里的农民随便混混就能生活。农业要求在特定的季节完成特定的工作，也就是说，人们不得不考虑超越眼前阶段的事情。

在争夺同一块土地时，人口较为集中的农业社会比狩猎—采集社会具有优势。人口集中对经济和文化的发展更为重要，它使城市的出现成为可能。大量的人集中居住在面积相对较小的土地上，就有可能通过规模经济效应在经济、社会和文化等领域大规模投资，因为高额投资成本可以被分摊许多人头上。城市通常都是沿可通航的水道而建，所以城市间能够实现沟通和往来，最后通过海港与遥远的大陆建立联系。因此，比起内陆村庄、与世隔绝的山区或不断为了找寻食物而迁徙的游牧狩猎者和食物采集者，城市的文化领域要广阔得多。

在城市中，人们不仅可以获得其他地区的产品，还可以分享其他地区的思想和技术。一段时间后，这些来自其他地区或文化的引入品就会扩散到周围的农村，乃至其他的城市。

在世界很多地方，尤其是在那些以农业生产活动为主的地区，在现代农业生产萌芽和传播之前，人们在几个世纪里一直遵循祖先的传统做法。因此，经济发展绝不是自动发生的。即使到了今天，世界上某些地区的农民和渔夫还在沿用几个世纪之前祖先们的生产方式，他们的生活水平同古代并没有太大差别。从世界范围来看，有些地区的技术进步和财富累积比其他地区更为显著；从时间上看，有些时期的技术进步和财富累积比其他时期更为显著。然而，历史上也曾出现过经济停滞和倒退的时期，有的是因为战争的干扰和破坏，有的是因为饥荒或其他的自然灾害，还有的是因为糟糕的经济政策。

在 20 世纪初，阿根廷曾是世界上十个最富裕的国家之一，位列于法国和德国之上。但是到了 21 世纪初，没有人会将深陷泥潭、发展混乱的阿根廷经济同法国和德国相提并论。阿根廷有着丰富的自然资源，不像 20 世纪其他国家那样被战火蹂躏，但一系列思虑欠妥的错误政策导致这个国家渐渐落后。1998年到2002年，阿根廷的人均收入水平下降了2/3。

有时甚至不用一个世纪这么长，一个国家的相对国力在很短时间内就会发生显著的变化。1991年，印度和中国的人均产出还非常接近，但仅仅过了十年，中国的人均产出就升至印度的两倍。中国开始由国家控制下的计划经济转向更为自由的市场经济。印度在20世纪90年代开始尝试同样的转型时，经济也发展得更快了。将考察时间延长到几个世纪，我们会发现更为显著的变化。据估计在1700年，全世界超过一半的经济产出源自亚洲，而欧洲产出的比例还不到1/4。然而到了1890年，欧洲的总产出水平已经超过了亚洲；如果加上美国，全世界超过一半的经济产出都源自西方国家。

为何有些地区的发展水平会强于其他地区，为何有的时期发展水平会超过其他时期？这是一个具有现实意义的重要问题，关乎数十亿人的经济命运，但并没有可以解释一切的唯一答案。技术有着重要的影响，但并不能解释全部。类似的因素还包括地理条件、自然资源和其他因素，包括人的因素等。和经济学中其他领域一样，常见的谬论和误解也会分散我们的注意力，使我们很难认识到基本事实。

发展水平的差异

在当今世界的很多地方，经济发展水平的显著差异令人震惊。一些以偏概全，常常又是戏剧性的理论被发展出来，宣称可以解释这种差别。纵观历史，这种巨大的经济差异其实非常普遍。在古代，中国远比欧洲发达，当时欧洲人对中国的丝绸、瓷器（这个名字确实值得注意）和其他产品的需求很大。欧洲很少甚至没有类似可供贸易的产品，于是只能用黄金来支付从中国购买产品的费用。而在欧洲内部，差距也同样明显。

古代希腊有很多不朽的建筑，这种建筑至今仍被模仿；那里还诞生了柏拉图和亚里士多德这样伟大的思想家。但在当时的北欧地区，普通人基本目不识丁。而当罗马人在公元1世纪入侵不列颠时，不列颠群岛甚至都没有一座建筑物，也没有任何不列颠人的名字能被载入史册。因此，如今富裕的西方国家和贫穷的第三世界国家之间的显著差距并不是什么新鲜事。几个世纪以来，包括艺术、科学、文学和经济发展等各领域的世界领先者几易其主。这表明虽然人的发展潜力是平等的，但从有记载的历史来看，发展成就的平等却从未出现过。

长期以来，经济发展的差距极为普遍。但有些社会在某个特定时期内相较于其他社会的特定优势，却并不能永久地保持下去。欧洲用了几个世纪的时间终于赶上并超越了中国，日本也是如此。更重要的是，一个社会所取得的进步通常会扩散到其他社会。中东的农业发展——也可能是人类历史上最重要的一次经济发展——自萌芽之日起就在向外扩散，最早受惠于此的周边地区还包括地中海东部的国家。

一个社会不可能一直在所有方面都保持领先，因此即便是在同一时期，各地区也有着不同的优势。例如，全世界通用的数字系统是由印度人在十几个世纪前创造出来的，它逐渐取代了西方的罗马数字和所有其他国家的数字表示方法。因为欧洲人在阿拉伯人使用这些数字时发现了这种数字系统，因此称之为"阿拉伯数字"。但阿拉伯并不是阿拉伯数字真正的发源地。

几千年以来，一种文化学习其他文化之所长的现象几乎从未间断。然而，在世界不同地区和不同时期，文化间相互借鉴的速度和可能性存在很大的差异。有些人生活在偏远的山谷地区或浩瀚大海中与世隔绝的岛屿上，他们通常无法紧跟其他社会的科技发展步伐。15世纪，西班牙人发现了加那利群岛（Canary Islands），岛上住着处于石器时代的高加索人。不列颠人发现澳大利亚的土著部落时，那里情况也同样如此。这两个例子表明，与世隔离就意味着无法分享世界上其他人所取得的进步。

技术和自然资源显然都是经济发展的重要因素，而有些因素则不那么明显，它们可能与技术和自然资源同等重要，甚至更为重要。政府的作用就十分关键。公元5世纪罗马帝国瓦解之后，它的治理机制也随之崩溃。罗马帝国曾在其统治范围内建立起相互联系的经济和司法体系，影响范围从不列颠群岛一直延伸到北非。帝国瓦解之后，这些地区逐步分裂成一些彼此独立的司法管辖区。这些规模各异的区域缺乏政府的有效控制，旅行和贸易也变得不再安全。

随着贸易的衰落，专业化分工所带来的优势也荡然无存，城市不再繁荣，道路年久失修，教育机构不断衰败或完全关闭，司法和秩序也分崩离析了。据估计，一直到罗马帝国瓦解后1 000年，欧洲的生活水平才逐步提高并恢复到罗马帝国时期的标准和水平。是否存在一个有效的政府，是决定经济是发展还是倒退的主要因素之一。

在广袤的土地上建立起法律和秩序不仅能帮助生产商找到广阔的市场，并因此获得大规模生产带来的经济效益，还鼓励了经济中的个体和产品流动到最需要它们的地方。广阔的西非地区曾由当地部落和统治者控制，但在英国人掌控该地区之后，尼日利亚南部的伊博人（Ibos）就可以安全地迁居到尼日利亚北部，在那里开办企业、寻找职业发展机会；而在过去，他们根本就不敢到北部的异族地区定居。其他一些地区的情况也与之类似，在欧洲帝国主义时期，来自中国、印度和黎巴嫩的移民大量涌入，他们在帝国法律的保护下建立了很多企业，并开创了完整的产业体系，帮助所到之地迈入现代化社会。

政府对经济发展的影响还体现在它可以提供并保护产权。在很多第三世界国家，尽管存在产权，但是大部分人其实无法真正获得它。在其中一些国家，大部分的经济活动都发生于统计体系之外的地下经济。例如，埃及和秘鲁的大多数住房都是非法修建的，或是因为大量的限制性措施阻碍了住房的合法修建，或是因为合法修建住房所需的成本超过了穷人所能承担的范围。在埃及，非法修建的住房多达 470 万套。而在国有的荒漠土地上合法登记需要在 31 个部门完成 77 道行政手续，完成所有这些手续可能需要花费 5 年甚至更长时间。在海地，要获得房屋产权需要耗费 19 年。在有些国家，要加快进程就得行贿，但穷人通常没有能力提供足够的贿赂。

在这种情况下，一个国家的总财富中并没有多少有产权保障。据估计，秘鲁合法体系之外的房地产——那些没有产权的房产——总价值比该国历史上所有外资总额的 12 倍还多。即使是在海地这样极端贫穷的国家，非法房地产资产总价值约为该国所有合法经营业务价值的 4 倍左右，是政府资产价值的 9 倍之多，比海地国家历史上所有外资总额的 150 倍还多。在所有的第三世界国家以及前社会主义国家，国民非法拥有的房地产价值总额估计比 30 年内这些国家所获得的外国援助资金总额的 90 倍还多。

这种现象的经济意义在于总额巨大但在法律上不被承认的资产并不能像在工业发达国家中那样促进经济发展。很多美国人用住房、农场或其他房地产作为抵押物去申请贷款，获得初始资本来创业，有些后来逐步发展成为大型企业①。但如果一位埃及人、秘鲁人，或其他第三世界国家的个人也想去创业，他们无法用这些不被认可的财产来获得贷款。银行和其他金融机构会避免贷款给那些用没有所有权，或所有权不明晰的资产做抵押的企业主，因为一旦发生违约，这些资产并不能被收回抵债。贷款方必须考虑第一阶段之后可能发生的情况，他们不仅要确定收回贷款的前景如何，还必须搞清楚贷款违约后自己的追索权是什么。如果一个国家的法律系统难以建立产权，它就会使资产冻结，该国的经济发展因此也就难以实现。

在第三世界国家中，很多经济资产都缺乏产权保障，房地产只是其中之一。在很多这样的国家，未获得许可的公共汽车和出租车承担了大部分的公共交通功能；大部分在市场和街边出售食物的小摊贩也没有获得政府批准。英国杂志《经济学人》报道："在一个典型的非洲国家中，只有不到十分之一的人居住在正式的住房（即有产权的房子）里，只有十分之一的工人拥有正式的工作。"虽然在没有产权的情况下，这些经济活动仍然可以继续，但这些资产不能像在美国和其他西欧工业国那样用来创业或进行风险投资。从法律的角度看，这些资产实质上并不存在，这也就意味着人们很难用这些资产来实现经济发展。

那些目光短浅的人通常认为产权制度只对那些富裕的、拥有大量财产的人有益。这种观点忽视了产权在一连串的经济事件中关键性的

---

① 在麦当劳公司艰苦创业之际，曾用加盟连锁店的土地进行房地产交易获得所需资金来避免破产。但是，如果这些土地没有产权，麦当劳公司很可能早就倒闭了，并不会成为全球性的大型企业。参见约翰·F. 拉夫（John F Love）所著的《麦当劳公司：拱门之后》（McDonald's: Behind the Arches），修订版，第152—153页。

关联作用，而这种作用可以让没有财产的人为自己和整个社会创造财富。

这就意味着有些第三世界国家如果能使本国人民更容易地获得产权，由此产生的资金将比这些国家获得的外国援助资金总额的十倍还多。而且，外国援助资金基本被政治精英牢牢控制，而上述新增资金却掌握在数百万的普通人手中。总之，尽管人们通常都认为产权制度只对那些财力雄厚的富人重要，实际上在法律上对资产进行认可对那些生活在贫穷国家的穷人来说尤其重要，如果他们不想一直贫穷下去的话。数以百万计的第三世界国家人民已经证明他们有能力创造巨大的财富，但混乱的法律体系却无法将这些财富方便地转变为合法财产，用于经济的进一步扩张和发展。秘鲁经济学家埃尔南多·德·索托（Hernando de Soto）对世界范围内的这种现象进行研究之后总结道：

> 产权缺失（因此）可以解释为何发展中国家和以前一些共产主义国家的公民无法与陌生人签署合同并由此获利，也无法获得贷款、保险或公共设施服务：因为当他们面临损失时，没有财产可以作保。正因如此，只有他们的直系亲属和邻居才敢与他们缔结合约。这些没有财产作保的人就好像被困在前资本主义的简陋地下室中，找不到发展的出路。

换句话说，在容易获得产权的国家，产权使人们可以将实物资产转化为金融资产，用这些金融资产人们可以以个人或与别人合伙的方式创造更多的财富。产权使彼此陌生的人能够合作投资：有些规模庞大的经营活动，凭借个人之力根本难以完成，只能通过公司来实现，而企业可以调动和使用几千人，甚至几百万人的财富，但这些人彼此可能互不相识。此外，产权还可以激励人们监督与自己相关的经济活动（他们往往比政府官员更了解情况），还能避免政府官员的反复无常和贪污问题。总之，在一个价格能发挥市场配置功能的经济中，产权是必不可少的组成要素之一，没有它经济就无法有效运转。这就意味着，如果经济无法有效运转，身处其中的所有人——不仅仅是财产所有者——都无法成功。

地理条件

人们普遍认为地理条件会对人类发展产生一定程度的影响，这种影响的性质差异显著。人们很容易就能理解中东地区规模巨大的石油、西欧的铁矿、马来西亚的锡矿以及南非的黄金给这些地区的经济发展带来的影响。有些因素可能没有这么明显，但与自然资源禀赋同样重要，甚至更为重要。例如，要将自然资源和产品从原产地运到世界的不同地区，可通航的水道发挥了极为重要的作用，它也刺激了更为广泛的文化交流。

有些族群在某个时间段正好生活在地理条件优越的地区，但我们并不能简单地认为他们在经济上更走运。更重要的是，这些人能够脱颖而出，部分原因在于，他们的文化交流范围更广，能从更广泛的人类经验中获益。例如，英国殖民者在几百年前初次面对散居于北美东海岸的易洛魁（Iroquois）人时，双方发生了冲突。我们并不能简单地认为这些冲突源自不列颠群岛文化与易洛魁文化之间的冲突，实际上它们反映的是规模不同的文化世界间的冲突。英国人使用埃及人的三角学原理、中国人发明的指南针，学习中东人的天文学知识，用印度人创造的数字进行计算，还吸收了用罗马人创造的字母记载下来的其他相关知识，终于来到了大西洋彼岸。上岸之后，英国人的火药武器相对于易洛魁人的粗制武器无疑具备极大的优势，这种先进的武器最早起源于亚洲，而战马最早见于中亚和中东。在欧洲人入侵之前，西半球的原住民根本就不知道这些。

相反，地理条件的限制切断了易洛魁人与阿兹特克（Aztecs）、印加（Incas）文化的联系，易洛魁人根本就不知道他们的存在，更不用说去吸收他们的经济、文化和军事发展成果了。此外，两个大洋也切断了西半球与世界其他地区的联系。虽然生活在西半球的人并不像加那利群岛居民或澳大利亚土著人那样与世隔绝，因为西半球的不同地区还维持着一定程度的往来，但是他们之间的文化交流完全无法与欧亚大陆相提并论，毕竟根据有记载的历史，绝大部分早期人类都生活于这片土地之上。

适合通航的水道

可通航的水道能帮助一个地区接触外界，但是在世界不同地区，通往水路的便利程度存在非常显著的差异。尽管非洲的面积是欧洲的两倍多，它的海岸线长度却比欧洲的短。这是因为欧洲的海岸线蜿蜒曲折，便于修建可停泊船只的海港，并保护沿海地区免受外海惊涛骇浪的侵袭。但非洲的海岸线更加平直，海港也少得多。河流和海港对于经济和文化发展的重要性不言而喻，至少在铁路和汽车的发展使陆地交通成本大幅降低之前的数千年里，几乎世界上所有的大城市都建于河流或港口旁边。

世界上许多城市都是围绕可通航的水道周边兴建的，这反映了水路运输和陆地运输之间的成本差异。例如，19世纪中期，在横跨大陆的铁路体系修成之前，从中国的一个港口去往旧金山所花费的时间和金钱，可能比从密苏里河岸附近出发，穿越美洲大陆来到旧金山更少。在高加索地区的第比利斯城，通过长达8 000英里的水路从美国进口煤油的成本，甚至比通过陆地从400英里以外的巴库购入更低。在铁路运输时代之前，无论在非洲、日本还是在英格兰，陆地运输与水路运输之间的成本差距都非常大。据估计，在奥斯曼帝国，将小麦运到100公里之外需要花费的运输成本会超过小麦本身的价值。

即使在道路和机动化运输（如火车和飞机等）取得长足发展之后，水路运输的成本大体上仍然明显低于陆地运输。例如，在美国石油的水运成本相当于管道运输的1/4、铁路运输的5%以下，卡车运输的1%多一点。

城市人口需要大量的食物和其他产品。大量的原材料和制成品运入、运出城市，城市人口借此赚钱消费。对于所有这些运输需求，水路都是成本更低的选择。因此，城市多依水而建就不足为奇了，比如泰晤士河畔的伦敦、横跨尼罗河的开罗、塞纳河畔的巴黎、将哈德逊河送入大海的纽约等。也有很多城市，例如新加坡城、悉尼和斯德哥尔摩建于海港旁边，芝加哥等城市则位于大湖之畔，还有一些城市毗邻内海，如乌克兰的敖德萨和塞瓦斯托波尔等。西欧拥有很多纵横交错的河流，是世界上城市最为密集的区域；但在热带的非洲，可通航的水道非常稀少，长久以来一直是世界上城市化水平最低的区域。

不依靠水路发展起来的城市数量相对较少，而且它们通常都具有其他的交通优势。例如，在广袤的沙漠地区，饮水源之间的距离——同骆驼在无水情况下能够行走的距离进行比较——决定了在无路可循的沙漠或干草原中哪些路径可行，哪些不可行。而这些路径及其交通状况又决定了哪些绿洲能够吸引到足够多的经济活动并形成永久性的居住点。与世界其他地区不少河港和海港小镇都渐渐发展成城市中心的过程极为相似，沙漠中几条路线交汇处的定居点——例如中亚的撒马尔罕——也会发展为大城市。铁路以及随后汽车和卡车的发展给陆地交通带来了革命，水运不再是大城市形成的必要条件，有的城市建在铁路枢纽（如亚特兰大①），有的则主要源于汽车运输（如洛杉矶）。

铁路革命对于撒哈拉以南的地区极为重要，因为这些地区既无自然赋予的水道之便，又有舌蝇肆虐广散致病之源，后者使负载重物的役畜难以生存。在欧洲殖民者兴修铁路之前，非洲人通常用头运货。这种人力搬运商队看起来五颜六色，运输的成本也非常高昂。例如，在英属西非地区，搬运1吨可可行路1天需要雇用37个人。但如果使用火车，6个人就可以在同样的时间里运输1 000倍重的货物，行驶的距离还是人工的10倍。受现代交通革命影响的不仅只有非洲：

> 在1830年，要将1吨货物通过陆运方式运送到300英里以外的地方去——例如从宾夕法尼亚中部运到纽约，从柏林运到波恩，或者从里昂运到巴黎——需要花费超过30美元；用船运到大西洋彼岸还得再花10美元。对于一些比较重的商品，比如小麦等，这种成本负担实在是太过沉重……到了1900年，铁路使陆地运输成本下降了超过4/5，蒸汽轮船也使水运成本降低了超过2/3。现在，同样是1吨货物，陆地运输只需5美元，运到大西洋对岸则只需3美元。

---

① 美国南部流传着一句俗语："无论你是要去天堂还是地狱，都必须在亚特兰大转车。"

这些现代化进展的重要性不言而喻，但水运在世界大部分地区、历史上大部分时间都发挥着至关重要的作用。在 19 世纪的欧洲工业化进程中，每个早期的工业区都因可通航的水道获益匪浅。没有这种优势的地方——如东欧和地中海周围的部分地区，尤其是巴尔干半岛——经济发展水平就会明显落后于英国、法国和德国。地理条件欠佳的欧洲地区，人民的生活水准更类似于欧洲以外国家，而与欧洲大陆发达地区存在较大差距。例如，南欧所缺乏的化石燃料常常不能通过水运运到那里，而水运又是他们唯一支付得起的运输方式。

19 世纪，欧洲许多地区的城市化发展十分迅猛，巴尔干地区却几乎没有大型城市。在欧洲发达地区，道路和铁路状况都得到了极大地改善，但巴尔干地区的人们对此一无所知，即使村庄之间的距离不到 20 英里，村民间也少有往来。巴尔干山脉割裂了半岛上的文化联系和经济往来，因此这片区域长久以来给外界留下的印象就是部族分裂和致命的仇恨。尽管巴尔干半岛拥有大量自然形成的海港，但却几乎没有河流将这些海港与内陆连接起来，因为这片区域被许多山脉隔断了。19 世纪，欧洲的许多地区不仅实现了经济发展，还同大陆内部和海外的许多国家建立了联系。然而，东欧和欧洲东南部一些地区却仍然停留在"自给自足"的时代，孤立、贫穷且落后。

要建立广泛的经济和文化联系，仅有水路是不够的。这些水路在多大程度上可以通航至关重要。除了尼罗河，非洲还拥有其他大河。在其他河流中航行时，船会遇到严重的阻碍，所以这些河流沿岸并没有孕育出几个城市，也没有发展出能与埃及相媲美的文明。因为撒哈拉以南的大部分地区，海拔高度都超过 1 000 英尺，河流由此向下涌向大海。由此形成的是急流和大大小小的瀑布，因此，即便是域内最大的河流也难以通航至海，这完全异于哈德逊河、长江、多瑙河和其他著名商业水道。尽管非洲的刚果河水量比上面提到的哈德逊河、长江和多瑙河都多，但仅瀑布这一点，就足以对贸易通道和城市的形成造成障碍。即便是可通航的河流，船只也只能在瀑布之间的有限距离内航行，或是只有某种大小的船只才能航行，再或者就只能在雨季航行。一旦旱季到来，河流的可通航程度就会大幅降低，甚至完全不能通航。

非洲的地理条件也不太适合建设港口：平直的海岸线只有很少几处适合建港，而近海的水域又过浅，无法让大型远洋轮船靠近停泊。即便是在欧亚贸易需要途经非洲的那几个世纪里，也很少有船尝试在非洲停泊，与非洲人开展贸易。这些轮船只能停泊在很少的几处港口，或者在近海处抛锚，将货物卸载到能够在沿浅海中航行并靠岸的小船之上。卸载货物需要花费很长时间，成本也很高，因此即便在非洲沿海进行贸易，也存在着非常严重的限制，更不用说广阔的内陆地区和高海拔地区了。而且，沿海平原的平均宽度仅 20 英里，背后往往就是悬崖峭壁了。

总之，即便拥有港口和河流，非洲也不具有能够形成城市的地理条件。非洲的城市和大规模行政区大多分布在热带，因为这里的地理劣势相对较小。

陆地成本与水运成本之间的差距，对于能够和不能通过水路运输货物的不同国家和人群来说，将转变为能否发展贸易以及哪些商品适合交易之间的差距。高昂的交通成本缩小了经济发展空间，极大地限制了货物的运输距离，而且只有那些体积很小、重量很轻但价值较大的商品（如黄金和钻石）才适合运输。交通成本高昂还会压缩文化发展的空间。交通劣势不仅阻碍了经济发展,更重要的是阻碍了人类自身的发展。如果缺乏交流渠道,人们就无法像居住在港口城市和其他文化交汇地的人那样分享他人的知识、技能和技术。

某些地理特征——高山、河流、气候、土壤等——结合在一起,会产生更为显著的影响。例如,降雨对农业的影响不仅取决于降雨量,还取决于土壤的吸收能力。因此在农田土壤吸水性很强的中国北部地区,中等降雨量就足以维持农业的繁荣;但是在巴尔干地区,雨水落到石灰岩土壤后会很快流失。与之类似,通航水道的经济价值还会受到毗邻陆地的影响。可通航的水道对于那些资源禀赋比较丰富地区的经济和文化发展至关重要,但对于缺乏适合工业或农业发展的资源和条件(例如在亚马孙地区)其经济价值就非常有限[1]。

俄罗斯的航道水路基本不经过该国主要的资源产地,而且各主要河流之间不交汇,因此不能像西欧地区的主要河流那样流经各农产地和工业基地,相互连通并最后直通大海,充分发挥水道的经济运输功能。伏尔加河是俄罗斯最主要的航运要道,即便有些河流的水量是它的两倍还多,因为伏尔加河所到之处是该国资源和人口的聚集之地。西伯利亚有几条更大的河流,自南向北流入北冰洋——在入海口,即便水流解冻,河水流动仍然不畅——而这些河流的经济重要性远不及伏尔加河。

同样,有些港口即使水不够深、水面不够宽,或者不能像其他港口那样起到庇护作用,却也十分繁忙,因为它们是周边具有生产力的

---

[1] 亚马孙河是目前世界最大的河流,但是其流域的土壤被认为是"惊人地差",因此河流沿岸没有出现任何大型城市。参见乔纳森·B. 托特罗特(Jonathan B. Tourtellot)的"亚马孙河:从丛林流向大海"(The Amazon: Sailing a Jungle Sea),该文载于玛格丽特·赛丁(Margaret Sedeen)主编的《世界大河》(Great Rivers of the World),(美国)国家地理学会出版,1984,第302页。

地区唯一可借助的水道出口，比如意大利西北部的热那亚和西非的蒙巴萨。与之类似，达尔马提亚地区的海岸港口城市杜布罗夫尼克位处中世纪时国际贸易的重要节点，因此虽然作为港口的先天条件并不优越，也曾一度繁荣。伦敦作为世界知名的港口城市，主要依靠泰晤士河带来的发展机遇。尽管泰晤士河的自然条件并不出众，但它却为周边重要的工业和商业设施提供了向外连通的出口。

是否存在帮助运输的役畜会帮助或者限制这些河流运输功能的发挥。几个世纪之前，巨大的远洋轮船在港口城市卸载下大量货物之后，马匹或牛的运载作用就显得尤为重要。这是一种经济的陆地运输方式，货物需要被运到城市和内陆的市场上去。在北非，人们使用骆驼来载物。但在欧洲人到来之前，西半球并没有役畜，所以在此建造大型远洋轮船显然不经济，而且这里也从未有过任何大船。这反过来又限制了西半球原住民的文化交流，哪怕是在一些与欧洲类似的河流和港口附近。在撒哈拉以南的非洲，大部分地方既缺乏可通航的河流，又没有运输货物的役畜，因此文化交流更为受限。

有时某个地区会同时拥有几种有利于发展的地理优势，例如欧洲的西北部；另一些地区则没有任何优势，例如非洲热带地区；还有一些地区具备某些有利条件，但是却没有另外一些。其结果不仅是经济发展水平的差异，更重要的是各地居民之间技能和经验——即人力资本——的差异。由于各地的地理情况千差万别，不同地区的人开发生产技能和积累经济经验以及从他人那里学习的机会也大不一样。国际人口迁移可以让具有不同技能、不同能力和不同发展前景的人汇集到一起并彼此竞争，不同的经济和社会结果由此产生。

那些具有地理优势——同时具有发展工业经济所需的自然资源条

件以及能够将这些资源和由此生产出的产品运输出去的水路运输条件——的地区中，北欧和西欧最为典型。铁矿和煤矿是钢铁生产的必备资源，而钢铁又是重工业发展的命脉。在鲁尔区、威尔士以及法国和德国激烈争夺的阿尔萨斯—洛林，两种资源同时存在。沿海广阔的平原地带为西欧人民提供了大量优质农田和可通航水道，此外，欧洲还拥有很多半岛、岛屿和港口，通海条件十分有利，与世界其他地区的商业和文化交流因此十分畅通。

气候

有利的气候条件也是影响发展的因素之一。欧洲的气候受惠于穿越北大西洋的墨西哥湾流。这股暖流源自墨西哥湾，让西欧地区的冬季比西半球或亚洲同纬度地区更为温暖。例如，伦敦比美国本土的48个州都要靠北，但这里的冬天却比纽约市更暖和，就更不要说像明尼苏达或威斯康星这类地区了。

但东欧、中欧和欧洲地中海地区却不具备这些优势。墨西哥湾流主要影响的是大西洋沿岸的欧洲国家，随着该暖流沿欧洲大陆向遥远的中部和东部地区延伸，其影响也会显著减弱，而在东欧和中欧，河流的封冻期更长，冬季更长也更寒冷。发展现代工业所需的自然资源在东欧和中欧地区也不丰富，很多地方根本甚至就没有。巴尔干半岛完全不能与北欧广阔的沿海平原相比，前者的山脉一直延伸到近海地带，也没有可通航的河流将港口与内陆联结起来。西班牙同样缺乏可通航的河流，而西西里岛既缺乏河流又缺乏降雨。

欧洲各地地理条件的显著差异不仅反映在财富上，还反映在技术、工业经验和人民的生活方式上。因此，地中海地区的人移居到美国或澳大利亚时，并不能像德国或英国移民那样带来工业技能和现代化的生活方式。他们带来的是与生俱来的节俭——几个世纪以来，他们凭借这种品质在土壤和水资源相对贫乏的地中海地区勉力生存，同时也养成了良好的耐力和毅力。无论在欧洲国家还是在西半球或澳大利亚，外界对意大利移民的评价都证明他们能够忍受极为贫困和拥挤的生活条件，还能从微薄的收入里攒下钱来，这些特点都能从地理和历史中找到根源。尽管地中海地区的其他民族也具有类似的特点，但意大利人是最具启示性的例子，因为他们中不仅包括来自南部地中海地区的居民，还包括来自北部波河河谷流域工业区的人群，那里的地理、经济和文化特征更加类似于北欧和西欧。意大利北方人和南方人的经济和社会特点都极为不同，这种差异不只存在于意大利本土，也同样出现在移居到澳大利亚、美国和阿根廷的意大利人中。

从长期来看，来自欧洲不同地区、具有不同劳动技能和经验的人群的不同发展结果可以通过实际工资的差异展示出来：20 世纪初从南欧和东欧来到美国的移民群体，其平均收入水平仅相当于从英格兰、苏格兰、荷兰或挪威等地去往美国的移民群体中收入最低的 15% 的那部分人的收入水平。在学校里，南欧和东欧移民子女的成绩一般也不如本土出生的美国孩子和北欧和西欧的移民子女，这些孩子的 IQ 水平通常与美国的黑人儿童比较接近，有时甚至更低。

这种情况不只出现在美国社会。在第二次世界大战之前的澳大利亚，来自意大利南部、达尔马提亚、马其顿和希腊乡村的移民通常目不识丁，他们主要讲家乡话而不是官方语言。在去往澳大利亚的南欧移民中，超过四分之三的人来自崎岖的丘陵、山脉或陡峭的海岸、群岛，只有很少的人来自城市或平原。尽管这些偏远地区最终还是迈入了现代社会，但来自这些地区的人所掌握的技能一直落后于生活在欧洲工业发展更为先进的地区的人群，这同样反映在迁往澳大利亚的移民的收入水平上。20世纪70年代，从希腊、意大利或南斯拉夫去往澳大利亚的移民的收入中位数要低于来自西德或英语国家的移民的收入中位数。澳大利亚的南欧移民在专业和技术职业中所占比例较低，有近一半的意大利移民以及绝大多数的希腊和南斯拉夫移民都是毫无技能的劳动者。这种情况并不简单只由主观因素导致，包括他人的刻板印象、看法或者种族歧视等，事实上，这些情况反映的正是历史现实。然而，围绕这些事实也会形成一些狭隘的偏见，而且随着他们的融入和技能的提高，这些偏见仍然毫无改变地保持了下去。

除了气候对水流的影响——俄罗斯的河流在冬季会封冻，热带非洲的河流在雨季结束后会干涸——之外，气候还会对农业产生直接影响。而且纵观人类历史，大部分时间里绝大多数人都在从事农业劳动。即使是那些目前高度工业化或商业化的国家，在最近几个世纪之前也主要依靠农业生产。直到1920年，美国生活在城市的人口才超过总人口的一半。

温度和降雨量决定了某个地区适合种植哪些农作物。有着极端气温和降雨条件的地区，包括沙漠和土地全年冻结的地方（如西伯利亚的部分地区）不适合种植任何农作物。在一些地方，当潮湿气流经过一座山脉时，山脉一侧由潮湿气流形成的降雨量比另一侧的"雨影"区多几倍，因为气流在越过山顶时会丧失大部分水分。例如，在意大利南部的亚平宁山脉的西侧山坡，年降雨量达2 000毫米，而东侧山坡的年降雨量仅为300~500毫米。与之类似，在美国太平洋沿岸的西北部地区，喀斯喀特山脉西侧部分地区的平均降水量可以达到山脉东侧哥伦比亚高原地区降水量的十倍。很明显，在这种情况下，山脉一侧居民的农业发展机会与生活在另一侧的居民完全不同。他们种植不同的农作物，所获得的劳动技能和经验也不同。

气候条件还会影响知识和经验的传播。气候从东到西的变化情况不如从北到南那么显著，因此在特定气候下培育特定谷物和特定动物的知识，在东西方向的传播比在南北方向容易。因此，中国种植水稻的经验一直沿欧亚大陆传播到欧洲，而中美洲种植香蕉的经验无法传播到加拿大，因为即便距离较短，但气候差异很大。在特定气候下饲养或捕猎某种动物的情况也是一样，相关的知识在东西方向传播比在南北方向传播更容易。南美温带地区的农作物、植物和动物知识也无法顺利传播到北美的温带地区，因为很多经验和技能不能越过中间两个温带之间的广阔热带进行传播。热带的植物和动物与温带极为不同，因此温带的农业知识和技术在热带并不适用，也就没法穿越热带播到美洲另一端的温带地区去。

当然，气候并不仅指气温，降雨也是一个重要因素。潮湿地区的农业知识和技术不全适用于干旱地区。降雨情况的差异也会造成农业技术方面的文化隔离，正如山脉和沙漠会导致文化隔离一样。两个气候条件相似的地区，如果中间相隔几百甚至几千英里，穿越完全不同的气候类型，两地居民的知识和经验就很难互相传播。

在船只能借助风力航行的几个世纪里，不同社会之间要进行贸易往来，掌握特定风系和洋流的知识至关重要。与植物和动物的知识一样，这样的知识很多都很本土化。要去往非洲西海岸，一般性的航海知识是不够的，例如，从欧洲出发的航海人员虽然可以利用风向和洋流驶达非洲，却很难利用它们返回欧洲。相反，熟悉亚洲季风的水手可在一年中季风西吹时驶向非洲,在季风变为东吹时返航。

与其他区域条件的具体知识一样,风向和洋流的知识以及针对这些特点所发展起来的航海技术一般只能被当地的居民使用。换句话说,不同的地区会发展出不同的知识和技术。例如,中世纪时地中海地区航海和海军领先的那些国家,在后来大西洋的贸易和战争中失去了优势,因为大西洋的风浪更大,风力天气条件也更加恶劣。在欧洲人发现了西半球,贸易和航海中心转移至大西洋之后,那些海军实力在欧洲曾一度领先的地中海国家并没有能力与大西洋崛起的海军较量。

人口

当今世界上,最贫困的人群有时存在于人口稀少的地区,如撒哈拉以南的非洲。然而,日本的人口密度要比这些地区高几倍。也有些贫穷的国家人口稠密,例如孟加拉国;新加坡的人口密度更高,但生活水平远远高于孟加拉国。美国和坦桑尼亚的人口密度非常接近,但经济水平却存在巨大的差异。很明显,在人口稀少的地区,电力供给、污水排放和医疗服务的成本非常高,以致于许多居民不能享受到这些服务保障。

从根本上说,地球所能承受的人口一定存在着极限。很多事物——也许是所有的事物——都存在极限。即便如此,我们并不知晓我们距离这种极限有多近,也不确定如果选择其他方案结果会怎样。一辆汽车的行驶速度是存在极限的,但我们可能驾驶多年都没有达到该车极限速度的一半,因为无论是在城市中还高速上,出于安全考虑我们会严格限制车速。约翰·斯图尔特·密尔在年轻时就发现,只使用音阶中的八个音符，所能创作出的音乐是有限的。那时候，勃拉姆斯和柴可夫斯基都还没有出生，爵士乐也没有出现，更不要说一个多世纪之后才出现的摇滚乐。因此，极限本身并不能告诉我们任何关于实际问题的有用信息。

如果我们正在不断接近极限，那么无需公众敦促和政治限制，食品、自然资源和其他生活必需品不断提高的价格也会迫使我们做出改变。事实上，政策总是反复无常，效果也常常适得其反。例如，政府部门一边限制普通民众用水，另一边却以低于成本的价格向农民供水。这些农民需要政府用昂贵的灌溉项目为加利福尼亚州沙漠上耗水量巨大的农作物提供水源。但这些农作物更适合种植在雨水丰沛的地区，依靠云层免费提供的大量降水生长。尽管供水成本对于加州政府——也就是说纳税人——来说很高，但对于农民而言，成本其实很低，他们会像在水源充裕地区那样大量用水。

有时食物短缺和饥荒也会被用来证明人口规模已经超过食物的供应能力。但在现代历史上，饥荒几乎都是地区问题，如果粮食歉收且难以及时运送过去，居民免不了会因营养不良或营养不良引起的疾病去世。

在一些非常贫穷的国家，道路和其他基础设施的建设不足，紧急情况发生时无法运送大量食物给分散于各地的居民。很多时候，贫穷国家和富裕国家都会因人为失误、故意行为或军事行动而忍受饥荒，这些行动摧毁了整个粮食分配体系。在第一次世界大战期间，协约国的海上封锁让食物无法被运到欧洲中部。

德国人被迫吃掉自己的狗和猫（后者也因此被称为"屋顶的兔子"）

以及土豆皮和木屑做的面包。每年被饿死的平民数量多达几十万人。

但这些都与人口数量过多无关。在20世纪30年代的乌克兰大饥荒中，有几百万人被饿死，而饥荒的始作俑者正是意图摧毁反对派的当权者。

"人口过剩"（overpopulation）理论不能完全通过实证的检验，也不需要被验证。这种理论流行了两个多世纪，尽管越来越多的证据表明它是错误的。马尔萨斯曾预测，人口数量的增长会导致生活水平的下降。但在马尔萨斯的有生之年，就已经出现了大量的证据——在人口数量增加的同时生活水平也可以有所提高。而且自那之后，这种的情况成了常态。尽管世界上还会不时出现战争、自然灾害以及其他造成地区食物供应中断的事件，但这种情况比几个世纪之前要少得多，而那时的人口数量仅为现在的几分之一。事实上，现在越来越多的国家面临的问题是肥胖人口以及为过剩的农产品寻找出口市场。

即使是印度这样极度贫穷的国家，其人口规模仍然远远少于土地承载的极限。20世纪的一项研究发现：

> 印度有一半的人口都生活在该国可使用土地面积中不足1/4的范围内，而1/3的人口则集中聚居在不到其总面积6%的范围内。另一个极端则是印度尚有广阔的土地几乎荒无人烟。

在几个世纪之前，东欧也曾面临类似的情况。一些西欧观察者发现，东欧有大量无主土地，土壤肥沃，人口密度比西欧低，然而人民却更贫穷。在这种情况下，东欧的很多统治者就会招募德国农民来到自己的国土，甚至允许他们在新的定居地继续执行德国的法律。很明显东欧的贫穷与"人口过剩"无关。

第三世界国家人满为患的城市照片给人留下了这样一种印象，即这些国家没有足够的空间去承载庞大的人口，而这或多或少地导致了贫穷。然而，无论是在穷国还是富国，城市普遍很拥挤。纽约公园大道每平方英里的人口密度比很多第三世界国家的村庄或城市贫民窟还大。拥挤能够降低国家为每个居民提供电力、自来水、排水、电影院和救护车的成本。正因如此，一国之中会同时存在拥挤的城市和大量无人使用的空地，无论是在20世纪的印度还是在19世纪的美国。

外商投资

到目前为止，我们一直在讨论国家或地区内部促进或阻碍经济发展的因素。也有很多地方的经济发展受益于外国投资者的资金、技术和技能。外方投资者有很多，包括私人投资者、金融机构和商业企业；而接受投资的国家既包括独立的主权国家，也包括帝国主义列强的海外殖民地。

私人投资

尽管英国引领全世界步入了工业革命时代，但在几个世纪之前，英国还是西欧诸国中技术较为落后的国家。移民的大量涌入给不列颠群岛带来了宝贵的工业、商业和金融技能，通常这些移民都是受到宗教或其他迫害而被迫出逃的难民，也有人是为了获得更多的自由或经济机会。

这些移民中包括帮助英国建立起制表业的胡格诺派教徒、为英国制造出第一台钢琴的德国人和一度主导伦敦金融市场的伦巴第人和犹太人。英国法律体系的可靠和公正也吸引了欧洲大陆的投资。而这些移民和投资不仅帮助英国发展了经济，也改变了英国的人民。到了19世纪，英国人在工业、商业和金融等领域都已经领先全球。从资本净差额来看，今天的英国已不再是资本的输入国，而是资本的输出国。19世纪末20世纪初，全球范围内大约一半的国际投资都源自伦敦。第一次世界大战爆发前的几年中，英国已将其资本的一半以上投资于海外。

同样，美国也依靠欧洲移民完成了从以农业为主的国家到工业大国的转型。大批的欧洲移民给美国带来了技能、天赋和技术，大量的外商投资帮助美国在19世纪建立起运河通道、铁路等基础设施。而且，直到21世纪，美国一直是全球主要的外商投资流入国。美国并不是唯一一个因海外投资而获益的国家。第一次世界大战爆发前夕，澳大利亚经济中约有1/5的资产为外国投资者所有；而在阿根廷，该比例则高达一半。

但这并不意味着以上几个国家都在被动地依赖外国投资者。这些国家内部的经济环境是外国投资者是否愿意投入大量资金的关键。至少这些外国投资者必须保证这些投资仍属于私人财产，而不会被当地政府以"国有化"的政治名目没收。当地经济还必须投入能配合外商的资本，例如辅以必要的自然资源、劳动力、技术和基础设施等。各国在这些方面的差异也会导致外商投资选择进入不同的国家。

土生土长的本地人如何对待那些掌握他们所不具备的技能的外国人，也是一个重要因素。例如，在19世纪，日本人欢迎且招募那些具有专业技能和经验的外国人来帮助日本实现工业化，同时，他们也将本国的年轻人送到先进的工业化国家去学习。在 20 世纪，大批来自欧洲、中国和印度的外来者帮助马来西亚殖民地以及独立后的国家建立起现代化的工业和商业经济体系，而马来人却只是这一进程的旁观者。事实上，马来人对这三种外来群体都很排斥，马来西亚独立后，当局严格限制华裔和印度裔群体的经济活动和受教育机会。在经济发展相对落后的国家中，19 世纪的日本是一个特例，大部分国家的情况都类似于马来西亚。因此，日本从 19 世纪一个贫穷落后的国家一跃成为 20 世纪全世界最先进和繁荣的国家只是一个特例，而并非常态。

总之，阻碍贫穷国家经济发展的，并不只是资金或人力的匮乏，还有那些对资金和人力起抑制作用的活动。有时这些抑制只是一种政治表达，它反映了人民对外国人的敌视，或对在工业和商业上比本地人更先进的少数族裔的压制。这种情况极为普遍，例如东非原住民对印度人和巴基斯坦人的排斥，西非人对黎巴嫩移民的不满，阿根廷人对英国人的仇视，东欧对犹太人的迫害，还有奥斯曼帝国时期亚美尼亚人的遭遇，东南亚地区对华裔的普遍歧视，印度的马尔瓦尔人（Marwaris）在阿萨姆邦（Assam）以及伊博人在尼日利亚北部地区曾遭受的不公平对待。

有时，一些地区对外国资本的排斥只是基于意识形态。马克思和列宁提出的国际剥削理论、拉丁美洲学者提出的"依赖"理论，或是一些无来由的信念，认定外国投资者的成功肯定是以本国人的损失为代价的。拒绝和压制外国资金和人力的投入对一国造成的损失究竟有多大可以从中国和印度的发展历程中窥见一斑，这两个国家都在 20 世纪末期取消了这种政策并实现了惊人的经济增长。限制性政策大幅减少后，中国和印度的经济都开始快速发展，数千万人由此摆脱了贫困。

外国援助

海外资金和人力的流入还有另外一种渠道——富裕国家或国际机构将财富和资本转移给贫穷国家的政府，但这种方式效果并不好。尽管这种资金转移被称为"外国援助"，但这样做究竟能否以及能在何种程度帮助这些贫穷国家摆脱贫困，是一个悬而未决的问题。而且尽管大部分私人资本会选择投向富裕国家而非贫穷国家，但进入第三世界国家的私人资本仍是外国援助的几倍。事实上，第三世界国家侨居在外的国民每年汇回的资金就已超过了全球外国援助的总额。

大量接受外国援助并不能提高穷国的人均产出水平和生活水平，韩国也恰恰是在美国开始大幅削减援助资金之后才开始迅速发展，从极度贫困的状态一跃跻身于世界较发达国家之列。1960年时，韩国的人均收入水平还不及海地，而后者长期被视为地球上最贫穷的国家之一。20世纪50年代美国一直为韩国提供大量援助，总规模甚至高达该国总产出的10%，但这并没有改变韩国的状况。外国援助资金取消后，情况却发生了改变：

援助在1957年到达顶峰。在20世纪60年代初，韩国已经不能维持国内极低的投资水平。然而，到了60年代中期，韩国依靠自己实现了经济的掉头增长，增长率达到了史无前例的两位数。到了80年代中期，韩国已经奠定了中等偏上收入国家的地位。

所有这些却与"专家们"关于发展的普遍观点相左。1951年,"美国的共识是,像韩国这样的东亚国家很可能没有发展的希望,而印度和非洲则能很快摆脱贫困"。这种观点"在学术界获得了广泛的认同,大量学者都在研究印度的经济发展模式"。时间不断流逝,研究者痛苦地发现自己的预测错了:印度的发展速度仍然很慢,而很多撒哈拉以南的非洲国家甚至在实现独立几十年后,比殖民地时期还要贫困。这些"专家"不仅预测错了哪些国家会走出贫困,更重要的是,他们关于第三世界国家贫困的根源和解决方法的理论也是错误的。

如果是帝国主义和工业化国家的压迫导致了第三世界的贫困,那么显然取得独立能够提升亚非被殖民国家的人民生活水平和经济增长率。如果拉丁美洲的经济落后于其他西方国家的原因在于它们对外国投资者的依赖,那么拒绝外方投资并依靠国内发展就是一种明显的补救措施,而拉丁美洲的一些国家和韩国都采取了这种做法。这些国家都推出了限制对外贸易和外商投资的政策,以及旨在用国产产品取代进口产品的政策。韩国花费了数年、拉丁美洲国家花费了数十年来实施这些政策,但在屡遭失败之后,这些国家最终都改变了政策的方向。

那些能向世界市场开放本国经济并不断放松国内的经济管制的国家,经济增长速度都有所提升。印度和中国都在放松市场管制之后实现了经济的快速增长,而在此之前,两国的经济发展都受到了对内和对外管制的限制。

总结与启示

很多理论试图解释各国经济发展水平的巨大差异,一些颇为流行的解释其实经不起推敲。"人口过剩"理论单从定义来看就站不住脚，更不要提实证检验了。大部分"剥削"理论也是如此。自然资源似乎是决定一国繁荣还是贫穷的一个重要因素，但有很多高收入国家自然资源非常贫瘠（如瑞士和日本），也有很多低收入国家（如智利和南非）资源丰富。技术固然重要，但很多技术从先进的工业化国家转移到撒哈拉以南的非洲之后，由于缺乏技能、经验、甚至是必要的维护等补充因素，并没有被转化为经济生产力。

从另一个角度看，经济较不发达的国家可以"跳过"发达国家的一些发展阶段直接到达目前的技术水平。例如，大部分现代工业化国家都曾经历过投入巨资铺设有线电话线路的阶段，而极端贫穷而又人口稀少的撒哈拉以南的非洲国家，根本无法承担铺设线路的高昂人均成本。然而，20 世纪末期移动电话的发展让非洲人不用大规模投资于这种基础设施就能享受通话服务。在 2008 年，《经济学人》杂志报道："在非洲，连那些生活在泥棚屋的人都会使用手机来支付，或寻找鱼价最合适的市场。"

在所有经济因素中，最重要的当属人力。地理条件即使不是最重要的，也绝对是一个主要因素，它促进或限制了特定地区的人对他人——无论远近——的学习和借鉴。如前所述，欧洲人第一次穿越大西洋来到西半球，他们之所以能够在茫茫大海中确定航线，靠的就是欧洲之外的天文学、指南针和记数系统。对因地理限制而无法从外部吸取知识的人而言，这是过于艰巨的任务。那些因地理阻碍无法与大多数族群发生联系的民族，会跟不上那些能够学习多种文化的民族的脚步。狭隘、闭塞的文化通常都很贫瘠，而这些贫瘠的文化也常常与经济贫困相伴。

过去几个世纪发生的交通变革，使世界范围内大规模的人口迁移成为可能。于是，某种文化的人群可以移居到一个文化完全不同的环境中去，与其他有着不同文化背景的人共同生活。最引人注目的例子或许就是欧洲人迁往西半球了；也曾经有一段时间，生活在斐济的印度人甚至比斐济的原住民还多；中世纪时，东欧斯拉夫城市中日耳曼人的数量比斯拉夫人还要多，尽管在城市周边的乡村地区，斯拉夫人的数量占据着绝对性的优势。

有些文化幸运地接触到了多种外来文化，也意味着它们可能遭遇文化的对抗，这取决于该文化所处的地理位置、地理条件和历史影响，以及这种文化对其他文化的接受或抵制程度。西班牙和被其征服的西半球国家所秉承的文化习俗同英国及其统治的西半球国家迥然相异。随着历史的发展，政治和军事事件也会对文化的交流和对抗产生影响。总之，特定时段内不同人群的文化存在很大的差异；随着时间的推移，这种差异有时也会发生变化。

如前所述，20 世纪初阿根廷曾是全世界最富裕的国家之一，但在世纪末因一次可怕的经济危机而衰退。几年之后，阿根廷和很多其他拉丁美洲国家改变了经济和政治政策，重新恢复了稳健的经济增长，数百万人由此摆脱贫困。一项研究发现，2002 年到 2006 年整个拉丁美洲有大约 1 500 万个家庭脱贫。也有一些人仍在贫困的泥潭中挣扎，更有甚者，经济状况每况愈下。与个人相同，并非所有的国家都拥有相同的发展机遇或同等程度地利用了它们所拥有的机遇。

大量相互关联的因素共同影响着经济发展，因此要让世界所有地区发展程度相同，以致于生活水平相同，是一项不可能实现的任务。各国经济之间的巨大差异会使人困惑、焦虑以及不满，人们需要一个解释，但却没有花费数年来研究这些差距背后的历史、地理和经济因素。人们只需要一个简单的、能在情绪上获得满足的解释，尤其是那些带有意识形态烙印的夸张解释，例如"剥削"理论。简单的"人口过剩"理论也会掀起风暴，这对那些意欲操控他人生命的人来说，恰好正中下怀。

剥削理论认为，一部分人的财富是以其他人陷入贫穷为代价获得的，无论是在国家间还是一国内部不同的阶级之间。然而可悲的是，那些被认为受到剥削的群体其实根本没有什么可以被剥削，很多被称为"无产者"的人从来就没有拥有过像样的财富。而且，"剥削者"的实际行为根本与剥削沾不上边：他们更愿意与有钱人打交道，希望从中赚到更多的钱。因此，美国大部分的国际贸易和投资都是面向高收入国家的，例如西欧和亚洲较为富裕的国家，包括日本和新加坡等；只有一小部分流向非洲国家、亚洲贫穷国家和中东地区。相反，美国自己正是外国投资者青睐的最大投资接受国。与之类似，在美国国内，资本家更乐于在中产或富人社区，而不是破败的贫民区或贫困的印第安保留区开展业务。

在特定的历史时期和特定的地点，征服者确实从被征服民族手中掠夺了大量的财富，但实际问题在于：国家之间和人民之间的经济差异又有多少可以用该因素来解释呢？例如，西班牙曾从西半球被其征服的土地和原住民那里掠夺了大量的黄金和白银，这些被征服的群体因此付出了巨大的经济和人力代价。但这些财富很快就被花光——从其他国家进口商品而不是发展自身，所以西班牙一直是西欧地区比较贫穷的国家之一。相反，德国历史上一直缺乏能为其带来实质性经济收益的殖民地，但却成为欧洲最为富裕的国家之一。瑞士和瑞典同样也没有任何殖民地，但这两个国家都是欧洲乃至世界最富裕的国家。

在亚洲，日本在20世纪开始雄心勃勃地发动侵略战争，残酷无情地剥削着被征服的亚洲人民，其行为与西班牙人在西半球的所作所为别无二致。此外，日本还以缺乏自然资源为由使其行为正当化。第二次世界大战战败后，该国失去了所有的殖民地和侵占的土地，而这并未影响日本经济从战争的毁灭打击中复苏，经济水平也上升到了全新的高度。日本可以从国际市场购买它所缺乏的自然资源，成本比侵略其他国家以及派遣大量军队占守这些土地还低。

剥削理论有时建立在一系列假设的基础上，例如有些人群（例如第三世界的人民）是无知和单纯的，而外来者则非常狡猾且不择手段，他们支付给当地人的金额要低于这些商品在国际市场上的真实价值，从而攫取高额利润。很明显，对于没有见过的东西，每个人都是无知的，而居住在与世隔绝地区的人们可能会为这些没见过的东西付出任何价格。但是问题在于，这种情况会持续多长时间。更具体地说，持续的时间能久到足以解释几个世纪以来一直存在的国际收入和财富差距吗？一位观察者20世纪就写过关于西非的报道，称由于竞争日盛，外国商人无法再用便宜的彩色衣服和刀具换取黄金和象牙了，所以"贸易利润都消失了"。只要对基本经济原理略有了解，就能知道这样的结果早晚会出现。未来数年里可能还会有人会不厌其烦的重复这种陈词滥调，但现在这种解释所展示的唯一"剥削"是鼓吹者对于轻信者的"剥削"，后者会相信这种观点确实能够解释国际经济的差距。

很多理论都是从外部因素出发去探究人与人之间乃至国与国之间的收入和财富差距，剥削理论只是其中的一个。严格的地理决定论也是如此，它认为差距仅仅源于某地存在或缺乏宝贵的自然资源、有利的气候以及肥沃的土壤等。而另一类解释则着眼于内部因素，包括不同人群所秉承的文化习俗，尽管从历史的角度看，文化也受到了地理条件的影响。但无论这些文化如何形成，无论地理条件、历史进程、宗教或政治对其有着怎样的影响，它都是特定时间、特定地区的人们的生存方式，从中我们可以窥见文化所投射的长期影响。正如一位著名的历史学家所言："我们不是生活在过去，但过去一直与我们同在。"

每个社会、民族或其他群体以及每个国家都拥有不同的过去，因此目前的情况千差万别，未来的发展前景也不尽相同。那些很少为女性提供与男性同等教育机会的文化会放弃一半人口的发展潜力。普及书籍和计算机，并能吸引更多人对此感兴趣的文化会比其他文化更好地激发人的自然天赋，并为这些天赋的发展创造出更多的机会。不同人群和国家间的人口差异也是影响经济发展的重要内部因素。平均年龄低于20岁（如也门和阿富汗）的国家，人力资本——包括技能、经验和教育等——很难积累起来，而且会比那些平均年龄在40岁左右的国家（如德国和意大利）低很多。

是用内部因素还是外部因素来解释经济差距，远非学术研究的门户之争。这些不同的解释为探究经济发展差距指出了截然不同的方向。例如，剥削理论指出只要从剥削者的压迫下获得自由，或至少拒绝与其进行交易就能够在未来实现比过去更好的发展。而文化主因论认为，应该让落后地区更多地接触成功的文化，并在某些方面借鉴其精髓。用外部因素来解释一般更容易让人接受，且更具政治吸引力，因为用内部因素分析听起来像是在"责备受害者"。但是对特定时期的特定人群究竟应该采用哪种解释则是一个完全不同的问题。

　　各国间的经济发展差距不可能仅由单一因素决定。而且任何一种因素的相对影响都不可能长时间保持不变。很多地理因素都对不同民族的经济发展机会产生了重要的影响，而经济发展同样也会对地理条件所发挥的作用产生影响。铁路和卡车的出现为那些缺乏可通航河流或役畜的地区（例如大部分西非地区）提供了低成本的交通。在这些地区，在铁路取代了高成本的人力搬运——这些运输者所能承载的货物规模相当有限——后，可可、棉花和锡的生产和销售开始繁荣发展。在隧道挖掘和爆破技术发明之后，群山峻岭也没有那么令人望而却步了，当飞机可以飞越这些山脉，距离的影响又进一步缩小了。便携式收音机和手机也使很多贫穷、与世隔绝的地区实现了人与人之间的远距离交流，而互联网则使全世界的所有人都能彼此交流。总之，经济发展削弱了地理因素的影响，而在过去，它在促进或阻碍经济发展过程中发挥了重要的作用。

资料来源

第 1 章：政治和经济学的比较

本章前的题词引自《斯坦福》(*Stanford*) 杂志 2007 年 1 月 /2 月刊中的一篇题为"一位资本思想家"(A Capital Thinker) 的文章。关于加利福尼亚的选民与电价的情况可以参见约翰·凯 (John Kay) 的《文化与繁荣》(*Culture and Prosperity*) 一书第 101 页的相关内容。国会议员迪克·阿梅伊的那番话摘自他的著作《阿梅伊公理》(*Armey's Axioms*) 第 183 页。关于津巴布韦实施价格管制之后的灾难性后果可以参见 2007 年 8 月 2 日的《纽约时报》A1 和 A8 版所登载的题为"限制价格的举措使津巴布韦人民的痛苦加剧"(Caps on Prices Only Deepen Zimbabweans' Misery) 的新闻报道。赫伯特·斯坦对尼克松总统采取价格管制措施后的不利后果的描述引自其《总统经济学》(第 2 次修订版) (*Presidential Economics*) 第 186 页，他对各界并没有期待这些价格管制措施能对控制通货膨胀产生影响的评论来自同一本书的第 161 页。理查德·尼克松总统关于自己所推行的价格管制政策以及米尔顿·弗里德曼对这些政策的评论都引自 1978 年 10 月 16 日《新闻周刊》(*Newsweek*) 第 92 页题为"经济学中的政治"(The Politics of Economics) 的专栏内容。赫伯特·斯坦从政治的角度解释为何政府不解除对石油的价格管制可以参见他的著作《总统经济学》第 193 页。里根总统取消石油价格管制的经济影响可以参见 1986 年夏季《政策评论》（Policy Review）中刊登的一篇文章"兜售骗人之说的商人"（Snake Oil Salesmen），相关内容在第 74 页。富兰克林·D. 罗斯福对于自己通过反复试验来寻找解决大萧条方法的解释可以参见詹姆斯·A. 史密斯（James A. Smith）的《贡献思想的经纪人：智库和新政策精英的崛起》（The Idea Brokers: Think Tanks and the Rise of the New Policy Elite）一书第 76 页。阿米蒂·什莱斯（Amity Shlaes）在《被遗忘的人》（The Forgotten Man）一书第 148—149 页指出赫伯特·胡佛才是首开政策干预经济先河的总统，而在他之后，富兰克林·罗斯福总统又进一步将这种做法发扬光大。这本书在第 91—100 页介绍和讨论了胡佛总统干预经济的一些例子。彼得·特明关于 1987 年美国股灾的评论摘自他的著作《大萧条的教训》（Lessons from the Great Depression）第 43 页。关于 1987 年股灾的另外一些评论摘自里克·W. 哈弗（Rik W. Hafer）和斯科特·E. 海因（Scott E. Hein）合著的《股票市场》（The Stock Market）第 27 页。在 1987 年股灾发生之后对里根总统的各种批评意见引自 1987 年 11 月 6 日《华盛顿邮报》A2 版的文章"首都不同步"（A Capital City Out of Sync）以及 1987 年 10 月 22 日《纽约时报》A35 版的专栏文章"清晨再次来临"（It's Morning Again）。卡尔·马克思的言论摘自他 1851 年 2 月 3 日写给弗里德里希·恩格斯的一封信，该信被收录到 1982 年在莫斯科出版的《马克思恩格斯文集》（Collected Works）第 38 卷第 275 页。威廉·西蒙关于国会听证会的评论摘自约翰·J. 米勒（John J. Miller）的著作《自由的礼物》（A Gift of Freedom）第 61 页。N. 格里高利·曼昆教授的评论引自他一篇名为"如何避免经济萧条？让美联储去发挥作用"（How to Avoid Recession？Let the Fed Work）的专栏文章，相关内容登载于 2007 年 12 月 23 日《纽约时报》商业版第 4 页。2003 年 11 月 15 日的《经济学人》在第 57 和 58 页登载了一篇题为"钢铁行业的盛世烟花"（Sparks Fly Over Steel）的文章，讨论了美国保护钢铁行业的政策造成的用钢产业就业减少和利润损失。《美国残疾人法案》的通过和实施对残疾人就业所造成的影响引自 2008 年 1 月 20 日的《纽约时报杂志》（New York Times Magazine）第 18 页，这篇文章的题目是"意想不到的后果：为何善意的法律效果却适得其反？"（Unintended

Consequences: Why Do Well-Meaning Laws Backfire?）。文中纽约市的支出和税收数据来自《城市学刊》(City Journal) 2003 年冬季刊中一篇题为"布隆伯格驾到：城市走向衰亡"（Bloomberg to City: Drop Dead）的文章，该文载于期刊的 27—35 页。1990—1995 年期间有 1 700 万美国人失去工作的情况引自由达拉斯联邦储备银行（Federal Reserve Bank of Dallas）出版的刊物《西南经济》(The Southwest Economy) 1996 年 11 月/12 月刊中的一篇文章"裁员的好处"（The Upside of Downsizing），相关内容在第 7 页。亚当·斯密指出 18 世纪的法国忽视基础设施建设的言论摘自他的著作《国富论》(The Wealth of Nations)，1937 年现代图书馆版，第 687 和 688 页。

第 2 章：自由与非自由劳动力

《科学美国人》(Scientific American) 杂志 2002 年 4 月刊 80—88 页登载了一篇名为《现代奴隶制度的社会心理学》(The Social Psychology of Modern Slavery) 的论文，该文对印度债务奴役的基本情况进行了介绍。在威廉·L. 韦斯特曼（William L. Westermann）的《古希腊和古罗马的奴隶体系》(The Slave Systems of Greek and Roman Antiquity) 第、12 页中曾提及在古希腊有些奴隶并不与其主人一起生活和工作。关于收入最高和最低的 20% 美国家庭的工作时数的数据引自艾伦·雷诺兹（Alan Reynolds）的《收入和财富》(Income and Wealth) 第 27 页。保罗·威廉姆斯的故事摘自凯伦·E. 哈德森（Karen E. Hudson）的《建筑师保罗·R. 威廉姆斯：一种风格的遗产》(Paul R. Williams, Architect: A Legacy of Style)，该书于 1993 年由里佐利国际出版社（Rizzoli International Publications）出版。关于 F. W. 伍尔沃斯的故事摘自凯伦·普伦基特－鲍威尔的《记住伍尔沃斯》(Remembering Woolworth's)，尤其是书中的第 19—20 页、30—33 页以及 83—86 页。麦当劳公司员工的高流动率摘自 2005 年 11 月的《激励》(Incentive) 杂志第 10 页的"你想要那样的职业生涯吗？"（You Want a Career With That?）。关于 1996—2005 年间，收入最高的 1% 和最低的 20% 美国家庭的收入流动性数据摘自 2007 年 11 月 13 日《华尔街日报》A24 版的"向上前进"（Movin'On Up）。更完整的介绍参见美国财政部（Department of the Treasury）2007 年 11 月 13 日的报告"1996—2005 年美国的收入流动性"（Income Mobility in the U.S. from 1996 to 2005）。证明美国劳动力中收入排在全国最低 20% 的个人收入水平提高的数据引自由达拉斯联邦储备银行发布的 1995 年年度报告的摘录版"靠我们自己奋斗：经济机会和收入分布的动态变化情况"（By Our Own Bootstraps: Economic Opportunity & the Dynamics of Income Distribution）第 8 页。关于收入最高的 400 个个人纳税者高变动率的数据来自美国国内税务局（Internal Revenue Service）发布的"收入统计公报"（Statistics of Income Bulletin）2003 年春季号，出版物 1136（6—03 修正版）中的"历年（1992—2000）调整后总收入最高 400 人的个人所得税申报表"（The 400 Individual Income Tax Returns Reporting the Highest Adjusted Gross Incomes Each Year, 1992-2000）。证明占比较少的青年人口实施了较高比例的犯罪行为的统计数据引自詹姆斯·Q. 威尔逊和琼·皮特尔斯连（Joan Petersilia）共同编著的《犯罪》（Crime）一书第 498 页。与之类似的成年人犯罪数据可在该书第 43 页找到。关于英国青少年犯罪的类似数据可以参见大卫·弗雷泽（David Fraser）的《一片适合罪犯的土壤》（A Land Fit for Criminals）一书第 199—200 页。关于罪犯智商水平的内容摘自理查德·J. 赫恩斯坦（Richard J. Herrnstein）和查尔斯·穆雷（Charles Murray）合著的《钟形曲线》（The Bell Curve）第 243 页。关于英国和美国入室盗窃率的比较摘自乔伊斯·李·马尔科姆（Joyce Lee Malcolm）的书《枪支和暴力》（Guns and Violence）第 165 页。大卫·弗雷泽在《一片适合罪犯的土壤》书中第 82、279、295、295 和 297 页里都曾对英国对小偷过于宽容的处理方式进行了讨论。关于美国、英国、加拿大和荷兰的盗贼进入有人在家或无人在家的住房行窃的数据引自加里·克雷克（Gary Kleck）的《空白点》（Point Blank）第 140 页，而证明当佐治亚的肯尼索地区要求每个家庭都必须在家中配有一把枪支之后，该地区入室盗窃案件显著下降的数据也来自同一本书的第 136 页。美国在 20 世纪 60 年代法律改革之后谋杀率大幅提高的数据引自詹姆斯·

Q. 威尔逊和理查德·J. 赫恩斯坦合著的《犯罪和人性》(*Crime and Human Nature*) 一书第 409 页。关于这之后普通人沦为暴力犯罪受害人的风险变大的数据来自查尔斯·E. 西贝尔曼（Charles E.Silberman）所著的《暴力犯罪, 刑事司法》(*Criminal Violence, Criminal Justice*) 一书第 4 页。英国、澳大利亚、新西兰和美国的犯罪率与定罪囚禁率的数据和反映两者关系的图表来自澳大利亚的出版物《政策》(*Policy*) 2002—2003 年夏季刊的第 3—8 页上登载的文章"监狱有用吗？"(Does Prison Work?)，该期刊由澳大利亚新南威尔士圣伦纳兹的独立研究中心（Centre for Independent Studies）出版。在大卫·弗雷泽所著的《一片适合罪犯的土壤》中第 97 页也有相关的数据和内容。《纽约时报》2008 年 1 月 29 日的 A1 和 A16 版登载了一篇文章题为"全世界都拒绝逐利的保释金制度，但这是美国司法系统的基石"（World Spurns Bail for Profit, But It's a Pillar of U.S. Justice）对美国的保释金制度的实际影响进行了讨论。彼特·希钦斯（Peter Hitchens）在《英国死刑制度的废除》(*The Abolition of Britain*) 第 32 页提到了英国罪犯会在盗窃之前互相检查对方有没有携带武器的情况。关于伦敦和纽约的枪支管制法案变迁历史和谋杀率的变化趋势可以参见乔伊斯·李·马尔科姆所著的《枪支和暴力》第 141—144、223 页, 尤其是第 225 页。在该书的第 164—166 以及 168 页还介绍了在 20 世纪后半叶随着英国收紧对枪械持有的管制之后暴力性犯罪案件数量增加的情况，还可以参见彼特·希钦斯所著的《犯罪简史》(*A Brief History of Crime*) 一书第 151 页的相关内容。关于美国黑帮害怕谋杀执法官员的行径会激起民愤，导致各界更严格地监督其非法活动，所以不愿意去这么做的论断引自《纽约时报》2007 年 10 月 26 日 B2 版的文章"80 年代谋杀朱利安尼的计划？暴徒专家对此表示怀疑"。一位购物者在购物时被警察抓住并被迫上庭担任陪审员的小插曲引自 2002 年 8 月 20 日《华尔街日报》的头版新闻"陪审员不够时，警察突袭沃尔玛找人上庭"（When the Jury Box Runs Low, Deputies Hit the Wal-Mart.）。罗伯特·C. 戴维斯（Robert C. Davis）在《基督教奴隶, 伊斯兰主人》(*Christian Slaves, Muslim Masters*) 一书第 23 页估计, 在 1530 年到 1780 年期间, 有 100 万或更多欧洲人被带到巴巴里海岸一带沦为当地人的奴隶。在同一本书的第 3 章还介绍了这些北非奴隶主残忍对待划船奴隶的情况。在美国南北战争之前的南部地区，奴隶主会雇用爱尔兰移民来代替黑奴从事一些非常危险的工作，该情况在很多书籍中都有所提及，包括弗雷德里克·劳·奥姆斯特德的《棉花王国》(The Cotton Kingdom)，现代图书馆版第 70 页和第 215 页；U.B. 菲利普斯（U.B. Phillips）的《旧南方的生活与劳动力情况》(Life and Labor in the Old South) 第 186—187 页；J·C·弗纳斯（J. C. Furnas）的《美国人》(The Americans)，普特兰（Putman）出版社版，第 394 页；丹尼尔·布尔斯廷（Daniel Boorstin）的《美国人》(The Americans) 第二卷第 101 页；U. B. 菲利普斯的《美国黑人奴隶》(American Negro Slavery) 第 301—302 页；刘易斯·C. 格雷（Lewis C. Gray）的《1860 年之前美国南部农业史》(History of Agriculture in the Southern United States) 第一卷第 520 页。关于苏联古拉格集中营体系经济状况的信息摘自加里娜·M. 伊万诺娃（Galina M. Ivanova）的著作《社会主义劳动营》(Labor Camp Socialism) 第 2 章。保罗·N. 格雷戈里主编的书籍《斯大林计划经济的背后》(Behind the Facade of Stalins' Command Economy) 第 123—124 页对苏联以古拉格囚犯的生命为代价修建了大量铁路的情况进行了讨论。在罗伯特·C. 戴维斯的《基督教奴隶，伊斯兰主人》一书第 23 页，作者估计在 1530 年到 1780 年期间，有 100 万或更多欧洲人被带到巴巴里海岸一带为奴；被带到美国的非洲奴隶数量可以参见菲利普·D. 科廷（Philip D. Curtin）的《大西洋奴隶贸易：人口调查研究》(The Atlantic Slave Trade: A Census) 第 72、75 和 87 页。关于奴隶在世界范围内不同国家的不同作用和对世界奴隶制的发展历程的凝练介绍可以参阅拙作《种族和文化》(Race and Culture) 第 7 章中的相关内容。将奴隶用作祭祀品的情况在很多书中都有介绍，包括布鲁诺·拉斯克（Bruno Lasker）的著作《东南亚的人类束缚情况》(Human Bondage in Southeast Asia) 第 26 页；奥兰多·帕特森（Orlando Patterson）的著作《奴隶制与社会死亡》(Slavery and Social Death) 第 191 页；哈罗德·E. 拽夫（Harold E. Driver）的著作《北美洲的印第安人》(Indians of North America) 第 2 版第 325 页。某些职业的奴隶会获得更好的待遇，包括那些要求特殊天赋的职业，例如在卡罗来纳沼泽中当司机或者从事烟草处理工作等，这些情况在弗雷德里克·劳·奥姆斯特德的《棉花王国》第 114—116 页、119—120 页；赫伯特·S. 克莱因（Herbert S. Klein）的《美国的奴隶制度》（Slavery in the Americas），1967 年版，第 188 页；弗雷德里克·劳·奥姆斯特德的《在沿海实行奴隶制的州的一次旅行》（A Journey in the Seaboard Slave States），1969 年版中第 127 页都有所介绍。一个奴隶最后成了内河船长并指挥一群黑人和白人船员的案例来自《密西西比河谷历史评论》（Mississippi Valley Historical Review）1961 年 12 月刊第 472—484 页的一篇文章"西蒙·格里，在河上工作的人：一个几乎获得自由的奴隶"（Simon Gray, Riverman: A Slave Who Was Almost Free）。弗雷德里克·道格拉斯关于城市奴隶的评论摘自理查德·C. 韦德（Richard C.Wade）的《城市中的奴隶制度》（Slavery in the Cities）一书第 110 页。有些书籍介绍了殖民地时期去往美国的一些白人契约佣工的情况，包括大卫·加伦森（David Galenson）的《殖民地时期美国的白人劳工：经济分析》（White Servitude in Colonial America: An Economic Analysis）和阿博特·艾默生·史密斯（Abbot Emerson Smith）的《殖民者的奴役》（Colonists in Bondage）。在《殖民者的奴役》这本书的第 3—4 页，作者估计在新英格兰区以外，超过一半的白人都是以契约佣工的身份来到美洲殖民地的。19 世纪很多中国人被迫沦为契约佣工并被船运往西半球的历史在一些书籍中都有介绍，包括瓦特·斯图尔特（Watt Stewart）的著作《秘鲁的中国劳工》（Chinese Bondage in Peru）第 35、46、50、73—75、95—98 以及 124 页的相关内容；图丰·克拉夫·科比特的著作《在古巴的中国人研究》（A Study of the Chinese in Cuba）第 18—19、27—29、80 和 117 页。阿博特·艾默生·史密斯（Abbot Emerson Smith）在《殖民者的奴役》一书第 4 章中讨论了英国人不择手段去寻找契约劳工并将其通过轮船送往西半球的殖民地的情况。有些书籍中列出数据将美国的奴隶人口与西半球其他国家的奴隶人口进行了对比，包括莱尔德·W. 贝尔加德（Laird W. Bergad）的《巴西、古巴和美国奴隶制历史比较》（The Comparative Histories of Slavery in Brazil, Cuba, and the United States）第 4 章和菲利普·D. 科廷的《大西洋奴隶贸易：人口调查研究》第 87 页。林肯关于"直到鞭打出的血得以由刀刺出的血来偿还"的著名讲话引自他的第二次总统就职演讲，关于演讲全文可以参阅小罗纳德·C. 怀特（Ronald C. White, Jr.）的文章"林肯最伟大的演讲：第二次就职演讲"（Lincoln's Greatest Speech: The Second Inaugural）。古代奴隶赎回自由的一些案例可以参见威廉·L. 韦斯特曼的《古希腊和古罗马的奴隶体系》一书第 25 页和第 83 页。此后西半球的奴隶赎回自由的情况可以参见大卫·W. 科恩（David W Cohen）和杰克·P. 格林（Jack P. Greene）共同编著的《既不是奴隶也不自由》（Neither Slave Nor Free）第 7—8、24—26、31—34、63、86、88、90、91、96、125 和第 225—226 页。

第 3 章：医疗经济学

美国的医疗费用约占全国经济产出的六分之一的数据引自《纽约时报》2007 年 1 月 9 日 A13 版的文章"2005 年全国医疗费用增长速度是过去 6 年里最慢的"（In '05, Medical Bills Grew at Slowest Pace in 6 Years）。关于美国医疗费用中患者自付和通过其他渠道支付的金额及比例的数据引自"2008 年第三保险情况说明报告"（The iii Insurance Fact Book: 2008）第 11 页，该报告由美国保险信息研究所（Insurance Information Institute）出版。关于苏联医疗体系的信息来自《华尔街日报》1987 年 8 月 18 日头版的文章"苏联医疗体系尽管早期尚能维系，现已濒临崩溃"（Soviet Health System, Despite Early Claims, Is Riddled by Failures）。同美国病人看病相比，日本医生接诊时间更短、接诊病人更多的情况引自罗杰·D. 费尔德曼（Roger D. Feldman）主编的《美国健康医疗》（American Health Care）第 350 页。韩国和加拿大魁北克省的相似情况也在该书 352 页中有所介绍。《经济学人》杂志出版的《2003 年的世界》（The World in 2003）第 52 页登载了一篇题为"钱能治好英国国民保健制度吗？"（Will Money Cure the NHS？）的文章，对英国政府主导下的医疗体系的基本情况进行了介绍。关于英国医院恶劣的就诊条件和 90 位患者在医院就诊时被感染而不幸去世的信息都源自 2007 年 10 月 19 日《基督教科学箴言报》第 4 页的文章"尽管投入巨资，英国的医疗体系仍面临危机"（British Healthcare in Crisis Despite Massive Investment）。伦敦的《每日邮报》（Daily Mail）在 2003 年 12 月 8 日第 10 页登载了一篇文章"医院需要的是拖把和水桶而不是各种备忘录和越来越多的官僚"（Mops and Buckets, Not Memos and More Bureaucrats），文中介绍了英国医院照顾病人的标准不断下降，而医护人员玩忽职守以及病人感染的情况增多的现象。伦敦一家医院的管理人员将更多的时间花在医院的清洁和维护工作上而无暇顾及病人的情况可以参见 2003 年 12 月 8 日《标准晚报》A13 版的文章"里德先生，你又错了"（You're Wrong Again, Mr. Reid）。英国首席医疗官浮夸地将医疗系统的问题归咎于肥皂和水的故事也被记录在 2003 年 12 月 8 日《每日邮报》第 10 页的文章"医院需要的是拖把和水桶而不是各种备忘录和越来越多的官僚作风"中。关于澳大利亚、新西兰、加拿大、英国和美国患者等待外科手术所需时间的信息来自由杰瑞米·赫斯特（Jeremy Hurst）和路易吉·西奇利亚尼（Luigi Siciliani）共同完成的一份研究报告，报告的名称是"解决择期外科手术等待时间过长问题：对 12 个 OECD 国家政策的比较研究"（Tackling Excessive Waiting Times for Elective Surgery: A Comparison of Policies in Twelve OECD Countries），该报告于 2003 年由 OECD 发布。这份研究报告的第 13 页还指出择期外科手术的等待时间可以平衡供需之间的不平衡；报告第 10 页提到，白内障手术、髋关节置换手术和冠状动脉搭桥手术都被认为属于择期外科手术的范畴。几千英国患者需要等待超过 6 个月才能完成听力学诊断和结肠镜检查的情况引自登载于 2007 年 8 月 25 日《英国医疗期刊》第 365 页上的一篇文章，题为"几千患者需要等待超过 26 周才能完成诊断检查"（Thousands of Patients Wait More Than 26 Weeks for Tests）。而加拿大安大略省 90% 的患者需要等待 336 天才能进行髋关节置换手术的情况则来自 2006 年 6 月 17 日的《多伦多星报》（Toronto Star）A01 版的一篇名为"在印度可以很快进行手术"（India Offers Surgery in a Hurry）的新闻报道。《医疗事故受害者的诉讼及法律学刊》（Action for Victims of Medical Accidents Medical & Legal Journal）2006 年 6 月刊上刊登了文章"海外的医疗延误和诊疗情况：瓦特 v. 贝德福德再访"（Delay and Treatment Overseas: Watts v Bedford Revisited），期刊第154页的内容介绍了英国患者等待髋关节置换手术的时间长达一年。美国的每百万人均CT扫描器和MRI设备拥有量明显高于其他OECD国家，这些国家的数据均摘自OECD发布的一份研究报告"2007年健康概览：OECD指标"（Health at a Glance 2007: OECD Indicators），第67页。文中引用的关于法国医疗体系的材料引自1998年9月18日英国杂志《新政治家》（New Statesman）刊登的一篇文章"疑难病症的天堂"（A Hypochondriac's Paradise），原文出自那期杂志的第28页。1998年8月31日《商业周刊》刊登了文章"加拿大的医疗体系不再是典范"（Canada's Health-Care System Isn't a Model Anymore），刊物第36页的文章内容对加拿大医疗体系所面临的问题进行了讨论。伦敦报纸《卫报》（The Guardian）1998年11月8日在第6页刊登了一篇新闻"12岁的女孩接受隆胸手术"（Girl, 12, to Get Breast Implant），文章报道了一位英国女孩接受隆胸手术的案例。1998年11月7日发行的《经济学人》杂志刊登了一篇文章题为"中国的药物过量"（Pharmaceuticals in China: Overdosed），在刊物的71页介绍了中国医疗系统中存在的弊端。关于加利福尼亚雷丁的心脏科医生被指控为病人进行了不必要的心脏搭桥手术的信息来自2002年11月2日《旧金山纪事报》A1版和A14版刊登的文章"对一位医生过去五年进行了很多不必要的外科手术的指控"（Claims of Unneeded Surgeries Go Back 5 Years）。英国10 000个病人必须等待15个月或者更长时间才能进行外科手术的资料摘自2002年4月13日的《经济学人》，这期刊物刊登了一篇题为"国民保健制度：形势依然很严峻"（The NHS: Condition Still Critical）的文章，相关内容见刊物第55页。加拿大病人需要经过漫长的等待才能获得眼科专家的诊疗或接受眼科手术，相关数据可以参见纳迪姆·伊斯梅尔（Nadeem Esmail）和迈克尔·沃克（Michael Walker）合著的《等待轮到你：加拿大医院的等待名单》（Waiting Your Turn: Hospital Waiting Lists in Canada）第14版第25页中根据研究所得数据绘制的图表，该研究由弗雷泽研究所（Fraser Institute）出版。加拿大各省患者从全科医生转诊到专科医生需要等待的时间也可参见该书第24页的相关图表。英国的癌症女患者因为手术等待时间过长，以致病情恶化错过手术时机，最后只能取消手术的案例引自 2001 年 11 月 24 日《经济学人》第 54 页的文章"尚能行走的病人"（Walking Wounded）。美国的人均医疗成本明显高于其他国家的情况可以参见《卫生事务》（Health Affairs）2004 年 5/6 月刊上的一篇文章"在国际背景下分析美国的医疗保健支出"，该文章从第 10 页开始，本书引用的数据和内容在第 11 页。文中对中国医疗黑市的描述引自《中国商业评论》（the China Business Review）杂志 1998 年 11—12 月刊所登载的一篇文章"医疗投资方案"（Medical Investment Alternatives），文章从第 47 页开始，本书引用的相关内容可参见第 49 页。罗杰·D. 费尔德曼主编的《美国健康医疗》第 351 页介绍了东京医院中存在的送礼行贿现象。文中引用的疫苗成本提高导致医生不愿为病人提供疫苗接种服务的文字来自 2007 年 3 月 24 日《纽约时报》C1 版的文章"人们需要加强疫苗注射"（In Need of a Booster Shot）。美国国民私人健康保险覆盖率从 1940 年的 10% 提高到 1950 年的 50% 的情况引自 1994 年 6 月 23 日《政策分析》（Policy Analysis）杂志第 211 期的文章"为何医疗成本如此高昂"（Why Health Care Costs Too Much），数字摘自杂志第 9 页的内容。一个女人用其丈夫的医疗储蓄账户为自己购买了几副眼镜的故事可参见 2002 年 11 月 5 日《华尔街日报》D1 和 D2 版的新闻报道"让山姆大叔为你的按摩买单——急于花掉医疗储蓄账户的钱催生了很多创意无限的规则理解方式"（Getting Uncle Sam to Cover Your Massage— Rush to Use Up Medical Savings Accounts Prompts Creative Reading of Rules）。不同年龄段未投保人群所占比重的数据摘自 2003 年 3 月 17 日《华尔街日报》头版一篇文章中附带的图表，其标题为"一位年轻的女人，一个阑尾切除手术和一笔高达 19 000 美元的债务"（A Young an Appendectomy, and a $19,000 Debt）。关于不同地区医生承担的医疗事故责任保险保费的巨大差异可以参见 2003 年 3 月 5 日《纽约时报》C1 版开始登载的文章"医疗事故责任保险：没有清楚简单的答案"（Malpractice Insurance: No Clear or Easy Answers），各地医疗事故责任保险保费相关数据载于 C3 版。2006 年 7 月 15 日《柳叶刀》（The Lancet）杂志在第 240 页的文章"澳大利亚、英国和美国的医疗责任制度的影响"（Effects of the Medical

Liability System in Australia, the UK, and the USA）中提到美国佛罗里达的产科医生每年支付的医疗事故责任保险保费甚至超过 20 万美元。1995 年到 2002 年期间，宾夕法尼亚州有 1/3 的外科医生选择转业或离开该州的情况可以参见 2005 年 12 月 17 日《经济学人》杂志第 30 页的文章"手术刀，剪刀，律师"（Scalpel, Scissors, Lawyer）。文中引用的关于绝大多数新生婴儿脑损伤和大脑性瘫痪发生原因的研究结论摘自于 2003 年 2 月 27 日的《华尔街日报》A12 版的文章"关于接生的公正事实"（Delivering Justice）。在过去 30 年里，剖宫手术数量增多但产妇娩出大脑性瘫痪婴儿的概率并没有明显下降的事实同样引自前面提到的 2005 年 12 月 17 日《经济学人》杂志的文章"手术刀，剪刀，律师"，相关内容可参见第 32 页；第 30 页还提到 76% 的美国产科医生都在执业生涯中至少被起诉过一次。在第 30 页作者还指出一旦陪审团裁定被告需要为原告遭受的医疗事故提供赔偿，平均赔偿总额将高达 470 万美元。宾夕法尼亚州的产科医生经常要求孕妇进行各种非必需的超声检查和活组织检查的情况可参见 2005 年 11 月 28 日的《福布斯》杂志第 116 页的文章"摩尔定律"（Moore's Law）。一位拉斯维加斯的妇女在怀孕后被 28 位产科大夫拒绝的故事来自 2002 年 6 月 24 日《华尔街日报》的一篇新闻报道"分配责任"（Assigning Liability），这是一篇头版文章，相关内容可以参见文章登载在 A8 版的内容。关于美国医疗事故诉讼所产生的直接成本在医疗总成本中所占比重不足 1% 的估计来自 2006 年 7 月 15 日《柳叶刀》杂志的文章"澳大利亚、英国和美国的医疗责任制度的影响"，相关内容可参见杂志第 241 页。美国用于购买药品的开支约占医疗支出总额的 10% 的情况可参见 2007 年 1 月 9 日《纽约时报》A13 版的文章"2005 年全国医疗费用增长速度是过去 6 年里最慢的"。文中提及辉瑞制药公司一位执行官的话引自 2003 年 1 月 20 日《财富》杂志第 68 页，这段话引自文章"价值 100 亿美元的药丸"（The $10 Billion Pill），这篇文章始于杂志第 58 页。2008 年 4 月 22 日《华尔街日报》D1 版的文章"不完全一样的模仿品：仿制药与品牌药的区别在哪"（Inexact Copies: How Generics Differ from Brand Names）提到了仿制药的成分不一定与所仿照的专利药完全相同的事实。2003 年 10 月 13 日《商业周刊》第 38 页的文章"药品研发：美国人必须要一直买单吗？"（Drug R&D: Must Americans Always Pay?）提到，美国制药产业的研发投入中一半都由消费者所承担。在同篇文章的第 40 页还提到欧洲制药产业在全球药品生产中的份额一直在减少。1998 年 11 月 18 日的《华尔街日报》在 A1 版和 A10 版登载了一篇文章"难以下咽"（Hard to Swallow），其中提到当头孢克罗的仿制药投入市场之后，该药的市场销量开始下降。美国食品和药物管理局禁止对阿司匹林预防心脏疾病的疗效进行广告宣传的案例，可以参见罗杰·D. 费尔德曼主编的《美国健康医疗》第 285—286 页的相关内容。2007 年 3 月 5 日《美国心脏病学会杂志》（*Journal of the American College of Cardiology*）上发表了一篇名为"用你的灵魂换支笔？"（Your Soul for a Pen?）的文章，文中第 1220—1222 页讨论了斯坦福大学、耶鲁大学和宾夕法尼亚大学禁止学校医学院的医生接受制药公司提供的免费药物样品的情况。关于制药公司每年对外提供价值超过 160 亿美元的免费药物样品的情况可以参见 2007 年 3 月 3 日《柳叶刀》杂志第 730 页的文章"美国为了减少医药公司对医生的影响而发起的活动"（US Campaign Tackles Drug Company Influence Over Doctors）。《弗雷泽论坛》（*Fraser Forum*）杂志 2003 年 2 月刊第 6 和第 7 页的文章"用我们的脑袋做试验"（Using Our Heads on Head-to-Head Trials）提到有些新药等获批准的时间会因临床试验而增加 8 年。FDA 原局长针对药物审批的言论引自发表在 2007 年 6 月刊的《弗雷泽论坛》的一篇文章"对美国 FDA 药品批准程序的质疑"（Questioning the US FDA's Drug Approval Process），可参见第 32 页的相关内容。关于加拿大和欧洲批准新药程序的延误也可以参见一篇发表在《弗雷泽论坛》上的文章，文章题为"加拿大患者等待政府批准新药上市的时间非常漫长"（Patients Waiting Too Long for Government Permission to Use New Drugs in Canada），文章刊登于 2007 年 6 月刊，参见第 4 和第 5 页。关于治疗关节炎的药物伟克适被生产公司回收处理的信息可参见 2004 年 10 月 5 日《华尔街日报》D1 版的文章"正确看待药物的副作用"（Putting Side Effects in Perspective）。随着等待器官移植病人数量的增多，这种手术面临着很大的供需缺口，相关数据可以参见迈克尔·古德温（Michele Goodwin）的《黑市：人体器官的供给与需求》（*Black*

Markets: The Supply and Demand of Body Parts）第 40、41、44 和 85 页的相关内容，以及《消费者研究》（*Consumers' Research*）杂志 2002 年 7 月刊上第 10 页的文章"如何每年拯救几千条生命"（How to Save Thousands of Lives Each Year）。《医学伦理学期刊》2003 年 6 月刊的第 137 页介绍了西欧的肾源短缺情况以及全世界约有 70 万病人需要依靠血液透析维持生命的现实，介绍这些情况的文章标题为"人体器官的伦理市场"（An Ethical Market in Human Organs）。文中引用的介绍器官移植手术救人性命和其他好处的话摘自于大卫·L. 凯瑟曼（David L. Kaserman）和 A. H. 巴尼特（A. H. Barnett）合著的《美国器官获取系统：亟待改革》（*The U.S. Organ Procurement System: A Prescription for Reform*）一书第 2 页。等待肾移植和心脏移植的时间不断延长的信息同样来自该书第 33 页及迈克尔·古德温所著的《黑市：人体器官的供给与需求》第 44 页的相关内容。来自尸体捐赠与活体器官捐赠的移植手术数量之比的数据引自前面提到过的登载于《消费者研究》杂志 2002 年 7 月刊上的文章"如何能够每年拯救几千条生命"第 11—12 页。2006 年美国活体器官移植手术数量引自 2007 年 3 月 23 日《高等教育纪事报》（*Chronicle of Higher Education*）A12 版的文章"人体器官的真实价格"（The True Price of a Human Organ）。关于器官交易黑市上购买者和出售者各自面临的危险可以参见 2006 年 11 月 18 日《经济学人》杂志第 15 页的文章"嘘，想买个肾吗？"（Psst, Wanna Buy a Kidney?）。网络器官交易中介从交易中索取高价的情况可以参见 2007 年 1 月 29 日《福布斯》杂志第 74 页的文章"绝望的安排"（Desperate Arrangements），这篇文章始自刊物第 72 页。在伊朗买一个活人的肾只需要付给捐赠者 3 000 到 4 000 美元的情况引自 2006 年 11 月 18 日《经济学人》杂志第 60 页的文章"你的器官还是我的器官？"（Your Part or Mine? Your Part or Mine?）。2007 年 1 月 29 日《福布斯》杂志上所登载的"绝望的安排"第 72 页还介绍了加利福尼亚和台湾的网络器官移植交易中介商开出的高价。上面提到的 2006 年 11 月 18 日《经济学人》登载的"你的器官还是我的器官？"第 60 和第 62 页写道，要做肾移植手术，器官捐赠者所面临的医疗风险非常低，而器官接受患者所获得的健康和经济福利都很高。2006 年 11 月 18 日《经

济学人》杂志第 15 页登载的文章"嘘,你想买个肾吗?"介绍了根据经济学家的估计,如果美国年龄在 19 岁到 65 岁间、身体健康的人中有不到 1% 的人愿意捐出一个肾脏,美国的肾衰竭患者就彻底不需要在等待名单上苦苦等待了。在迈克尔·古德温在《黑市:人体器官的供给与需求》第 1 和第 2 页,大卫·L. 凯瑟曼和 A. H. 巴尼特在《美国器官获取系统:亟待改革》第 2 页分别提到了罗伯特·凯西州长和米奇·曼托的移植手术。对美国器官分享联合网络的行动指南的批评意见来自 2007 年 9 月 13 日的《华尔街日报》D1 和 D6 版上登载的文章"关于器官捐赠新限制的探讨"(New Limits Debated for Organ Donation)。加里·S. 贝克尔和胡里奥·豪尔赫·伊莱亚斯合著的论文"为活体和尸体器官捐赠市场引入激励"(Introducing Incentives in the Market for Live and Cadaveric Organ Donations)登载于《经济展望杂志》(Journal of Economic Perspectives)2007 年夏季刊,在文章的第 3、11 和 13 页作者提到了可以用经济激励增加捐赠器官的供给以及作者对为了获得肾源和肝源需要支付给捐赠者的金额的估计。肾病患者每年接受透析治疗的成本情况引自于 2007 年 8/9 月《政府评论》(Policy Review)杂志第 67 页的文章"供给、需求和肾移植手术"(Supply, Demand & Kidney Transport),该文章从第 59 页开始。贝克尔和伊莱亚斯的研究论文"为活体和尸体器官捐赠市场引入激励"第 12 页估计的器官移植总成本就是将器官采购成本和其他成本相加后的结果,这篇文章被发表在《经济展望杂志》2007 年夏季刊。加图研究所(Cato Institute)的《政策分析》2008 年 3 月 20 日发行的第 614 期登载了一篇文章,题为"器官销售和道德困境:从伊朗的活体肾脏供应计划吸取的经验"(Organ Sales and Moral Travails: Lessons from the Living Kidney Vendor Program in Iran),文中第 11 页估计器官移植手术可以极大降低政府的医疗开支。伊朗在这方面的经验可以参见这篇文章的第 4 页。批评者对绝望的穷人出售器官的意见摘自 2007 年 11 月 13 日《华尔街日报》的头版文章"肾源短缺催生的激进想法:器官交易"(Kidney Shortage Inspires a Radical Idea: Organ Sales),文中引用的内容来自第 A22 版。在 2007 年 7 月 29 日《纽约时报》第 4 部分第 3 页登载了一篇德纳·戈德曼(Dana Goldman)博士所写的文章"把医生的账单还回来"（Sending Back the Doctor's Bill），文中指出了卫生保健和医疗护理的区别。美国不同种族怀孕妇女诞下婴儿的死亡率差异引自美国卫生与人类服务部公共卫生署（Public Health Service of the U.S. Department of Health and Human Services）的《健康，美国，1990》（Health, United States, 1990）第9、11和41页。2008年1月1日《内科学纪事》（Annals of Internal Medicine）杂志上登载了一篇论文"通过提供广泛的服务建立一个高效的健康保健体系"（Achieving a High-Performance Health Care System with Universal Access），第61页的"与卫生保健习惯有关的死亡率"（mortality amenable to health care）数据显示美国是世界上死亡率最低的三个国家之一。2003年3月17日《华尔街日报》头版文章"一位年轻的女人，一个阑尾切除手术和一笔高达19000美元的债务"中详细介绍了美国医院的多轨定价机制。

第4章：住房经济学

2800万美国家庭将收入的30%用于解决住房问题的情况可以参见2002年6月9日《华盛顿邮报》B7版的文章"暂时搁置住房问题"（Housing on the Back Burner）。文中提到的高档社区房价与普通社区房价之间的差距还在不断扩大的情况引自美国国家经济研究局12355号工作论文"超级城市"（Superstar Cities），文章作者是约瑟夫·乔克（Joseph Gyourko）、克里斯托弗·迈尔（Christopher Mayer）和托德·夏尼（Todd Sinai）。兰德尔·奥图（Randal O'Toole）在一篇题为"你知道去洛杉矶的路吗？：圣何塞展示了如何在压力重重的30年内使城区变成了洛杉矶"（Do You Know the Way to L.A.?: San Jose Shows How to Turn an Urban Area into Los Angeles in Three Stressful Decades）的研究论文中介绍了得克萨斯的休斯敦和加利福尼亚的圣何塞两地之间的房屋售价存在巨大差异，这篇文章刊登于2007年10月17日的《政策分析》第602期，相关内容参见第8页。帕罗奥图的房价在20世纪70年代翻了四倍，但同时随着城市人口减少，适龄学生数量也不断减少并导致当地几所学校关闭，相关信息可以参见由托马斯·M. 哈格勒（Thomas M. Hagler）主编的报告集《旧金山半岛的土地使用和住房状况》（Land Use and Housing on the San Francisco Peninsula）第10、85、89和90页，这是一项由斯坦福环境法协会（Stanford Environmental Law Society）进行的研究。威廉·A. 费舍尔（William A. Fischel）在《管制性征收：法律、经济学和政治分析》（Regulatory Takings: Law, Economics, and Politics）一书第238页介绍了加利福尼亚在房价大幅上涨的时期，收入增长率却低于全国平均水平的情况。2005年旧金山湾区一套中等价位的房屋价格差不多是全国房价平均水平的三倍多，相关情况可参见2005年10月16日《旧金山纪事报》头版文章"量入为出：中产阶级的挣扎"（Making Ends Meet: Struggling in Middle Class），主要内容在A11版。加利福尼亚圣马特奥郡住房平均售价在2007年超过了100万美元的情况可以参见2007年8月16日《圣马特奥郡时报》的头版文章"平均房价已经超过100万美元"（Median Home Cost over \$1M）。2007年6月4日《今日美国》（USA Today）头版文章"没有这么简陋的住所"（Not-so-humble Abodes）和美联社（Associated Press）2007年5月23日的资讯报道"对大房子的需求保持增长"（Appetite for Big Houses Keeps Growing）介绍了犹他、马里兰、弗吉尼亚、科罗拉多和明尼苏达是美国卧室多于四间的房屋在所有房屋中占比最高的几个州。1969年到2005年圣何塞的房价收入比不断提高的情况引自前面提到过的兰德尔·奥图的论文"你知道去洛杉矶的路吗？圣何塞展示了如何在压力重重的30年内使城区变成了洛杉矶"第8页，这篇文章刊登于2007年的10月17日的《政策分析》第602期。2005年8月18日的《旧金山纪事报》A1版的文章"他们怎么买得起呢？"（How Do They Afford It?）中有一张图展示出加利福尼亚的住房拥有率比美国其他地区低的情况。关于分区限制对房屋成本的影响可以参考爱德华·L. 格莱泽（Edward L. Glaeser）和约瑟夫·乔克合著的研究论文"分区规划对住房负担能力的影响"（The Impact of Zoning on Housing Affordability）第4页，第15—16页和第21页，这是美国国家经济研究局2002年3月公布的第8835号工作论文。2003年7月1日《旧金山纪事报》A13版和A17版的报道"与时间赛跑：抗议团体希望能够保护湾区草场"（Racing Against Time; Group Wants to Preserve Bay Meadows）介绍了一位女性致力于阻止拆除圣马特奥的赛马场，不希望开发这块湾区草场的新闻，但这位女性甚至从来没有踏入过这个赛马场半步。2007年9月5日《圣马特奥郡时报》第1和第15版的文章"沿海地区的农田仍将维持现状"（Coastside Farmland Will Remain That Way）介绍了旧金山的湾区沿海地带有17 000亩空地被买下，就是为了让该地块能继续保持为农业用地的情况。楠塔基特是美国第一个平均房价超过100万美元的大型社区，该地对土地使用的限制可以参见罗伯特布·吕格曼（Robert Bruegmann）的书籍《蔓延》（Sprawl）第192页。2001年7月24日的《华盛顿邮报》介绍了弗吉尼亚劳登郡对土地使用的限制情况，具体内容可以参见报纸B1和B4版的文章"劳登采取严格政策控制开发"（Loudoun Adopts Strict Controls on Development）。兰德尔·奥图的《完美计划》（The Best-Laid Plans）第134页比较了美国发展速度很快，但没有对土地使用进行限制的地区，房价依然可为大部分人负担得起的情况，与一些发展和人口增速较慢，但对土地使用严格监管的地区，房价涨到让大部分人负担不起的情况。2005年10月的《法学和经济学学刊》（Journal of Law and Economics）上刊登了一篇由爱德华·L.格莱泽等合著的文章"为何曼哈顿这么贵？：监管与房价高涨"（Why is Manhattan So Expensive?: Regulation and the Rise in Housing Prices），文中332页介绍了从1980年到2000年，拉斯维加斯的人口差不多增至原来的3倍，但实际房价平均水平并没有发生什么变化的情况。兰德尔·奥图《完美计划》第125页讨论了近年来一些环保组织不断抗议在拉斯维加斯开发土地，导致当地房价不断提高的情况。文中引用的官员声称包容性住房政策很成功的表态来自2007年8月15日《圣马特奥郡时报》本地新闻版第3页的新闻报道"保障性住房配额发挥了作用"。2007年8月1日《帕罗奥图周报》第7页的文章"警察总部面临橡树的设计选择"（Police Headquarters Faces Design Choice About Oak Tree）中提到在帕罗奥图工作的警察中只有7%真正住在帕罗奥图地区。1901年和2002—2003年，美国人的住房支出在收入中占比的数据来自美国劳工部的991号报告"100年间的美国消费者支出情况：全国、纽约市和波士顿的数据"（100 Years of U.S. Consumer Spending: Data for the Nation, New York City, and Boston）。纽约人在2003年将更高比例的收入用于住房支出的情况来自2006年5月20日《纽约时报》头版的报道"一个世纪之后，纽约市的房间和住宿条件依然不尽如人意"（After Century, Room and Board in City Still Sting）。纽约市居民的实际收入一个世纪翻了4倍的情况也来自该报道的同一页。帕罗奥图有1/4的警察居住在旧金山湾区的另一端的情况同样引自2007年8月1日《帕罗奥图周报》第7页的文章"警察总部面临橡树的设计选择"。以护士的收入水平在不同城市购买一套两居室公寓的情况引自2002年12月7日《经济学人》杂志的文章"负担安家居所的花费太高了"（The Roof That Costs Too Much）。2002年到2005年，在纽约市刚开始工作的消防员负担得起的公寓数量大量减少的情况来自2006年7月23日《纽约时报》第4版第1页的文章"城市给中产阶级关上了门，不管是更加富裕还是更加贫穷"（Cities Shed Middle Class, and Are Richer and Poorer for It）。1990年和2000年的加利福尼亚人口普查数据显示该州各地黑人人口数量明显减少，这些数据来自美国人口普查局的以下出版物："1990年人口普查数据：加利福尼亚总人口特征"（1990 Census of Population: General Population Characteristics California），1990 CP—1—6，第1部分第29、31、76、82、100、250和620页；"2000年一般人口特征概况"（Profiles of General Demographic Characteristics 2000，加利福尼亚人口和住房普查局2000年发布），表DP-1，第22、、42、619、689和903页（该报告可以从美国人口普查局的官方网站上获得，地址为http://www.census.gov/prod/cen2000/dp1/2kh06.pdf）。

关于阿拉梅达郡苏诺尔滤水工厂的一名工人每天需要在通勤上花费70分钟的引文源自2003年2月16日《旧金山纪事报》G1版的文章"向东行"（Eastward ho）。近年来在远离湾区的边远郡县和旧金山湾区之间往返上下班的人口数量增加的情况可以参见2003年3月6日《旧金山纪事报》A15版的文章"普查数据表明人们的通勤距离长"（Census Sees Long Ride to Work）。关于住在康特拉科斯塔郡的人们每天早上需要早起前往旧金山湾区上班的情况可以参见 2005 年 9 月 15 日《圣马特奥郡时报》本地新闻版第 10 页的文章"湾区的交通问题在全国排在第二位"（Bay Area Traffic Problem Second-Worst in Nation）。文章所引用的加州房地产经纪人说当地人必须"开车上下班，直到你能够"买得起房的话摘自 2006 年 5 月 1 日《新闻周刊》（Newsweek）杂志第 54 页的文章内容，该文章的标题为"漫长且令人煎熬的公路"（The Long and Grinding Road），从第 53 页开始。旧金山 2005 年的房价平均水平约为 79 万美元的情况摘自 2005 年 9 月 15 日《旧金山纪事报》C1 版的文章"仍然火热，但是速度趋缓一点"（Still Red Hot, But Slowing）。2003 年 2 月 16 日《旧金山纪事报》在文章"向东行"刊登于 G8 版部分介绍了湾区居民可以用不到 30 万美元的价格在加州靠内陆的地区购买一套 2 000 平方英尺的住房的情况。1997 年到 2002 年加州默塞德郡房价暴涨的情况可以参见 2003 年 2 月 16 日《旧金山纪事报》G7 版的文章《湾区的工资水平对本地人来说并不够》（Bay Area Paychecks Price Out the Locals）。旧金山城区黑人数量减少和距离旧金山较远地区的黑人数量随之增多的情况可以参见 2007 年 4 月 9 日《旧金山纪事报》A1 和 A6 版的报道"旧金山阻止非裔居民大批离去"（S.F. Moves to Stem African American Exodus）。关于湾区在 1990 到 2006 年期间黑人人口变化的其他介绍可以参见 2008 年 1 月 14 日《旧金山纪事报》A1 和 A11 版的报道"湾区黑人居民纷纷离开"（Bayview's Black Exodus）。2003 年 2 月 16 日《旧金山纪事报》在文章"向东行"刊登于 G8 版的部分预计未来加利福尼亚中部峡谷地带的白人数量会减少。关于租金管制的影响和价格管制的一般性影响可以参见拙作《经济学的思维方式》第 3 版中的专门讨论。《旧金山房产数据手册》（San Francisco Housing DataBook）第 21 页的内容揭示出旧金山几乎一半的租金管制公寓里都只居住一位租户的情况，这是旧金山市在 2001 年委托相关机构和研究人员进行的研究，相关结果由为湾区经济提供咨询的顾问在 2002 年对外发布，该数据报告的第 56 页还介绍了旧金山租金管制房源的房龄信息。在第二次世界大战之后，政府对房屋租金实施管制导致墨尔本多年未修建新房的情况可参见罗伯特·阿尔本（Robert Albon）的《租金管制：成本和后果》（Rent Control: Costs and Consequences）第 125 页。当美国的马萨诸塞州禁止继续对房屋实施租金管制之后，有些地区 25 年内首次开始兴建住宅，这些情况可以参考威廉·塔克（William Tucker）在 1997 年 5 月 21 日《政策分析》第 274 期上发表的论文"租金管制如何让负担得起的住房减少"（How Rent Control Drives Out Affordable Housing），具体信息见论文第 4 页；书中提到进行租金管制的城市一般租金水平都高于那些没有实施管制的城市的结论也是源自该研究（参见论文第 1 页和第 6 页）。书中关于欧洲修建豪华住宅的引用摘自乔尔·F. 布伦纳（Joel F. Brenner）和赫伯特·M. 富兰克林（Herbert M. Franklin）合著的《北美和四个欧洲国家的租金管制情况》（Rent Control in North America and Four European Countries）第 69 页。在纽约，空置公寓的租金为每月 2 000 美元或以上就不用受租金管制条例影响的情况可以参考 2006 年夏季刊的《城市学刊》（City Journal）上的文章"纽约住房市场是否存在危机？"（Is There a New York Housing Crisis?）第 62 页。威廉·塔克在的《分区规划、租金管制和可以负担得起的住房》（Zoning, Rent Control and Affordable Housing）第 21 页介绍了加拿大城市实施租金管制之后多伦多很多原用于出租的房源不愿继续出租的情况。1975 年 1 月 24 日伦敦《泰晤士报》（The Times of London）第 11 页的文章"配有家具的房源关上了大门"（The Doors Have Closed on Furnished Accommodation）介绍了当伦敦推行租金管制措施之后，出租广告随之减少的情况。克里斯托弗·詹克斯（Christopher Jencks）的《无家可归的人》（The Homeless）一书第 99 页介绍了纽约市有几千栋建筑被废弃的情况。小理查德·W. 怀特（Richard W. White, Jr）的《粗鲁的觉醒》（Rude Awakenings）指出这些废弃建筑的房源数量足以容纳所有无家可归只能露宿在纽约市街头的人。前面提到过的"旧金山房产数据手册"第 24 页指出了居住在旧金山租金管制公寓中的住户中有超过 1/4 的家庭收入在 10 万美元以上的事实。1973 年到 2005 年期间，传统的 30 年期住房抵押贷款的利率波动情况可参见 2006 年 10 月的《劳动评论月刊》（Monthly Labor Review）的文章"最近住宅和非住宅建筑领域就业变化趋势"（Recent Employment Trends in Residential and Nonresidential Construction）第 7 页。圣马特奥郡的房价在 2005 年 3 月内每天上涨 2 000 美元的情况可参见 2005

年 4 月 15 日的《圣马特奥郡时报》头版的新闻报道"本郡房价上涨幅度创造纪录"（County's Home Prices Bust Record）。书中介绍的无本金贷款增长率数据引自 2005 年 5 月 20 日的《旧金山纪事报》A1 和 A16 版的新闻报道"无本金住房贷款的高利率"（High Interest in Interest-Only Home Loans）和 2006 年 7 月 15 日《纽约时报》C1 和 C6 版的报道"目不转睛地盯着浮动利率抵押贷款"（Keep Eyes Fixed on Variable Mortgages）。2006 年 10 月 26 日《华尔街日报》D1 版的文章"房价持续下滑；购房者已经坐不住了"（Home Prices Keep Sliding; Buyers Sit Tight）中介绍了 2006 年美国房价十几年来第一次下降的情况。2006 年 10 月 14 日《旧金山纪事报》C1 版的文章"东海湾地区止赎行为激增"（Foreclosure Activity Skyrockets in East Bay）介绍了加利福尼亚几个郡房屋抵押贷款止赎率快速增长的情况。书中所引用的关于浮动利率抵押贷款以及如果贷款止赎银行需要承担约 4 万美元的损失的几段话来自 2007 年 3 月 31 日《纽约时报》C1 版和 C6 版的文章"贷款人被证明会做出调整的"（Lenders May Prove Adjustable）。2007 年 7 月 25 日的《旧金山纪事报》C1 和 C2 版登载了一篇文章"贷款止赎情况急剧增加"（Foreclosures Go Through the Roof），其中介绍了加利福尼亚州被银行收回契约和所有权的房屋总数增加了 800% 的实际情况。2007 年 6 月美国全国的贷款止赎率比前一年提高了 87% 和旧金山湾区止赎率在一年之内变为过去的近三倍的情况可参见 2007 年 7 月 12 日《旧金山纪事报》C1 和 C2 版的新闻"止赎行为剧增"（Foreclosure Activity Rises Dramatically）。2007 年 10 月 28 日《纽约时报》第 3 部分第 1 和第 8 页的文章"大概不会再削减了"（Guesstimates Won't Cut It Any More）介绍了美林银行因为与贷款相关的各种金融交易损失了 79 亿美元。2007 年 10 月 31 日的《华尔街日报》头版刊登了一篇文章"伯南克，在第一次危机重新编写了美联储的剧本"（Bernanke, in First Crisis, Rewrites Fed Playbook），这篇文章在报纸 A18 页的部分介绍了德国政府对德国工业银行的救助计划。加利福尼亚人对风险更高的无首付要求的抵押贷款的使用数量不断增加的情况可以参见 2007 年 2 月 7 日《旧金山纪事报》C1 和 C8 版的文章"购房者深陷债务泥潭"（Home Buyers Going Deeper into Debt）。文章中提到的"有些看起来很时髦的融资方式"的原话引自 2007 年 7 月 25 日《旧金山纪事报》C1 版的文章"贷款止赎情况剧增"。文章提到的南旧金山市长的原话摘自 2007 年 9 月 9 日《圣马特奥郡时报》第 1 和第 11 页的文章"房屋所有者为债务寻求帮助"(Homeowners Seek Help on Loan Issues)。21 世纪初,低利率吸引很多人搬进了独栋住房,旧金山湾区很多地方公寓入住率都有所降低的情况可以参见 2007 年 9 月 16 日《旧金山纪事报》F1 版的文章"竞争趋于白热化"(Competition Heats Up)。1996 年到 2006 年每年的租金/房价比不断降低的情况可以参见 2008 年 1 月 3 日《华尔街日报》A2 版的文章《房价必须大幅下降才能与房屋租金保持同步》(Home Prices Must Fall Far to Be in Sync with Rents)。在 2001 年之后旧金山半岛地区房屋租金下降的情况也可以参见 2007 年 9 月 16 日《旧金山纪事报》F1 版的文章"竞争趋于白热化"。随后圣何塞以及湾区其他地区的公寓租金和入住率都提高的情况也可以参见同一篇文章。2007 年 9 月 16 日《旧金山纪事报》F1 版和 F4 版的文章"房东受到压榨"(Squeeze Hits Landlords)介绍了旧金山所有房型出租房源的租金都大幅提高的情况。文中提到的这些公寓都是"定价奇高的简陋棚舍"的引文来自同一篇文章登载于报纸 F1 版的内容。圣何塞的租金水平在一年内提高了 12% 的情况可以参见 2007 年 10 月 18 日《旧金山纪事报》C1 版的文章"房屋租户为房地产危机埋单"(Renters Pay the Price for Crisis)。2007 年 8 月 25 日《华尔街日报》A1 版的文章"共管式公寓的问题进一步压榨房地产贷款者"(Condo Troubles Further Squeeze Property Lenders)中提到修建这种公寓会给开发商带来更大的风险。2007 年 10 月 18 日《旧金山纪事报》C1 和 C8 版的文章"建筑商的利润是否都不见了?"(Is Builders' Profit Going, Going, Gone?)中报道了旧金山湾区的联排住宅/共管公寓开发商降价将房屋拍卖出去的情况。2007 年 8 月 25 日《华尔街日报》A1 版的文章"共管式公寓的问题进一步压榨房地产贷款者"中有一幅图表介绍了银行为修建共管式公寓批出的贷款总额大幅增加的情况。芝加哥科鲁斯银行的"不良资产"在短短一年内急剧增加的情况可以参见同一篇文章登载在 A4 版的内容。自 20 世纪 80 年代起,共管式公寓转变为出租公寓的数量首次超过出租公寓转变为共管式公寓的数量的情况在 2007 年出现，相关报道引自 2007 年 9 月 21 日《华尔街日报》W10 版的报道"租房者的入侵"（The Invasion of the Renters）。很多研究和书籍中都指出"城市重建"计划创造的安身之所其实要少于拆毁的住房数量，可能最早指出该情况的是马丁·安德森的《联邦推土机》（The Federal Bulldozer）一书第 62 页、64—67 页、221 页、229 页，作者还在书中指出在当时的城市重建计划中，被迫搬离的人群里 2/3 是黑人和波多黎各人。雅各·里斯的《另一半人是怎样生活的》（How the Other Half Lives）第 71—72、83—84 页介绍了 19 世纪时聚居在纽约市下东区的犹太移民是如何努力攒钱的。《美国历史展望》（Perspectives in American History）第 9 卷（1975）第 113 页的文章"美国的俄罗斯移民：背景和结构"（Immigration of Russian Jews to the United States: Background and Structure）中指出大部分在 19 世纪末 20 世纪初越过大西洋来到美国的犹太人，是依靠他们已经生活于美国的家人的资助才得以成行。《美国历史展望》第 10 卷（1976）第 394—395 页的文章"美国的爱尔兰饥荒移民"（The Irish Famine Emigration to the United States）中介绍了爱尔兰移民也是通过家人帮着先付钱的方式来到美国。1966 年 9 月 11 日《纽约时报》杂志第 128 页登载了一篇由欧文·克里斯托（Irving Kristol）撰写的文章"黑人今天的生活状况就像以前的移民"（The Negro Today is Like the Immigrant Yesterday），这篇文章从第 50 页开始，文中介绍曼哈顿的下东区在被犹太人占据时居住条件极为拥挤。在欧文·豪（Irving Howe）的《父辈的世界》（World of Our Fathers）第 148 页以及劳伦斯·M. 弗里德曼（Lawrence M. Freidman）的《政府和贫民区住房》（Government and Slum Housing）第 30 页都详细描述了居住在这些贫民区的犹太人的生活条件。罗伯特·希格斯（Robert Higgs）在《竞争和高压政治》（Competition and Coercion）一书的第 108—109 和 111 页对 19 世纪美国南方黑人居住条件的改善进行了讨论。内森·格雷泽（Nathan Glazer）在《肯定性歧视》（Affirmative Discrimination）一书第 154 页提供了美国的北欧和南欧移民后裔持续隔离聚居的数据，奥斯卡哈德林（Oscar Handlin）的《波士顿的移民》（Boston's Immigrants）第 114 页以及乔治波特（George Potter）的《通向黄金之门》（To the Golden Door）第 118 页介绍了 19 世纪爱尔兰移民聚居区附近霍乱肆虐的情况。很多书籍都介绍过美国很多城市爱尔兰聚居区周围暴力事件频发的情况，包括乔治波特的《通向黄金之门》第 238 页，凯思林·尼尔斯·康岑（Kathleen Neils Conzen）的《密尔沃基的移民，1836—1860 年》（Immigrant Milwaukee）第 126 页和 142 页，卡尔·威特基（Carl Wittke）的《美国的爱尔兰人》（The Irish in America）第 30 页、第 46—48 页。在马丁·迈尔（Martin Mayer）于 1978 年出版的著作《建设者们》（The Builders）第 24—25 页介绍了政府推行的一些促使种族隔离居住的政策。兰德尔·奥图的研究论文"你知道去洛杉矶的路吗？：圣何塞展示了如何在压力重重的 30 年内使城区变成了洛杉矶"中还介绍了规划法案给加利福尼亚购房者带来的巨大成本，这篇文章刊登于加图研究所在 2007 年的 10 月 17 日出版的《政策分析》第 602 期，相关内容参见第 13 页。

第 5 章：高风险活动

2007 年 11 月 15 日《华尔街日报》D1 版登有一篇标题为"最安全车辆数量几乎增加了两倍"（Number of Safest Vehicles Nearly Triples）的新闻，文中介绍了 2007 年获得最高安全评级的车辆数量增长情况。大卫·但丁·特劳特（David Dante Troutt）的研究报告《红色警戒线：穷人是怎样付了更多的钱》（The Thin Red Line：How the Poor Still Pay More）介绍了低收入居民会到高收入居民居住地区购物和办理银行业务的情况，该报告由美国消费者联合会西海岸办事处（West Coast Regional Office of Consumers Union）于 1993 年在旧金山发布，具体内容可参见该报告第 10 页和第 28 页。大卫·卡普洛维茨（David Caplovitz）在更早的时候进行过一项题为"穷人付钱更多"的研究，而大卫·但丁·特劳特的报告的副标题就是参考该研究而确定的。但这两项研究其实都没有系统地找到这些情况背后的经济原因，一位经济学教授沃尔特·E. 威廉姆斯在的学术论文《为什么穷人付钱更多：另一种解释》（Why the Poor Pay More: An Alternative Explanation）中尝试从这个角度对该问题进行分析,该文章收录于《社会科学季刊》(Social Science Quarterly)1973年9月刊第375—379页。2001年3月6日《华尔街日报》B1版和B4版的文章"大银行的目标瞄准了移民群体——其中很多都是非法移民"(Big Bank Targets Immigrant Group, Many Illegal)中介绍了大众银行的佣金标准和这些支票兑现机构所承担的各种风险。《华尔街日报》在2001年8月16日将"随着经济放缓,'次贷'的风险看起来更大了"(As Economy Slows, 'Subprime' Lending Looks Even Riskier)一文作为头版新闻,并在A2版继续刊登文章的后半部分。《华盛顿邮报》2002年11月9日的文章"被贷款负担所困"(Stuck under a Load of Debt)介绍了美国联邦住房管理局向低收入购房者所发放的购房贷款违约率比面向其他客户群的同类贷款高的情况,该文的前半部分登载在当期报纸的E1版上,美国联邦住房管理局发放贷款的违约率情况可参见E2版。关于政府过于轻率地颁发驾驶许可证和保险业缺乏动力去保证司机购买足额保险的观点都摘自2007年9月1日和2日《华尔街日报》的文章"在路上"(On the Road)。亚利桑那州的汽车保险公司为事故损失提供的理赔金额范围也来自这篇文章。不同年龄的驾驶者的汽车致死率可以参见美国交通部(U.S. Department of Transportation)2002年出版的《变化的交通状况》(The Changing Face of Transportation)第3—22页中的图3—19"不同年龄驾驶者每亿车辆行驶里程(VMT)致死率:1996年"(Fatality Rate per 100 Million VMT by Age: 1996)。印度家庭驾驶轻型摩托车的情况摘自2007年10月12日《纽约时报》C4版的新闻内容,该文章始于C1版,标题为《在印度,一辆2 500美元的代步车》(In India, a $2500 Pace Car)。拉尔夫·纳德关于汽车安全性的评论引自其《任何速度都不安全》(Unsafe at Any Speed)一书第vii、viii、ix、x、14、18、26和42页。汽车交通事故致死率的统计数据引自美国人口普查局1975年发布的"美国历史统计数据:从殖民时期到1970年:第2部分"(Historical Statistics of the United States: Colonial Times to 1970, Part 2)第719页和720页。政府对考维尔汽车安全性的测试结果可以参见"国会记录——参议院"(Congressional Record–Senate),1973年3月27日,第9748页到9774页,最后对考维尔的综合评价摘自该记录第9749页。保险公司要求房主采取新的防范措施的情况可以参见2007年6月7日《华尔街日报》D2版的文章"应对灾难"（Bracing for Disaster）。在容易出现飓风和暴雨的地区，人们越来越多地依赖政府承担最后承保人的责任，关于这些情况的报道可以参见2007年6月7日《华尔街日报》A1和A18版的文章"保险公司逃离沿海地区，州政府面对着新的威胁"（As Insurers Flee Coast, States Face New Threat）。文章引用的关于再保险的描述来自2001年6月30日《经济学人》的第66页，文章题为"填补空白"（Filling a Gap）。美国人寿保险公司通过购买再保险将部分风险转移给再保险公司的情况可以参见美国人寿保险协会（American Council of Life Insurers）发布的"人寿保险公司资料手册2007"（Life Insurers Fact Book 2007）第55页。蒂伯·R. 马昌（Tibor R.Machan）主编的出版物《自由与棘手的案例》（Liberty and Hard Cases）第46页介绍了印度本国媒体抨击印度政府出于政治原因在1999年该国遭遇龙卷风袭击时不愿接受国际援助的情况。因为类似的政治原因，俄罗斯政府也不愿接受国际援助解救被困在深海中一艘俄罗斯潜艇中的船员，最终导致这些人全部遇难，这起事故激起了俄罗斯国民的普遍不满，因此后来再次发生潜艇被困深海事故时，俄罗斯政府终于同意接受国际帮助，2005年8月7日的《纽约时报》（New York Times）从头版开始就详细报道了这一事件，新闻标题为"俄罗斯潜艇浮出水面，所有7名船员生还"（All 7 Men Alive as Russian Submarine Is Raised）。瑞士再保险公司出版了一本名为《再保险介绍》（An Introduction to Reinsurance）的小册子，里面有很多有关瑞士再保险公司的信息。保险行业中，很多公司拒绝接受养有某些犬类宠物的房屋所有人购买保险，而这些家庭和立法者则竭力推翻这种规定的情况在2006年6月1日的《华尔街日报》D1和D2版上刊登的文章"狗狗的抗议：养狗者和保险公司的战争"（Canine Mutiny; Dog Owners Fight Insurers）中有所介绍。关于新泽西州对汽车保险的监管情况可以参见加里·贝克尔（Gary Becker）和古蒂·娜夏特·贝克（Guity Nashat Becker）合著的《生活中的经济学》（The Economics of Life）第24页。从1988年到2000年英国汽车保险局为那些未投保司机造成的交通事故提供的赔偿金额不断提高的情况可以参见2002年12月21日《经济学人》杂志第 76 页上的文章"指责文化"（Blame Culture）。关于保险公司是否应该获得病人基因数据的论战可以参见 2007 年 8 月 25 日《经济学人》杂志第 70 页的内容，这篇文章从 69 页开始，题目为"不要问还是不要回答？"（Do Not Ask or Do Not Answer？）。关于美国"基因歧视"问题的讨论可以参见 2008 年 5 月 2 日的《纽约时报》A1 版题为"国会通过法案来禁止基于基因信息的歧视行为"（Congress Clears Bill to Bar Bias Based on Genes）的新闻报道。文中介绍的日本飞行员冒着风险在空战中不佩戴降落伞的情况引自酒井三郎（Saburo Sakia）的《武士！》（*Samurai！*），该书 1957 年版本由 E. P. 达顿公司（E.P. Dutton and Company，Inc）出版。一位印度经济学家布劳恩·S. 米特拉的文章"应对自然灾害：市场的作用"（Dealing with Natural Disaster: Role of the Market）提出更贫穷国家因自然灾害而死亡的人数要比富裕国家更多的观点，这篇文章收录在蒂伯·R. 马昌（Tibor R.Machan）主编的出版物《自由与棘手的案例》中，米特拉的观点收录在该书第 39 页。关于 1900 年德克萨斯州加尔维斯敦飓风造成的死亡情况也可参见该书第 38 页，而飓风"安德鲁"1992 年侵袭佛罗里达南部地区造成的死亡总数在该书第 38 到 39 页。劳恩·米特拉对 2000 年印度旱灾的评论摘自同一本书的第 41 页。关于美国"卡特里娜"飓风和印度及巴基斯坦的地震死亡情况数据可以参见 2006 年 3 月 4 日的《经济学人》杂志第 98 页开始登载的文章"新兴市场指数"（Emerging-Market Indicators），其标题是"灾难"（Catastrophe）。20 世纪 30 年代美国银行倒闭大潮中，因经营难以为继而被迫关闭的银行多为单位银行，相关的情况可以参见吉姆·鲍威尔（Jim Powell）的《富兰克林·德诺拉·罗斯福的愚蠢行为》（*FDR's Folly*）。在该书第 57 页还介绍了 20 世纪 80 年代时美国为了救援濒临困境的存贷社花了 5 000 亿美元的具体情况。书中引用的保罗·萨缪尔森为社会保险制度辩解的话以及该问题的相关经济和人口数据来自 2002 年 2 月 16 日的《经济学人》杂志专版第 5 页和第 6 页的文章"圈套与骗局"（Snares and Delusions），而这期专版的主题为"是时候该成长了"（Time to Grow Up）。

第 6 章：移民经济学

本章前的题词引自沃尔夫冈·卡斯帕的《移民和文化融合》（*Immigration and Cultural Integration*）第 ix 页，该书由澳大利亚的独立研究中心出版。2008 年 1 月 5 日的《经济学人》杂志登载了一篇关于人口迁移问题的特别报道"开放"（Open Up），文章第 4 页提出全世界范围内移民总数约为 2 亿人。这篇文章的第 4 页和第 5 页还讨论了较贫穷国家掌握高技能的人群较易迁移到更富裕国家的情况。《经济学人》杂志"口袋中的数字世界 2007 年版"（*Pocket World in Figures, 2007 Edition*）第 21 页列出了生活在美国的国际移民总数。美国人口普查局 2001 年发布的"当前人口报告"（Current Population Reports）P23—206 的第 13 页介绍了在 19 世纪某几十年里从欧洲来到美国的移民输出地的变化情况。查尔斯·A. 普利斯（Charles A. Price）的《澳大利亚的南欧人》（*Southern Europeans in Australia*）第 30 页介绍，在澳大利亚的港口城市弗里曼特尔，渔民大多来自意大利的两个小镇墨西拿和莫尔费塔。阿尔伯特·霍拉尼（Albert Hourani）和纳迪姆·谢哈迪（Nadim Shehadi）共同主编的《世界各地的黎巴嫩人》（*The Lebanese in the World*）一书第 368 页介绍了来自黎巴嫩几个小镇的移民通常会聚居在哥伦比亚几个村镇的情况。大卫·哈克特·费歇尔（David Hackett Fischer）的《澳尔滨的种子》（*Albion's Seed*）一书第 289—299 页、626 页、628—629 页、634—635 页以及 721—726 页，以及格瑞德·迈克维尼（Grady McWhiney）的《黑客文化》（*Cracker Culture*）第 16 到 18 页以及第 6 章和第 8 章中对新英格兰区和南部地区的英国移民的地理来源和文化背景区别进行了介绍。在蒂莫西·哈顿（Timothy Hatton）和杰弗里·G. 威廉姆森（Jeffrey G. Williamson）合著的《大规模迁移时代：原因和经济影响》（*The Age of Mass Migration: Causes and Economic Impact*）第 14 页介绍了来自斯堪的纳维亚地区的移民群体在 19 世纪末 20 世纪初主要依靠预付船票的方式来到美国的情况。《美国历史展望》第 10 卷（1976）收录了一篇题为"美国的爱尔兰饥荒移民"的文章，其中第 394—395 页介绍了爱尔兰移民也是通过预付船票的方式来到美国的。在该书的第 9 卷（1975）中有一篇文章"去往美国的俄国犹太移民：背景和结构"（Immigration of Russian Jews to the United States: Background and Structure），其中第 113 页指出 20 世纪初期大部分去往美国的犹太人也是依靠已经生活在美国的亲人为自己支付船资才得以成行的。移居到西非的黎巴嫩人、移居到东非的印度人以及移居到东南亚的华人群体都呈现出连锁移民的现象，对相关情况的介绍可以分别参阅 H. L. 范德拉恩（H. L. van der Laan）的《塞拉利昂的黎巴嫩商人》（The Lebanese Traders in Sierra Leone）第 242 到 243 页，弗洛伊德·多森（Floyd Dotson）和莉莲·O. 多森（Lillian O. Dotson）合著的《赞比亚、罗得西亚和马拉维的印裔少数民族》（The Indian Minority of Zambia, Rhodesia, and Malawi）第 73—75 页，罗伯特·N. 格里高利（Robert G. Gregory）的《东非的南亚人：经济和社会史，1890—1980》（South Asians in East Africa: An Economic and Social History, 1890–1980）第 300 页，埃德加·维克贝格（Edgar Wickberg）的《菲律宾的华人生活：1850—1898》（The Chinese in Philippine Life: 1850—1898）第 172 页，以及吴·百洁·芳（Ng Bickleen Fong）的《新西兰的中国人：同化研究》（The Chinese in New Zealand: A Study in Assimilation）第 15 页。查尔斯·A. 普利斯在《澳大利亚的南欧人》第 109 页介绍了在澳大利亚定居的移民中，大部分都是通过连锁移民的方式成功来到澳大利亚并生活下来的。现代通信手段和交通方式的变革让移民成本下降到可以负担的程度，移民家庭成员之间跨越国界的联系就能维系下去的引文来自 2002 年 11 月 2 日《经济学人》的特别增刊《最长的旅行》（The Longest Journey）第 3—4 页。2007 年 12 月 15 日《经济学人》第 106 页的《汇款》（Remittances）中估计 2007 年全球国际汇款总规模约为 3 180 亿美元；而在第 116 页还列举出了一些较贫穷国家得到的世界各地的汇款总额在本国 GDP 中所占比重的数据。2008 年 1 月 5 日的《经济学人》杂志登载了一篇关于人口迁移问题的特别报道"开放"，其中第 11 页提到了来自非洲的博士甚至在出国 20 年之后还会坚持将收入的相当比例寄回祖国的情况。泰迪·铃木(Teiiti Suzuki)在《巴西的日本移民》（The Japanese Immigrant in Brazil）第 91 页介绍了日本移民在巴西的土地规模。西奥多·开普洛（Theodore Caplow）等人的《第一个标准化的世纪：图解美国的变化趋势，1900—2000》（*The First Measured Century: An Illustrated Guide to Trends in America, 1900–2000*）第15页展示了从1965年到1998年从亚洲去往美国的移民数量占比不断提高的情况。在蒂莫西·哈顿和杰弗里·G. 威廉姆森合著的"大规模人口迁移时代：原因和经济影响"一书的第3页提到从1850年到1914年，约有5 500万欧洲人移居到西半球和澳大利亚。黎巴嫩移民在世界各地定居后呈现出不同的同化模式，相关讨论可以参见阿尔伯特·霍拉尼和纳迪姆·谢哈迪共同主编的《世界各地的黎巴嫩人》第9页。卡尔·索尔伯格（Carl Solberg）在《移民与民族主义：阿根廷和智利，1890—1914》（*Immigration and Nationalism: Argentina and Chile, 1890–1914*）第50页介绍了阿根廷的意大利移民存了很多钱，因此比当地人有钱的情况。《美国历史展望》第12卷（1979）登载了一篇文章"美国的日本移民，1866—1924"（Japanese Emigration to the United States, 1866-1924）在第465页描述了去往巴西的日本移民和去往美国的日本移民在保持文化习俗方面的各种差异。书中关于法国的北非移民后裔在体育比赛前法国国歌《马赛曲》奏响时发出嘘声的介绍引自西奥多·达林普尔（Theodore Dalrymple）的《我们的文化还剩下什么：官老爷和群众》（*Our Culture, What's Left of It: The Mandarins and the Masses*）第307页。2007年11月28日《纽约时报》的A1版登载了一篇文章"在法国的郊区，同样愤怒，全新的策略"（In French Suburbs, Same Rage, but New Tactics），其中介绍了2007年法国的暴乱事件导致超过100位警察受伤的具体情况。在希瑟·麦克·唐纳德（Heather Mac Donald）、维克托·戴维斯·汉森（Victor Davis Hanson）和史蒂文·马兰加（Steven Malanga）合著的《移民方案》（*The Immigration Solution*）第68页指出了美国墨西哥移民群体的子女犯罪率较高的情况。2002年4月6日《华盛顿邮报》A20版的一篇题为"移民入侵"（Immigrant Invasions）的报道，介绍了墨西哥移民在一次足球比赛前美国国歌奏响时发出嘘声的情况。2007年6月4日《华尔街日报》A16版登载的文章"伊斯兰熔炉"（Muslim Melting Pot）中介绍了2007年美国对伊斯兰移民的一项调查，结果 1/4 的 30 岁以下的被调查者都表示可以接受自杀性爆炸的行为。2007 年 7 月 23 日《福布斯》(*Forbes*) 第 88 页的文章 "回到印度"(Back to India) 介绍了成千上万的印度和中国移民后裔最后选择回国的情况。《美国历史展望》新系列，第 1 卷（1984）第 399 页的文章 "大规模来到美国的意大利移民，1876—1930：历史调查"（Italian Mass Emigration to the United States, 1876—1930: A Historical Survey）中介绍了在 1905 年到 1976 年期间，总共有超过 850 万的意大利裔移民回国。金斯利·戴维斯蒂（Kingsley Davis）的《印度和巴基斯坦的人口》(*The Population of India and Pakistan*) 一书第 99 页估计了从 19 世纪 30 年代到 20 世纪 30 年代这一个世纪，印度的移民规模和重返故土人群的规模。蒂莫西·哈顿和杰弗里·G.威廉姆森、合著的《大规模人口迁移时代：原因和经济影响》第 9 页介绍了不同的移民族裔回国的规模和情况存在区别和差异。英国的国民保健制度每年为了治疗移民群体而付出的巨额财政成本来自 2003 年 5 月 23 日《每日电讯报》(*Daily Telegraph*) 第 20 版的一篇报道 "全世界的病人都涌向国民保健制度——而且是由我们买单"(The World's Sick Are Flocking to the NHS— and We're Paying)。弗吉尼亚州劳登郡和费尔法克思郡的移民人群中感染肺结核的比例非常高的情况引自 2005 年 8 月 26 日《华盛顿时报》(*Washington Times*) B1 版的新闻报道 "肺结核病源自外国；移民和游览者将该疾病散布到所到之处"(TB Cases Rooted in Foreign Countries; Immigrants, Visitors Carry Disease to Area)。而得克萨斯州的拉美裔人群罹患甲肝的情况同黑人及白人群体的比较结果可参见 2005 年 10 月刊的《美国医学杂志》(*American Journal of Medicine*) 第 53S 页的文章 "美国甲型肝炎流行病学调查：是否是由移民探访他们在墨西哥的亲友造成？"(United States Epidemiology of Hepatitis A: Influenced by Immigrants Visiting Friends and Relatives in Mexico?)。在明尼苏达州的明尼阿波利斯，非裔移民中有很多感染了甲肝、乙肝和丙肝的情况引自 1999 年 1 月 11 日《内科学文献》(*Archives of Internal Medicine*) 第 84 页的文章 "明尼阿波利斯非裔移民群体中的传染病"(Communicable Disease in African Immigrants in Minneapolis)。《美国热带医学与卫生杂志》2003 年 7 月刊第 115 页的文章 "从热带病转诊单位的角度考察移民群体的感染性疾病情况"（Infectious Diseases in Immigrants from the Perspective of a Tropical Medicine Referral Unit）介绍了从较不发达国家去往西方国家的移民数量不断增加，一些热带疾病、肺结核及病毒性肝炎等疾病的发病率都有所提高的情况。美国人口普查局出版的"当前人口报告"P23—206 的第 37 页介绍了来自亚洲和来自墨西哥的移民群体各自的教育素质情况。詹姆斯·朱佩（James Jupp）主编的《澳大利亚的人民：国家百科全书，国家的国民组成和根源》（The Australian People: An Encyclopedia of the Nation, Its People and Their Origins）1988 年版第 768 页介绍了 19 世纪去往澳大利亚的苏格兰高地移民不会说英语，大部分都不识字也不具备特别的技能。很多书籍都介绍了来自苏格兰高地地区的移民在美国并没有和来自同一个国家低地地区的同胞聚居在一起的情况，包括杜安·迈耶（Duane Meyer）的《北卡罗来纳州的苏格兰高地人，1732—1776》（The Highland Scots of North Carolina, 1732—1776）第 118 页，大卫·哈克特·费歇尔的《澳尔滨的种子》第 621 页。詹姆斯·朱佩主编的《澳大利亚的人民：国家百科全书，国家的国民组成和根源》（1988 年版）第 764 页介绍了来到澳大利亚的苏格兰低地人在城市中的定居模式。该书第 762 页还介绍了当时苏格兰的农业生产比较先进；在 764 页，作者介绍在 19 世纪 50 年代之后去往澳大利亚的苏格兰移民中，来自高地地区的人口占比不断下降的情况。2002 年 11 月 2 日《经济学人》的特别增刊《最长的旅行》第 14 页介绍了来到英国的移民承担了很多无业大不列颠人不愿从事的工作。蒂莫西·哈顿和杰弗里·G. 威廉姆森合著的《大规模人口迁移时代：原因和经济影响》第 66 页分析和讨论了实际工资对来自英国的移民群体的影响；该书第 29 页讨论了大规模移民现象导致移民输出地和目的地之间的工资收敛到相接近水平的情况；书中第 188 页介绍了在爱尔兰人口大举外迁的时代，该国国内的工资水平不断提高而土地租金和资本回报率不断降低的情况；该书 78-80 页和 184 页介绍了选择迁移到其他国家去的爱尔兰人总数逐步减少的历史趋势。同一本书的第 98—100 页介绍了早期意大利人大举外迁导致本土工资水平提高之后，比较贫穷的意大利南方人也有足够的钱去往国外，因此也开始投入到移民大潮的情况；书中第 198

页介绍了从 1870 年到 1910 年，瑞典工资水平大幅提高的情况；该书的 211 页还对 19 世纪末旧大陆（东半球）和新大陆（西半球）之间的收入差距不断缩小的现象进行了深入的讨论。不同时期从不同地区去往美国的移民群体数量可参见乔治·J. 布尔哈斯（George J. Borjas）的《天堂之门》（Heaven's Door）第 7 页和第 40 页。美国人口普查局出版的"当前人口报告"P23—206 的第 11 和第 12 页介绍了 1965 年之后美国移民群体的地理来源构成的变化。乔治·J. 布尔哈斯的《天堂之门：移民政策与美国经济》（Heaven's Door: Immigration Policy and the American Economy）一书第 21—22 页介绍了 20 世纪 60 年代移民群体在美国的平均收入比当时土生土长的美国本地人的平均水平还高的实际情况。这几页还描述了来到美国的移民群体同美国人之间的教育差距不断扩大的情况。该书的第 44 页介绍了来自墨西哥的移民群体平均收入比美国普通人的平均水平低 40% 左右的情况，第 58—59 页还讨论了加拿大的移民政策。移民研究中心（Center for Immigration Studies）出版的《新闻背景》（Backgrounder）杂志在 2002 年 12 月刊上登载了一篇题为"精英意见与公众舆论"（Opinion Elite vs. Public Opinion）的文章，第 3 页介绍了精英意见领袖和大众对于移民问题的不同观点。关于"西方白人主流"的引文源自乔治·J. 布尔哈斯的《天堂之门》第 31—32 页。2007 年 11 月 24 日《经济学人》杂志第 56 页的文章"移民带来的问题"（The Trouble with Migrants）显示了对欧洲选民越来越担心和关注移民问题的轻蔑和傲慢。沃尔夫冈·卡斯帕在《移民和文化融合》第 xi 页介绍了 20 世纪最后 10 年澳大利亚公众对移民问题的看法的变化历程。该书第 6 页介绍了 1998 年澳大利亚有 1/4 的人口都出生于其他国家；在 viii 页作者指出外来移民现在开始拒绝融入西方文化；在 xvi 页作者对澳大利亚移民政策的论战进行了讨论。2002 年 6 月 29 日《经济学人》的文章"移民究竟给谁带来了好处？"（Who Gains from Immigration?）第 53 和 54 页介绍了移民的到来给英国经济造成的影响。根据美国政府问责局（Government Accountability Office）公布的数据，联邦监狱的犯人里面有 27% 的是外国罪犯。具体信息可以参阅美国政府问责局出版的"关押在联邦和州立监狱以及地方监狱里的外国罪犯的信息"（Information on Criminal

Aliens Incarcerated in Federal and State Prisons and Local Jails）,GAO-05-337R,第 2、7、9 和 19 页。该报告的第 10、20 和 25 页还指出外国罪犯中,来自墨西哥的人数最多。乔治·J. 布尔哈斯的《天堂之门》第 121 页中提到关于移民群体给美国带来的成本、收益以及最终影响的诸多研究的结论各不相同;该书第 4 章的重点就是移民群体的到来对美国劳动力市场的影响;该书第 21—22 页还讨论了从 20 世纪 60 年代开始美国本土出生的工人与移民工人之间的收入差距不断扩大的现象。2006 年 4 月 11 日《洛杉矶时报》B13 版刊登了题为"……这是一个重大的错误"（... It's a Major Mistake）的专栏,其中提到在法国一些地区,年轻的伊斯兰男性群体的失业率高达 40% 左右。西奥多·达林普尔的《我们的文化还剩下什么》一书第 303—304 页以及 305 页对法国的伊斯兰群体犯罪率不断提高以及对法国社会敌意不断增强进行了讨论。2005 年 12 月 17 日《经济学人》杂志第 47—48 页的新闻报道"骚乱过后"（After the Riots）介绍了法国在 2005 年经历了为期三周的大骚乱,而这场骚乱给整个社会造成了严重的损失。这场骚乱的其他信息可以参见 2005 年 11 月 13 日《华盛顿邮报》A18 版的新闻报道"警察和暴动的年轻人在里昂中部发生了冲突"（Police, Rioting Youths Clash in Central Lyon）。在梅兰妮·菲利普斯（Melanie Phillips）的《伦敦斯坦》（Londonistan）中,第 3 章分析了英国的安全机构不愿对国内伊斯兰极端分子的威胁做出回应的诸多原因。2008 年 4 月 5 日的《经济学人》杂志登载了一篇题为"两个彼此分离的世界"（Two Unamalgamated Worlds）的文章,文中第 31 页和 32 页报道了土耳其总理要求身在德国的土耳其移民不要被德国社会所同化以及土耳其移民子女在德国学校学习时成绩很差的情况。2008 年 2 月 23 日的《经济学人》杂志登载了一篇报道"寻找促进社会融合的胶水"（The Search for Social Glue）,其中第 74 页和第 76 页介绍了英国各民族文化之间呈社会碎片化的现状。来到美国的爱尔兰移民、犹太移民和黎巴嫩移民被美国文化同化的情况可以分别参阅以下几本著作中的相关讨论:卡尔·威特基的《美国的爱尔兰人》第 101—102 页;欧文·豪的《父辈的世界》第 229—235 页;阿尔伯特·霍拉尼和纳迪姆·谢哈迪共同主编的《世界各地的黎巴嫩人》第 154—155 页。拙作《黑人乡巴佬与白人自由主义者》（Black Rednecks and White Liberals）第36—37页也介绍和讨论了黑人群体努力融入主流社会和文化的情况。乔治·J. 布尔哈斯的《天堂之门》第57—58页介绍了拉美裔选民投票支持在加利福尼亚州结束双语教学的情况。2006月4月2日《纽约时报》的第4部分第3版登载了一篇题为"移民与辛勤工作经济学"（Immigrants and the Economics of Hard Work）的文章，其中对美国各种工作中移民工人和土生土长的美国工人的占比情况进行了介绍。2006月4月2日的《纽约时报》第4部分的第3版还登载了一篇文章，题为"丰富的、多产的——以及非法的"（Plentiful, Productive—and Illegal），介绍了在美国销售的水果和蔬菜售价中，用于支付农业劳动力成本的比例很小的实际情况。

第7章：歧视经济学

俄国在叶卡捷琳娜二世统治时期允许犹太商人来俄经商的历史可以参见罗杰·P. 巴特利特（Roger P. Bartlett）的著作《人力资本：外国人在俄国的定居历程，1762—1804》（Human Capital: The Settlement of Foreigners in Russia, 1762-1804）第86—87页。W. E. B. 杜博斯对19世纪时劳动市场上雇用黑人工人情况的评论可以参见他的著作《费城黑人》（The Philadelphia Negro）第323页和第395页。那些从未结过婚、接受过大学教育、没有子女、年龄在40岁到64岁之间、从事全职工作的女性平均收入高于同等条件的男性的现象引自沃伦·法雷尔（Warren Farrell）的著作《为什么男人挣得更多》（Why Men Earn More）第xxiii页。那些会去核查应聘者犯罪背景的雇主更可能聘请年轻的黑人男性的事实引自《法律和经济学学刊》（Journal of Law & Economics）2006年10月刊上的论文"感知犯罪，犯罪背景核查以及雇主雇用不同种族工人的实践"（Perceived Criminality, Criminal Background Checks, and the Racial Hiring Practices of Employers）第452页和473页。印度低等种姓人群所面临的各种偏见和障碍可参见马克·加兰特（Marc Galanter）的《竞争公平》（Competing Equalities）一书。关于中国人无论做什么都能干得更好而且成本更低的评论源自马哈蒂尔·宾·穆罕默德（Mahathir bin Mohamad）的《马来人的困境》（Malay Dilemma）一书第25页，该书于1983年在吉隆坡由联邦出版物集团（Federal Publications）出版。关于尼日利亚的南方人更加具有"扩张性"的评论引自唐纳德·L.霍洛维茨（Donald L. Horowitz）的《民族冲突》（Ethnic Groups in Conflict）一书第178页。其他国家的一些类似情况同样引自该书171页到181页的讨论内容。介绍日本移民情况的引文来自罗伯特·A.威尔逊（Robert A. Wilson）和比尔·细川（Bill Hosokawa）合著的《从东方到美国：日本人在美国的历史》（East to America: A History of the Japanese in the United States）一书第123页中美国的排日行动支持者的言论。在第二次世界大战之前，一些非营利组织对黑人和犹太人的歧视可以参见迈克尔·R.温斯顿（Michael R. Winston）的文章"穿过后门：从历史视角来看学术界的种族歧视以及黑人学者"（Through the Back Door: Academic Racism and the Negro Scholar in Historical Perspective）第695页和705页，该文刊登于《美国文理学会学刊》（Daedalus）1971年夏季刊，这里引用的内容从678页开始；还可以参见哈罗德·J.拉斯基（Harold J. Laski）的《美国式的民主》（The American Democracy）第480页；此外，还可以参见贡纳·米达尔（Gunnar Myrdal）的《美国的困境》（An American Dilemma）第1卷323页。乔治·J.斯蒂格勒（George J. Stigler）的自传《一个自由主义经济学家的自白》（Memoirs of an Unregulated Economist）第31页描述了第二次世界大战之前美国和欧洲的大学中反犹主义的情况和表现。埃兹拉·门德尔松（Ezra Mendelsohn）在《两次世界大战之间东欧和中欧的犹太人》（The Jews of East Central Europe between the World Wars）第23和27页对两次世界大战之间波兰的犹太人医生所占比重较高的情况进行了深刻的剖析和讨论。在20世纪上半叶，美国的电话行业对雇用黑人女性的歧视可以参见伯纳德·E.安德森（Bernard E. Anderson）的《公用事业中的黑人就业情况》（Negro Employment in Public Utilities）第73页和80页。该书的150页还介绍了20世纪60年代末期美国电话行业歧视性的招聘政策终于发生了逆转，非裔员工数量不断增加的情况。《商业周刊》2007年4月16日主题为"多元化的工作"(Diversity to Work)的专刊中第70和74页报道了AT&T公司在推动公司多元化方面排名第一的新闻。在布赖恩·拉平(Brian Lapping)的《种族隔离：历史》(*Apartheid: A History*)一书的第164页、梅尔·立普顿(Merle Lipton)的《资本主义和种族隔离》(*Capitalism and Apartheid*)一书的第152页、以及沃尔特·E.威廉姆斯的著作《南非的反资本主义之战》(*South Africa's War against Capitalism*)的第78页和第112—113页都对南非的一些白人雇主们违反种族隔离法的情况进行了讨论。乔纳森·I.伊斯雷尔(Jonathan I. Israel)在其著作《重商主义时期的欧洲犹太人：1550—1750》(*European Jewry in the Age of Mercantilism：1550—1750*)的第5章对"三十年战争"时期犹太人聚居区的扩张情况进行了讨论。20世纪初期芝加哥的犹太人和波兰人之间的关系可以参阅路易斯·沃思(Louis Wirth)在《犹太人聚居区》(*Ghetto*)一书中第229页的相关讨论。出身于订阅杂志和办理图书证的家庭的年轻非裔男性，收入水平与家庭条件相仿、受教育水平相同的白人男性基本一致的情况引自理查德·弗里曼(Richard Freeman)的《黑人精英》(*Black Elite*)一书第4章。年龄和IQ相同的非裔、白人和拉美裔美国人收入水平相近的情况可参见理查德·J.赫恩斯坦(Richard J. Herrnstein)和查尔斯·穆雷(Charles Murray)合著的《钟形曲线》(*The Bell Curve*)一书第323页的相关内容。毕业后一直工作的单身女性收入水平要高于同等条件的单身男性的情况可以参见"1973年总统经济报告"(The Economic Report of the President)第105页。加拿大统计局发布的《观点》(*Perspectives*)1999年冬季刊中有一篇题为"女性收入/男性收入"(Women's Earnings/Men's Earning)的文章，这篇文章始于该刊第20页，第23、25和26页的内容展示了加拿大未曾结婚的女性的收入与从未结婚的男性的收入之间的关系。未婚女性高校教师收入高于未婚男性教师的情况可以参见本人一项题为"教师聘用中的平权法案"(Affirmative Action in Faculty Hiring)的研究，研究成果被再版于《教育：假设和历史的比较》(*Education：Assumptions versus History*)一书第95—96页。在印度，来自贱民阶层和种姓阶层的学生虽然初看起来背景相似，但是实际并没有可比性的情况引自孟买的塔塔社会科学研究所[Tata Institute of Social Sciences in Bombay(Mumbai)]的一篇题为"高等教育的不平等性：关于孟买医学院校中来自种姓阶层学生的研究"(Inequality in Higher Education: A Study of Scheduled Caste Students in Medical Colleges of Bombay)的博士学位论文。这篇论文作者为帕德玛·拉姆克里斯纳·维拉斯卡(Padma RamKrishna Velaskar)，相关内容可参见第357、366、391、396、406、414和418页。关于美国黑人和白人教职人员之间的不可比性可以参见本人再版于《教育：假设和历史的比较》一书中题为"教师聘用中的平权法案"(Affirmative Action in Faculty Hiring)的研究，相关内容在书中第81到89页。关于在马来西亚、斯里兰卡、以色列、印度和美国，不同社会群体的学生在教育质量方面的差异可以参见下列相关研究：穆罕默德·苏非·本·哈希姆(Mohamed Suffian bin Hashim)的论文"马来西亚高等教育所面临的问题和议题"(Problems and Issues of Higher Education Development in Malaysia)，收录于叶中宏(Yip Yat Hoong)主编的论文集《东南亚高等教育发展：问题和议题》(Development of Higher Education in Southeast Asia: Problems and Issues)，新加坡区域高等教育和发展研究所出版，1973年，可见其57—78页；钱德拉·理查德·德·席尔瓦(Chandra Richard de Silva)的论文"斯里兰卡的僧伽罗-泰米尔关系和教育：大学录取问题——第一阶段，1971—7"(Sinhala-Tamil Relations and Education in Sri Lanka: The University Admissions Issue— The First Phase, 1971–7)，收录于R·B·戈德曼(R. B. Goldman)和A·J·威尔逊(A. J. Wilson)主编的论文集《从独立到建国：非洲和亚洲五个国家的民族冲突管理》(From Independence to Statehood: Managing Ethnic Conflict in Five African and Asian States)，弗朗斯·平特(Frances Pinter)出版部出版，伦敦，1984年，可见其第125—146页；萨米·斯姆哈(Sammy Smooha)和约哈南·佩雷斯(Yochanan Peres)的论文"以色列的民族不平等动态变化"(The Dynamics of Ethnic Inequalities: The Case of Israel)，收录于欧内斯特·克劳茨(Ernest Krausz)主编的论文集《以色列社会研究》(Studies of Israeli Society)第I卷第173页，新不伦瑞克的图书交易出版部(Transaction Books)出版，1980年；苏马·希特尼斯(Suma

Chitnis)的论文"印度教育中的逆向歧视",该论文也被收录于《从独立到建国》第31—43页;托马斯·索维尔的论文"变化的美国所面临的民族问题"(Ethnicity in A Changing America),该文刊登于《美国文理学会学刊》1978年冬季刊,第231—232页。在很多地方都可以看到关于抵押贷款的研究,包括《华尔街日报》1992年3月31日第A1、A10和A11版上的一篇题为"数字背后:联邦数据清楚显示了抵押贷款申请中普遍存在的种族差异"(Behind the Figures: Federal Data Detail Pervasive Racial Gap in Mortgage Lending)的文章。关于抵押贷款批准率(在控制一些变量后)的剩余差距应该归因于歧视的结论引自艾丽西娅·H.穆奈尔(Alicia H. Munnell)等人的一项研究,其结论总结于题为"波士顿的抵押贷款情况:理解HMDA数据"(Mortgage Lending in Boston: Interpreting HMDA Data)的论文中,该文是波士顿联邦储备银行编号92—7工作论文,发布于1992年10月,第2、24、25、43、44页。同一收入水平的黑人和白人群体所拥有的财富存在差异的情况见于美国人口普查局发布的出版物"当前人口报告"系列P—23第173期中的"美国人口概况:1991"(Population Profile of the United States: 1991)第20页。在申请普通抵押贷款时,白人被拒绝的比例高于亚裔的情况可以参见以下这些研究:格伦·B.卡勒(Glen B. Canner)等,"房屋抵押公开法:关于住宅抵押贷款的拓展数据"(Home Mortgage Disclosure Act: Expanded Data on Residential Lending),载于《联邦储备系统公报》(Federal Reserve Bulletin)1991年11月刊,第870页;格伦·B.卡勒和多洛雷斯·S.史密斯(Dolores S. Smith),"关于住宅抵押贷款的拓展HMDA数据:一年之后"(Expanded HMDA Data on Residential Lending: One Year Later),载于《联邦储备系统公报》1992年11月刊,第807、808页。20世纪60年代这10年里,马来西亚的少数族裔华人群体获得工学学位数量占绝对优势的情况可以参见穆罕默德·苏菲·本·哈希姆的论文"马来西亚高等教育的问题和议题",收录于由叶中宏主编的论文集《东南亚高等教育发展:问题和议题》,相关内容见该书第70—71页。在圣彼得堡科学院中德国人数量很多的情况可以参见弗莱德·C.科赫(Fred C. Koch)的《伏尔加的日耳曼人》(The Volga Germans)第195页;尼日利亚卡杜纳的经济规划部发布的"1965年尼日利亚北方地区统计年鉴"（Northern Nigeria's Statistical Yearbook 1965）也在第40和41页介绍了尼日利亚北方地区各种职业中大部分从业者都是南方人的情况。美国伊利诺伊州的一位政府官员谴责有些挑选员工的测试对某些弱势的少数族裔难度更大，相关的表述和具体情况可以参见美国公正就业（雇用）实施委员会汇编的题为"1964年民权法案条例VII和XI的立法史"（Legislative History of Titles VII and XI of Civil Rights Act of 1964）的纲要第3133页和3134页。《加利福尼亚管理评论》（California Management Review）1988年秋季刊中登载了一篇论文"日本汽车公司在美国选址和雇用员工时的种族因素"（Racial Factors in Site Location and Employment Patterns of Japanese Auto Firms in America），文章第9—22页列举了日本公司在美国开设工厂时选址一般远离黑人集中区的证据；在另一篇登载于《南部经济学刊》（Southern Economic Journal）1992年1月刊的文章"日本制造业在美国设立工厂的选址决定因素"（Locational Determinants of Japanese Manufacturing Start-ups in the United States）在第704页也列举了另外一些证据。1983年2月15日《纽约时报》第A14版的新闻报道"一些禁止在黑人聚居区设立新工厂的公司"也介绍了美国企业的类似案例。2004年11月出版的《斯坦福法律评论》第57卷，第2期的367—483页中登载了理查德·H.桑德（Richard H. Sander）的一篇文章"对美国法学院中平权法案的系统性分析"，其中对法学院的黑人学生在录取时受到优待的影响进行了探究和分析。

第8章：国家经济发展

《经济学人》杂志出版的"口袋中的数字世界2007年版"第26页对以购买力平价计值的各国国内生产总值进行了国际比较。美国新泽西州和加利福尼亚州的GDP数值引自《现代商业概览》（Survey of Current Business）杂志

2007 年 7 月刊第 124 页列出的"各州国内生产总值"（Gross Domestic Product by State）。"口袋中的数字世界 2007 年版"第 29 页还介绍了全世界人均 GDP 水平排名前 70 的国家。2002 年 3 月 2 日《经济学人》杂志第 27 页登载的文章"史无前例的衰退"（A Decline Without Parallel）对阿根廷 20 世纪初和 21 世纪初在世界上的经济地位进行了比较。在 2002 年 8 月 17 日和 18 日的《华盛顿邮报（国家周刊版）》（Washington Post National Weekly Edition）第 16 页登载了一篇题为"在阿根廷，尊严变成了绝望"（In Argentina, Dignity Turns to Despair）的文章，其中介绍了 1998 年到 2002 年阿根廷的人均收入水平大幅下降。《麦肯锡季刊》（The McKinsey Quarterly）2001 年第 4 期的文章 "印度——从新兴到快速增长"（India— From Emerging to Surging）介绍了印度和中国相对国力的变化。尼古拉斯·D. 克里斯托夫（Nicholas D. Kristof）和舍丽·吴顿（Sheryl WuDunn）在合著的《东方闪电》（Thunder from the East）2001 年平装版第 30 页和 344 页对亚洲和西方国家的产出水平在全球总产出中所占比重进行了估计。查尔斯·穆雷的《人类的成就》（Human Accomplishment）一书第 299 到 304 页对西方世界不同领域一些领先的发展成就在不同地区的情况展开了讨论。2000 年基本图书（Basic Books）出版了秘鲁经济学家埃尔南多·德·索托《资本的秘密》（The Mystery of Capital），该书在作者的一项国际研究的基础上写就，这项研究发现很多第三世界国家产权制度广泛缺失。该书的第 20 到 21 页介绍了在埃及和海地，办理住房合法所有证需要经历冗繁的程序；第 32 到 35 页讨论了贫穷国家中没有合法所有权的经济资产价值非常庞大；第 28 页介绍了很多第三世界国家的公共汽车、出租车和出售食物的小摊贩都是非法经营；第 56 页和第 61 页则讨论了财产所有权能够使陌生人将资产汇集在一起建立个人之力难以企及的大公司。2001 年 3 月 31 日的《经济学人》杂志中也对同样的情况进行了讨论和分析，具体可参见这期 20 页到 22 页的文章"贫困与产权"（Poverty and Property Rights）。杰克·陈（Jack Chen）的《美国华人》（The Chinese of America）一书第 65 页提到了从中国的一个港口去往旧金山的通达性比从密苏里河岸附近出发去往旧金山的通达性更好。丹尼尔·尤金（Daniel Yergin）在《奖品：对石油、货币和权力的史诗般的追求》（*The Prize: The Epic Quest for Oil, Money, and Power*）第 60 页讨论了第比利斯城从美国进口煤油的情况。威廉·A.汉斯（William A. Hance）的《现代非洲的地理》（*The Geography of Modern Africa*）第 5 页，费正清（John K. Fairbank）、赖世和（Edwin O. Reischauer）和艾尔伯特·M.克雷格（Albert M. Craig）合著的《东亚的传统和转型》（*East Asia: Tradition & Transformation*）（修正版）第 515 页，约翰·兰顿（John Langton）和 R. J. 莫里斯（R.J. Morris）主编的《工业化大不列颠地图集，1780—1914》（*Atlas of Industrializing Brltain 1780–1914*）中尼克·冯·图泽曼（Nick von Tunzelmann）的文章"煤炭和蒸汽动力"（Coal and Steam Power,）第 72 页都提到了非洲、日本和英国的陆路运输与水路运输成本之间的类似差异。收录在丹尼尔·希罗（Daniel Chirot）主编的《东欧落后的根源》（*The Origins of Backwardness in Eastern Europe*）中的约翰·R.兰佩（John R. Lampe）的"帝国边疆或资本主义的边界？重新界定巴尔干的落后，1520—1914"（Imperial Borderlands or Capitalist Periphery? Redefining Balkan Backwardness, 1520—1914）第 184 页介绍了奥斯曼帝国运输小麦的成本情况。沃克尔·康纳（Walker Connor）的《民族国家主义：对理解的追求》（*Ethnonationalism: The Quest for Understanding*）第 124 页对不同方式运输石油的成本进行了比较。珍妮特·L.阿布—卢格德（Janet L. Abu-Lughod）的《欧洲霸权之前：世界体系，公元 1250 年—1350 年》（*Before European Hegemony: The World System A.D. 1250—1350*）一书第 176 页和第 178 页介绍了撒马尔罕作为沙漠节点的重要地位。人力搬运和用铁路运输可可的情况可以参见艾伦·麦克菲（Allan McPhee）的《英属西非的经济革命》（*The Economic Revolution in British West Africa*）第 54 页，该书在 1971 年由弗兰克卡斯图书出版公司（Frank Cass & Co）出版。书中铁路和蒸汽船的发展使运输货物成本显著下降的一些文字摘自杰弗里·弗里顿（Jeffry Frieden）的《全球资本主义》（*Global Capitalism*）第 5 页。诺曼·J. G. 庞兹（Norman J. G. Pounds）在《欧洲历史地理变迁：1800—1914》（*An Historical Geography of Europe: 1800—1914*）第 492—493 页介绍了每个早期欧洲工业区都拥有可通航河流带来的交通便利，

该书由剑桥大学出版社出版（Cambridge University Press）。在该书的第 43 页、132 页、178—179 页、430 页、459 页和 485 页提到了巴尔干地区缺乏化石能源，因此城镇化水平落后，铁路和河流运输较缺乏，文化割裂。同一本书的第 488 页还指出巴尔干地区的社会仍然处于"自给自足"的发展阶段。威廉·L. 布莱克威尔（William L. Blackwell）的《俄国工业化的历史进程》（*The Industrialization of Russia: An Historical Perspective*）第 3 版第 2 页介绍了俄罗斯主要河流的分布，该书于 1994 年由哈兰·戴维森（Harlan Davidson）出版社出版。埃伦·丘吉尔·森普尔（Ellen Churchill Semple）在《地理环境的影响》（*Influences of Geographic Environment*）一书第 263 页和 283 页讨论了热那亚和蒙巴萨作为水道出口在当地水路运输中发挥的作用。收录在诺曼·J. G. 庞兹主编的《东欧地区地理集》（*Geographical Essays on Eastern Europe*）中的约瑟普·罗格里克（Josip Roglic）的论文"杜布罗夫尼在中世纪时的地理背景"（*The Geographical Setting of Medieval Dubrovnik*）第 147 页介绍了杜布罗夫尼作为港口的条件和地位。罗伊·E. H. 梅勒（Roy E.H. Mellor）和 E. 阿里斯泰尔·史密斯（E. Alistair Smith）合著的《欧洲大陆的地理情况调查》（*Europe: A Geographical Survey of the Continent*）第 14—15 页介绍和讨论了墨西哥暖流对欧洲气候的影响。杰米·文森斯·维韦斯（Jaime Vicens Vives）在《西班牙的经济历史》一书第 365 页介绍了西班牙缺乏可通航的河道；康丝坦斯·克罗宁（Constance Cronin）在《变化带来的痛苦：西西里岛和澳大利亚的西西里人》（*The Sting of Change: Sicilians in Sicily in Sicily*）第 35 页介绍了西西里地区缺乏雨水的情况。美国民权委员会 1986 年出版的《美国的南欧和东欧移民后裔经济状况》（*The Economic Status of Americans of Southern and Eastern European Ancestry*）第 15 页介绍了南欧和东欧移民的收入情况。这些移民需要花更长时间才能达到和土生土长美国人一样的平均收入水平，这些情况请参见巴里·R. 奇西克（Barry R. Chiswick）的"移民的经济进步：一些普遍模式"（The Economic Progress of Immigrants: Some Apparently Universal Patterns），收录于《通关门户：移民问题与政策》（*The Gateway: U. S. Immigration Issues and Policies*），华盛顿：美国企业研究所，

1982年出版，第147页。斯坦利·利伯森（Stanley Lieberson）的《美国城市中的民族模式》(*Ethnic Patterns in American Cities*)第72页讨论了这些移民目不识丁的情况和原因，该书由澳大利亚格伦科的自由出版社于1963年出版。移民群体的子女教育水平和IQ值都比同龄的其他孩子落后的情况可以参见保罗·福克斯（Paul Fox）的《波兰人在美国》(*The Poles in America*)，纽约：亚诺出版社1970年版，第96页；伦纳德·埃尔斯（Leonard P. Ayres）的《我们学校中的落后者：对城市学校体系中的障碍及消除情况的研究》(*Laggards in Our Schools A Study of Retardation and Elimination in City School Systems*)，纽约：拉塞尔·塞奇基金会，1909年，第107—108页；移民委员会报告，第61次代表大会，第三次会议发布的《学校中的移民子女：第1卷》，华盛顿：政府印刷办公室，1911年，第48—49页，第89页，第90页；托马斯·索维尔的"重新考虑种族和IQ水平"（Race and I.Q. Reconsidered），收录于托马斯·索维尔主编的《关于美国种族的论文和数据集》(*Essays and Data on American Ethnic Groups*)，华盛顿：城市研究所，1978年版，第207页。一些南欧人喜欢说方言而不愿说各自国家官方语言的情况可以参见查尔斯·A. 普利斯的《澳大利亚的南欧人》第58页，该书由澳大利亚国立大学1979年出版。该书的第16、17和24页还从地理分布上对这些南欧人进行溯源。海伦·韦尔（Helen Ware）的《澳大利亚的意大利社区概况》(*A Profile of the Italian Community in Australia*)第47、63和68页介绍了不同南欧族群的收入状况和职业，该书由澳大利亚多元文化事务研究所（Australian Institute of Multicultural Affairs）在1981年出版。J. R. 麦克尼尔（J. R. McNeill）的《地中海世界的高山》(*The Mountains of the Mediterranean World*)第31页，以及H·J·德·布莱（H. J. de Blij）和彼特·O·穆勒（Peter O. Muller）合著的《全球环境的地理情况》第132页至133页（该书由约翰威立父子出版公司出版）都介绍了同一个山脉的两侧降雨量差异的现象和案例。布林克·林赛（Brink Lindsey）的《反对"死亡之手"：全球资本主义的不确定斗争》(*Against the Dead Hand: The Uncertain Struggle for Global Capitalism*)第79页介绍了在第一次世界大战中，当物资供给被封锁之后，德国人只能以猫狗果腹以避免饿死的情况。罗伯特·康奎斯特（Robert Conquest）的《收割悲伤》(*The Harvest of Sorrow*)被视为对斯大林人为造成的大饥荒的经典研究。冈纳·缪尔达尔（Gunnar Myrdal）的《亚洲的戏剧》(*Asian Drama*)简本第72页中介绍了印度人口数量同土地的比例情况，该书在1972年由Vintage Press出版。罗伯特·巴特利特（Robert Bartlett）的《欧洲的成功之道：征服、殖民主义和文化变化：950—1350年》(*The Making of Europe: Conquest, Colonization and Cultural Change: 950—1350*)第135—137页介绍了在12世纪时东欧地区地广人稀、土地肥沃的情况。关于第一次世界大战之前英国在国际投资中的优势地位可以参见杰弗里·弗里德曼所著的《全球资本主义》第16页和第48页。同一本书的第20页介绍了1913年澳大利亚和阿根廷的外商投资情况。2007年10月19日《华尔街日报》A18的新闻报道"世界银行的疲倦"（World Bank Weary）介绍了新兴世界国家中私人资本的规模比外国援助资金规模大得多。2007年12月15日《经济学人》杂志第106页的"国外汇款"专栏中介绍了2007年全球国际汇款的总规模。阿温德·帕纳格里亚（Arvind Panagariya）的《印度：新兴的巨人》(*India: The Emerging Giant*)一书第110页到第111页对韩国从最贫穷的国家之一实现经济转型并一举成为世界上最繁荣的国家之一的过程和原因进行了讨论，该书第xiii页还介绍了很多"专家"对印度和非洲发展前景的预测都是错误的。2008年2月9日《经济学人》杂志第75页的文章"关于网吧和断电"（Of Internet Cafés and Power Cuts）介绍了生活在泥棚屋的非洲人都会使用手机。劳伦斯·E.哈里森（Lawrence E.Harrison）的《泛美国梦》(*The Pan-American Dream*)第1章介绍了征服西半球的西班牙人和英国人的文化差别。2007年8月17日的《经济学人》从第21页开始登载了一篇文章，题为"对贫困说再见，对消费说你好"（Adiós to Poverty, Hola to Consumption），在第22页作者指出2002年到2006年拉美的贫困水平有所下降。艾伦·麦克菲的《英属西非的经济革命》第65页到66页介绍了20世纪早期西非的贸易活动利润水平下降的情况。文中引用的历史学家乌尔里希·邦内尔·菲利普斯（Ulrich Bonnell Phillips）的话摘自尤金·D.吉诺维斯（Eugene D. Genovese）主编的《旧时代南方的奴隶经济：经济和社会历史精选论文集》(*The Slave Economy of the Old South: Selected Essays in Economic and Social History*)中收录的菲利普斯的论文。

图书在版编目（CIP）数据

经济学的思维方式.现实应用篇/（美）托马斯·索维尔著；张莹译.--南昌：江西人民出版社，2018.12（2024.1重印）

ISBN 978-7-210-10810-8

Ⅰ.①经… Ⅱ.①托… ②张… Ⅲ.①经济学—方法论—研究 Ⅳ.①F011

中国版本图书馆CIP数据核字(2018)第219423号

APPLIED ECONOMICS: THINKING BEYOND STAGE ONE (2ND EDITION)
By THOMAS SOWELL
Copyright©2004,2009 BY THOMAS SOWELL
This edition arranged with CAROL MANN AGENCY
Through BIG APPLE AGENCY,INC.,LABUAN, MALAYSIA.
Simplified Chinese edition copyright:
2018 Ginkgo(Beijing)Book co.,Ltd.
All rights reserved.

本书中文简体版权归属于银杏树下（北京）图书有限责任公司。
版权登记号：14-2018-0289

经济学的思维方式：现实应用篇
JINGJIXUE DE SIWEIFANGSHI: XIANSHI YINGYONG PIAN

作者：[美]托马斯·索维尔　译者：张莹
责任编辑：冯雪松　特约编辑：李峥　筹划出版：银杏树下
出版统筹：吴兴元　营销推广：ONEBOOK　装帧制造：墨白空间·曾艺豪
出版发行：江西人民出版社　印刷：嘉业印刷（天津）有限公司
690毫米×1000毫米　1/16　22.5印张　字数259千字
2018年12月第1版　2024年1月第13次印刷
ISBN 978-7-210-10810-8
定价：60.00元
赣版权登字—01—2018—793

后浪出版咨询（北京）有限责任公司　版权所有，侵权必究
投诉信箱：editor@hinabook.com　fawu@hinabook.com
未经许可，不得以任何方式复制或者抄袭本书部分或全部内容
本书若有印、装质量问题，请与本公司联系调换，电话010-64072833